부자를 만드는 질문들

부자를 만드는 질문들

1쇄 발행 2025년 3월 24일

지은이 김정웅
편 집 김신희
발행처 포스트락
출판등록 제2017-000052호
주 소 (04127) 서울시 마포구 숭문길 106
문의 및 투고 post-rock@naver.com
제 작 재영P&B

값 22,000원
ISBN 979-11-978344-4-8 03320

부자를 만드는 질문들

ChatGPT × 구글Gemini × 네이버ClovaX × DeepSeek

AI가 찾아낸 '부자를 만드는 60가지 해법'

김정웅 지음

포스트락
POST樂

당신은 왜 부자가 되지 못하는가?

이 질문에 누군가는 발끈할 것이고, 누군가는 잘 모르겠다는 표정을 지을 것이고, 누군가는 가만히 고개를 끄덕이며 한숨을 길게 뱉을 것이다. 부자가 된다는 건 분명 어려운 일이다. 그 사실을 우리는 잘 알고 있다. 그럼에도 우리는 언젠가 반드시 부자가 될 수 있다고 믿는다.

현재 우리의 일상은 크나큰 위기에 처했다. 청년층 체감실업률은 다시 최악의 상황에 이르렀고, 코로나19 시절 영끌에 나섰던 이들은 이자조차 갚지 못하고 있다. 자영업자들의 폐업 건수는 역대 최다 수준이며, 건설사들의 줄도산이 이어지고 있다.

2025년 3월 6일 '한국경영자총협회'에서 발표한 〈2025년 기업규제 전망조사 결과〉에 따르면 "기업(전국 50인 이상 508개사)들은 '올해 경제위기가 1997년보다 심각'(22.8%)하거나 '1997년 IMF 위기 정도는 아니지만 올해 상당한 위기가 올 것'(74.1%)으로 답변했다."고 한다. 1997년 당시 나는 고작 10대였고, 뉴스는 오직 TV와 신문만으로 확인 가능했음에도 나라가 풍비박산風飛雹散하고 있음을 고스란히 체감했었다.

물론 당시와 지금은 공통점도 있고 차이점도 있다. 기업의 줄도산과 가계부채의 급증, 최악의 청년 실업이라는 상황은 비슷하지만 1997년은 외환보유고 고갈에 따른 위기가 주된 원인이었다면 현재는 심각한 경기 침체와 고금리, 대내외 정치적 리스크가 그 원인으로 꼽힌다. 그렇다면 제2의 IMF 사태 급이라는 2025년의 위기는 얼마나 심각하고 얼마나 지속될 것인가?

ChatGPT ▶

현재 한국 경제는 1997년 외환위기와는 성격이 다르지만, 국민이 체감하는 위기감은 비슷하거나 더 클 수 있습니다.

부동산 및 금융위기의 위험성,

고금리로 인한 가계 부담 증가,

저출산·고령화에 따른 장기적인 경제 정체

이런 요소들이 맞물려 향후 한국 경제가 장기간 침체될 가능성이 높습니다.

지피티의 의견이 사실로 이어져 1997년보다 더 가혹한 경제 위기가 닥쳐온다면, 한 개인이 품은 부자의 꿈은 어떻게 될까? 가능성은 더더욱 희박해지거나 혹시 이뤄진다 해도 시기가 한참 늦어지는 게 아닐까? 이에 대한 지피티의 생각을 물어보자.

ChatGPT ▶

경제 위기 상황에서는 부자가 되기가 어려워지는 것이 사실입니다. 자산 가격 하락, 고금리, 소비 위축, 소득 불안정 등으로 인해 돈을 모으거나 투자로 수익을 내기가 힘들어집니다. 하지만 위기는 곧 기회이기도 합니다. 경제가 어려울 때는 자산 가격이 낮아지고, 많은 사람들이 투자를 꺼리기 때문에 준비된 사람에게는 좋은 매수 기회가 될 수 있습니다.

과거 경제 위기 속에서도 부를 축적한 사람들은 몇 가지 공통적인 전략을 사용했습니다. 첫째, 현금을 확보하고 기회를 기다리는 것입니다. 경기 침체기에는 자산을 싸게 살 기회가 많아지므로, 현금 유동성을 유지하는 것이 중요합니다. 둘째, 변화하는 시장을 읽고 새로운 기회를 찾는 것입니다. 기존 산업이 침체될 때, 새로운 산업(IT, AI, 친환경 등)에서 부를 쌓을 가능성이 높아집니다. 셋째, 무리한 부채를 피하고 장기적인 관점에서 투자하는 것입니다. 고금리 상황에서는 대출 부담이 커지므로 부채 관리가 필수적입니다. 넷째, 자기 계발과 기술 습득을 통해 위기 이후를 대비하는 것입니다. 위기가 끝난 후 새로운 기회를 잡기 위해 지금부터 준비하는 것이 중요합니다.

결론적으로, 경제 위기가 개인의 부 축적을 어렵게 만들지만, 철저한 준비와 전략이 있다면 오히려 기회가 될 수 있습니다. 위기 후에는 반드시 새로운 성장 기회가 찾아오므로, 지금부터 대비하는 것이 핵심입니다.

어쩌면 "다 아는 이야기이지 않느냐."고 핀잔을 줄지 모른다. 그러나 다 알고 있음에도 이를 실행에 옮기지 않기에 우리는 부자가 되지 못한다.

지난 2년간 인공지능들과 작업하면서 느꼈던 점은 꾸준함과 일관성이다. 인공지능들에게서 아주 특별한 지혜나 예측을 기대한다면 실망할지 모른다. 하지만 "어떻게 부자가 될 수 있는가?"라는 질문에, 서로 다른 집단들이 개발한 네 가지 인공지능들이 비슷한 의견을 제시했다면 분명 의미가 있다고 생각한다.

내가 제작에 참여했던 500권 이상의 도서 중에는 부자가 되는 데 필요한 경제·경영 지식, 재테크 기법, 삶의 태도를 다룬 책 또한 다수 포함돼 있다. 실제로 큰 부를 거머쥔, 그 책의 저자들이 꼽은 성공 비결과 이 책에서 인공지능들이 제시하는 부자 되는 법 중 겹치는 내용이 적지 않았다. 이에 더하여 인간이 쉽게 떠올리지 못하는, 무릎을 탁 치게 만드는 인사이트를 인공지능들은 제시하고 있다. 만일 나의 시도와 노력이, 이 책이 일말의 가치를 담고 있다면 바로 그러한 지점일 것이다.

1997년 외환위기 당시만큼이나 위기라는 지금, 여건이 몹시 어렵다고 더 실의에 빠지게 된다면 영영 부자가 될 가능성은 사라질지도 모른다. 지피티 말처럼, 인류 역사상 가장 큰 성공을 거둔 이들이 입을 모으는 것처럼 "위기는 곧 기회"다. 지금이야말로 가장 열정적으로 부자 되는 법을 알아내고 실행에 나설 때다.

목차

2장

부자가 되기 위해 갖추어야 할 삶의 태도는?

3장

부자가 되기 위해 창의성은 왜 필요한가?

4장

사업으로 어떻게 성공할 것인가?

5장

2025년 주식 투자 시장 전망과 좋은 투자자의 조건은?

6장 부자를 만드는 통찰력이란 무엇인가?

부록 - 딥시크가 말하는, 부자가 되는 법은?

"부자가 되기 위해서는 절대로
타인의 불행이나 실패에 대해 기뻐하거나
악의적인 행동을 하지 말아야 합니다."

- ChatGPT

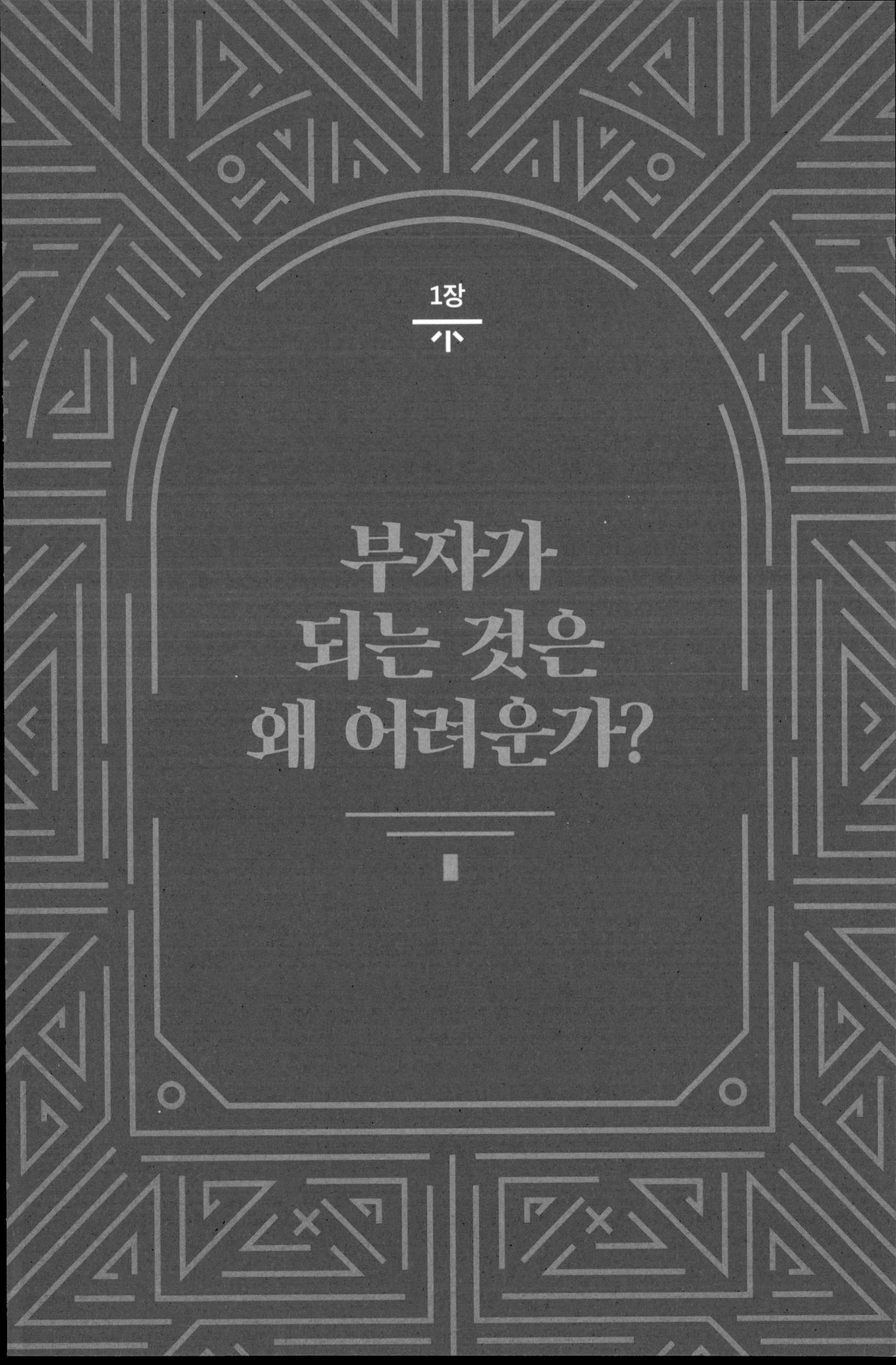

1장

부자가 되는 것은 왜 어려운가?

부자란 무엇인가?

누구나 생각한다. 부자가 되고 싶다고. 그렇다면 부자란 무엇인가? 당연히 돈이 많은 사람이다. 이 뻔한 답이 예상되는 뻔한 질문부터 시작해보자. 단순하게 돈 많은 사람이 부자의 전부인가?

ChatGPT ▶

부자는 보통 경제적으로 풍부한 사람을 가리키는 용어입니다. 그러나 부자의 정확한 정의는 상황에 따라 다를 수 있습니다. 일반적으로는 부자는 많은 재산과 자산을 보유한 사람을 말합니다. 이는 주로 금융 자산, 부동산, 투자 등의 형태로 나타날 수 있습니다.

(중략)

그러나 부자가 되는 정확한 기준은 주관적이며, 문화적, 경제적, 사회적 요인에 따라 다를 수 있습니다. 어떤 사람에게는 수천만 달러가, 또 다른 사람에게는 수억 달러가 기준이 될 수도 있습니다.

부자는 자신이 원하는 라이프스타일을 즐기며, 경제적 자유를 누리는 사람으로 생각됩니다. 그러나 재산이나 부의 크기만으로만 부자를 정의하는 것은 한계가 있을 수 있으며, 부자라고 해서 항상 행복하거나 만족한 것은 아닙니다. 개인의 가치관과 목표에 따라 부자의 의미는 달라질 수 있습니다.

지피티는 비교적 장문의 답을 내놓았다. 앞에서 부자의 사전적 의미를 제시하지만 "개인의 가치관과 목표에 따라 부자의 의미는 달라질 수 있습니다."라고 끝을 맺는다. 결국 부자의 정의는 개인에 따라 얼마든지 달라질 수 있다는 것이다. 제미나이의 의견 역시 비슷했다.

Gemini ▷

(전략)

궁극적으로 부자가 되는 것은 개인적인 결정입니다. 어떤 것이 당신을 행복하게 만들고 만족스럽게 느끼게 하는지 결정하는 것은 당신에게 달려 있습니다.

부자로 가는 길을 택하든 다른 길을 택하든, 그것이 당신을 행복하게 하는지 아닌지는 결국 당신의 '결정'에 전적으로 달려 있다. 지금 내가 처한 상황이 어떠하든 이미 나는 부자일 수도 있고, 앞으로 엄청나게 많은 돈을 벌더라도 영원히 부자가 될 수 없을지도 모른다는 말이다.

누군가는 말장난이라고 생각할지 모르겠지만 두 가지 인공지능 모두 '개인(가치관 혹은 결정)'과 '행복'에 대해 언급한다는 점은 흥미롭다. 부자가 되기 위해 노력하고 있는 중에도, 부자가 된 후에도, 부자가 되었다가 처절하게 실패하고 나락으로 떨어졌더라도 우리가 잊지 말고 추구해야 할 '가치'에 대해 이야기하는 것은 아닐까? 어떠한 상황에서도 '자신(개인)'을 잃지 않고 '행복'하다고 느끼는 삶. 가지고 있는 돈이 얼마가 되었든 부자란 그런 것이다.

대한민국 상위 1% 부자의 기준은?

개인적으로 느끼는 행복한 상태가 부자의 정의라 하더라도, 일차적인 의미의 부자란 '자타공인 돈이 많은 사람'이다. 그렇다면 얼마나 많은 돈을 소유하고 있어야 부자라고 할 수 있을까? 2023년 5월, 여러 언론사를 통해 소개된 대한민국 부자의 현황은 다음과 같다.

<퍼센티지별 가구당 순자산 보유 현황>

상위 0.1% - 76억8,000만 원 이상

상위 1%　- 29억2,010만 원 이상

상위 5%　- 13억3,500만 원 이상

상위 10% - 9억 원 이상

* 2021년 기준, 출처: 한화생명 등

잘 보면 총자산이 아닌 '순자산'이다. 국민 1인당 무려 3,600만 원(2021년 말 기준)이라는 가계부채를 떠안은 상황에서 빚은 다 제하고 저만큼 있어야 부자 소리 좀 듣는다는 말이다.

상위 0.1퍼센트는 좀 힘들어 보이고 현실적으로(?) 상위 1%에 도전해 보는 건 어떨까? 총 20만9천여 가구가 상위 1%에 속한다고 한다. 언젠가는 그 안에 들기 위해 우리가 해야 할 일들. 공평하게 수중에 재테크고 사업이고 투자할 만한 종잣돈이 한 푼도 없는 상황이라고 가정하고, 까짓것(?) 8천만 원 더 보태서 30억 원을 벌어야 한다면 무엇부터 해야 할까?

Gemini ▷

30억 원 모으는 것은 쉽지 않은 목표이지만, 불가능한 것은 아닙니다. 다음은 목표를 달성하기 위한 몇 가지 팁입니다.

1. 자신의 재정 상황을 파악하십시오. 현재 얼마나 돈이 있고, 매달 얼마를 버는지, 그리고 매달 얼마를 지출하는지 파악하는 것이 중요합니다. 이것은 예산을 세우고 돈을 어떻게 절약할 수 있는지 계획하는 데 도움이 될 것입니다.
2. 현실적인 목표를 설정하십시오. 30억 원을 모으는 것은 장기적인 목표이므로, 한 번에 모든 돈을 모으려고 해서는 안 됩니다. 매월 얼마나 저축할 수 있는지 생각하고, 그에 따라 목표를 설정하십시오.
3. 예산을 세우고 그것을 고수하십시오. 예산은 돈을 어떻게 쓸 것인지에 대한 계획입니다. 매월 수입과 지출을 추적할 수 있는 도구입니다. 예산을 세우면 돈을 어떻게 절약할 수 있는지 더 쉽게 파악할 수 있습니다.

4. 돈을 절약하십시오. 30억 원을 모으려면 돈을 절약하는 것이 중요합니다. 생활비를 줄이고, 부업을 하고, 성과급이나 보너스를 저축하는 등 돈을 절약할 수 있는 방법은 많습니다.
5. 돈을 투자하십시오. 돈을 절약하는 것만으로는 충분하지 않습니다. 돈을 투자하여 자산을 늘려야 합니다. 투자에는 다양한 방법이 있으므로, 자신의 위험 허용 범위와 투자 목표에 맞는 투자를 선택하는 것이 중요합니다.
6. 인내심을 가지십시오. 30억 원을 모으는 것은 시간이 걸리는 과정입니다. 결과가 바로 나타나지 않더라도 낙심하지 마십시오. 인내심을 갖고 목표를 향해 계속 노력하십시오.

30억 원을 모으는 것은 결코 쉬운 일이 아닙니다. 그러나, 꾸준한 노력과 인내심을 갖는다면, 누구나 이 목표를 달성할 수 있습니다.

제미나이는 '현재 재정 파악 – 현실적 목표 설정 – 계획 준수 – 절약 – 투자 – 인내'의 순으로 팁을 제시했다. 질문은 말 그대로 자수성가自手成家하는 법이 무엇인가였는데 제미나이는 냉정하게 '주제(변변하지 못한 처지) 파악'부터 요구한다. 다음으로는 차곡차곡 종잣돈 모으고 투자에 나서라고 주문한다. 그리고 '인내'다.

부자가 되겠다는 사람들 중에 이 '인내'가 부족한 사람이 적지 않다. 몇 푼 안 되는 종잣돈도 모자라 온갖 대출까지 끌어다가 무리하게 투자를 감행했다가 낭패를 보는 케이스다.

지난 몇 년간 전 세계는 코로나19 사태로 전례가 없는 혼란에 처했다.

수백만 명의 무고한 생명들이 목숨을 잃었으며 강력한 통제와 거리 두기 정책으로 인해 경제 상황은 대위기를 맞았다. 이를 타개하기 위해 세계 각국에서 동시에 시행되었던 경기 부양책은 막대한 유동성을 시장에 공급하면서 자산 가치의 폭등을 불러왔다.

이 기간 투자자들은 누구나 장밋빛 미래를 꿈꾸었다. 자고 일어나면 부동산, 주식, 가상화폐 등 가릴 것 없이 가격이 올랐고 실제로 죽을 때까지 놀고먹어도 될 만큼 돈을 번 사람도 속속 등장했다. 투자에 관심이 없던 사람들마저 남녀노소 가리지 않고 투자 시장에 뛰어들었고 판은 점점 더 커져 갔다.

거기까지였다. 코로나19 사태가 잠잠해지며 자산 가치는 일제히 폭락했다. 현재 어느 정도 회복되는 모양새이지만 언제 다시 그 시절의 고점에 다다를지는 누구도 장담하지 못한다. 그 기간 가장 많이 피해를 본 이들은 평범한 초보 투자자들이었다. '나도 부자가 될 수 있겠다.'라는 부푼 마음을 안고 얼마 안 되는 종잣돈을 긁어모아 투자에 나섰지만 손해만 본 것이다. 손해를 만회하기 위해 빚까지 내 가며 다시 무리한 투자를 거듭했다가 더 큰 손해를 본 이들도 부지기수다.

투자는 투기投機(기회를 틈타 큰 이익을 보려고 함, 또는 그 일)가 아니라는 점을 잊지 말아야 한다. 제미나이의 말대로 "자신의 위험 허용 범위와 투자 목표에 맞는 투자를 선택"해야 한다. 이 단순한 사실을 망각하고 단시간 내에 일확천금을 거머쥐려 투기에 나서는, 투기도 모자라 도박을 감행하는 이들이 너무 많다. 그 대가는 명백하다. 2023년 상반기 기준 채무조정과 개인회생 신청, 대출 연체율이 역대 최대 수준에 도달했다. 특히 2030 청년 세대의 상황이 심각하다.

여기까지가 이번 에피소드를 한창 작성하던 2023년 중반의 상황이다. 그리고 원고를 마지막으로 검토하는 2025년 1월 현재, 상황은 다시 드라마틱하게 반전했다. 비트코인은 3배 이상 폭등했고, 나스닥은 역대 최고치를 찍으면서 전 세계 투자 시장은 다시 대호황을 맞이하고 있다. 한동안 투자자들을 절망에 빠트렸던 가상화폐와 미국 주식 등이 다시 폭등하며 손실을 복구하다 못해 역대 최고점을 찍었다. 코로나19 사태가 시작된 이래 불과 5년 사이에 전 세계 수많은 투자자들이 천당과 지옥을 수차례 왔다 갔다 하고 있다. 그렇다면 과정이야 어쨌든, 다시 못 먹어도 고를 외치며 액셀을 힘껏 밟아야 할까? 아니, 밟아도 되는 걸까?

"개인 채무조정 18만 명 역대최다 눈앞… 법인파산은 이미 최다"[1]

"'사다리 끊어졌어요'… 청년 90% 내 집 없고, 30%는 연소득 1천만 원 미만"[2]

"대출 연체자 600만 명 넘는다… '벼랑 끝' 서민경제"[3]

---

1 『연합뉴스』, 「개인 채무조정 18만 명 역대최다 눈앞… 법인파산은 이미 최다」, 채새롬, 임수정 기자(2024. 12. 22), https://www.yna.co.kr/view/AKR20241221037000002?section=search

2 『매일경제』, 「"사다리 끊어졌어요"… 청년 90% 내 집 없고, 30%는 연소득 1천만 원 미만」, 이지안 기자(2024. 12. 23), https://www.mk.co.kr/news/economy/11201833

3 『디지털타임스』, 「대출 연체자 600만 명 넘는다… '벼랑 끝' 서민경제」, 주형연 기자(2024. 12. 15), https://www.dt.co.kr/contents.html?article_no=2024121502109963033003

"경매로 넘어간 부동산, 11년 만에 '최대'… 남몰래 우는 '영끌족'"[4]

2024년 12월에 보도된 몇몇 경제 분야 기사의 제목들이다. 미친 듯이 우상향하는 가상화폐와 미국 주식 그래프를 보며 다시금 기회가 왔음을 직감하고 환호를 지른 사람들이 한둘이 아니겠지만 현실은…. 1년 반 전, 2023년 여름에 비해 상황이 악화되면 악화되었지 나아진 게 아무것도 없다. 액셀을 밟을지 말지 고민할 필요도 없이 밟을 여력조차 남지 않아 버렸다.

이 상황을 개인의 욕심 탓으로 돌릴 수는 없다. 코로나19 시대, 수많은 이들이 위험을 감수하고 무리를 해서라도 영끌에 나설 수밖에 없었던 이유는 날이 갈수록 벌어지는 빈부 격차를 생생히 체감했기 때문이다. 그리고 현재는 백약이 무효한 불황의 늪과 탄핵 정국이라는 현실이 수많은 이들을 파산으로 몰아넣고 있다. 그렇다고 부자의 꿈을 포기할 수는 없다. 분명 나와 비슷한 능력을 가졌고 비슷한 환경 속에서 살아온 누군가는 지금 이 순간에도 부자의 꿈을 이뤄 행복한 삶을 영위하고 있지 않은가? 다만 다시 영끌로, 삽시간에, 크게 한몫 잡아볼 요량이라면 애초에 관두는 게 좋다. 우리가 인공지능에게 얻고자 하는 대답은 로또 1등 번호 6개가 아니지 않은가? 벌써 인공지능은 단초를 제시했다. '인내심'.

4 『한국경제TV』, 「경매로 넘어간 부동산, 11년 만에 '최대'… 남몰래 우는 '영끌족'」, 김소연 기자(2024. 12. 16), https://www.wowtv.co.kr/NewsCenter/News/Read?articleId=2024121684207

우리나라 상위 1% 부자 가구의 가구주 평균 나이는 63.5세다. 그러니 조급해하지 마라. 갈 길은 멀고 도전은 이제 시작이다.

3

종잣돈 한 푼 없는 사람이 30억 원을 모으려면?

그러면 같은 질문에 지피티는 뭐라고 답했을까?

ChatGPT ▶

자본금을 모으기 위해 시작하기 전에 몇 가지 중요한 단계를 따라야 합니다. 다음은 30억 원을 모으는 목표를 달성하기 위해 가장 먼저 해야 할 행동입니다.

1. 목표 설정: 명확하고 구체적인 목표를 설정하세요. 목표 금액(30억 원)을 정하고 어떤 기간 내에 이를 달성하고 싶은지 정해야 합니다.
2. 예산 수립: 현재 상황에서 어떻게 돈을 모아갈지 계획하세요. 소득과 지출을 분석하여 예산을 수립하고, 비상경비도 고려하세요. 비용을 줄이거나 추가 수입을 창출할 방법을 고민해보세요.
3. 저축 계획: 저축은 돈을 모으는 핵심입니다. 매달 규칙적으로 일정 금액을 저축

하도록 계획하세요. 가능하다면 자동이체나 자동저축 기능을 이용해 편리하게 저축할 수 있습니다.

4. 지출 관리: 지출을 효율적으로 관리하세요. 예산 내에서 생활비를 줄이는 방법을 찾고, 여유 있는 생활을 위한 불필요한 지출을 최소화하세요. 절약할 수 있는 부분을 찾아서 지출을 조절해야 합니다.
5. 부가 수입 창출: 추가 수입을 창출하는 방법을 고려하세요. 부업이나 프리랜서로 일하는 등의 방법을 고려해보세요. 여가 시간을 이용하여 추가 수입을 창출하면 목표 달성을 더욱 빠르게 할 수 있습니다.
6. 투자 계획: 모은 자본을 효과적으로 운용할 수 있는 투자 방안을 탐색하세요. 금융 상품에 대한 조사와 전문가의 조언을 받아보세요. 투자의 위험과 수익을 고려하여 적절한 투자 계획을 수립해야 합니다.
7. 지속적인 목표 관리: 목표를 달성하기 위해 일정한 주기로 진전 상황을 확인하고 조정하세요. 목표를 갱신하고 필요에 따라 계획을 수정해 나가는 것이 중요합니다. 그리고 목표에 도달한 후에도 재투자나 재저축을 고려하여 재무적 안정을 유지하는 것이 좋습니다.

위의 단계들을 따르면서 목표에 도달할 수 있도록 계획을 구체화하고 실행해 보세요. 매일 조금씩 행동을 취하면서 꾸준한 노력과 인내심을 가지는 것이 중요합니다.

'부가 수입 창출' 정도가 추가된 선에서 제미나이와 유사한 면이 많다. 그리고 지피티와 제미나이의 답변을 곰곰이 살펴보니 떠오르는 게 하나 있다. '파이어족'이다.

부자를 꿈꾸고 있다면 다들 알고 있겠지만 파이어족(FIRE族)이란 'Financial Independence, Retire Early'라는 말 그대로 경제적 자립을 이뤄 빠른 시간 내에 은퇴를 목표로 둔 이들을 말한다. 파이어족 문화는 1990년대 태동한 이후 2008년 금융위기를 이후 미국을 중심으로 서구 곳곳에 퍼져나갔다. 우리나라의 경우 이번 코로나19 사태를 겪으며 청년 세대를 중심으로 파이어족 열풍이 불었다. 사실 서구에서는 고학력·고소득 계층에서 주도했으나 우리나라에서는 평범한 직장인, 학생들까지 파이어족을 자처하고 나섰다.

그런데 앞서 언급했듯 코로나19 사태의 진정 이후, 자산 가치가 귀신같이 폭락하면서 찬물이 끼얹어졌다. 그리고 2024년 말, 다시 기회가 찾아왔지만 더더욱 힘겨워진 현실. 월급은 쥐꼬리만큼 올랐는데 물가는 폭등 중이고, 투자는커녕 투잡을 뛰어도 빚 갚기 힘든 처지에서 '경제적 자립, 조기 은퇴'란 사치가 돼 버렸다. 시장조사 전문기관인 트렌드모니터에 의하면 직장인들 10명 중 8명은 경제적 자유를 통한 조기 은퇴를 원하지만, 실현 가능성은 낮다고 인식한다고 한다.[5]

물론 전혀 실망할 단계가 아니다. 지금 포기해 버리고 시도조차 하지 않는다면 부자가 될 가능성은 0%이지만 포기하지만 않는다면 언제든,

5 [TK_202302_TRY8490] 2023 직장생활 평가 및 F.I.R.E족 관련 인식 조사(TRK) https://www.trendmonitor.co.kr/tmweb/trend/allTrend/detail.do?bIdx=2624&code=0402&trendType=CKOREA

얼마든 부자가 될 가능성이 생긴다.

"장정민 NH투자증권 100세시대연구소 연구원은 경제변화와 경기침체 속에서도 파이어족들이 잊지 말아야 하는 자산관리 원칙 중 하나로 '꺾이지 않는 마음'을 강조했다. 그는 '목표를 설정하고 집중하는 자세는 자산관리의 출발점'이라며 '경제 환경이 변하더라도 달성 가능한 계획을 세우고 스스로 통제할 수 있는 부분을 활용해 목표를 향해 나아가야 한다'고 말했다."[6]

이렇듯 투자 전문가의 의견 또한 놀랍도록 많은 부분이 인공지능의 의견과 일치하고 있다. 부자가 되는 방법에 단 하나의 완벽한 정답이란 없겠으나, 여러 의견들 사이에서도 분명하게 겹치는 부분이 있다면 귀 기울일 필요가 있다.

CLOVA ☞

돈(30억 원)을 버는 것은 쉬운 일이 아니며, 노력과 인내가 필요합니다. 자신의 가치관과 목표에 맞는 삶을 살아가는 것도 중요합니다.

제미나이와 지피티, 클로바가 내놓은 답 중에 마치 짠 것처럼 정확하게 일치하는 구절이 있었다.

6 『한국경제』, 「위기 맞은 파이어족, 더 이상 자산 잃지 않으려면」, 차은지 기자(2023. 4. 30), https://www.hankyung.com/finance/article/2023042804526

“꾸준한 노력과 인내심”

세상만사가 다 그렇겠으나 부자가 되기 위한 최선의 방법은 ‘인내를 가지고, 목표를 이룰 때까지, 꾸준한 노력’이다.

우리가 죽을 때까지 부자가 되지 못하는 이유는? 1

왜 인생은 노력한 만큼 성과를 돌려주지 않는가? 부자가 되기 위한 시도 역시 다르지 않다. 아니, 결과만 따지고 보면 더없이 가혹하다. 앞서도 알아봤지만 현실적으로 상위 1%는커녕 상위 10%(순자산 9억 원 이상 보유)도 쉬운 일이 아니다.

그렇게 가혹한 현실 속에서 부자가 되겠다는 다짐과 열망은 서서히 꺼져 가고 대부분의 사람들은 부자의 꿈을 이루지 못한 채 생을 마감한다. 단지 부자가 되지 못하는 이유를 경쟁에만 돌릴 수는 없을 터. 인공지능이 생각하는, 대다수의 사람들이 부자가 되지 못하는 이유는 뭘까? 그래서 물어봤다. “수많은 이들이 부자가 되려고 노력하지만 결국 부자가 되지 못하고 죽는 이유는 무엇”이냐고.

ChatGPT ▶

근본적인 문제: 부자가 되기 위해서는 경제적, 교육적, 사회적으로 유리한 출발점을 갖는 것이 중요합니다. 그러나 경제적으로 불리한 배경이나 제한된 교육 기회를 갖고 태어난 경우 부자가 되기 어렵습니다. 불공평한 사회 구조나 시스템의 영향을 받는 경우 부자가 되기가 훨씬 어려울 수 있습니다.

지피티의 경우는 동일한 질문을 세 차례 반복해서 물어봤다. 왠지 그래야 할 거 같아서 그렇게 했는데, 실제로 언뜻 보기에는 제법 다르다 싶을 정도로 매번 대답이 달라졌지만 잘 살펴보니 몇 가지 공통점을 찾을 수 있었다(참고로 유사한 의미의 답변들 중 가장 대표적이고 일반적이라 생각되는 것을 골라서 그대로 소개한다). 지피티가 꼽은, 우리가 부자가 되지 못하는 "근본적" 이유는 "불공평"이다.

어디서 학습을 했는지는 모르겠으나 대담하게 '근본'이라는 단어를 내세운 점이 놀라웠다. 그리고 놀라움이 가시자마자 '불공평한 사회'라는 단어에 마음이 불편해졌고, 그게 현실이라는 현실에 더욱 착잡해졌다.

모두에게 골라인은 단 하나인데 개인마다 출발선이 다르다면 공정한 경주라 할 수 없다. 한참 뒤에서 출발하는 이들의 박탈감은 이루 말로 다 하기 힘들 것이다. 더 솔직히 말하면 그건 게임이 아니다. 태어날 때부터 벌어진 "경제적, 교육적, 사회적" 격차를 대체 무슨 수로 만회한다는 말인가? 그래서 많은 이들이 시도를 하기도 전에 이 '태생적 한계'라는 거대한 벽 앞에서 포기해 버리고 만다.

따지고 보면 지피티는 당연한 말을 했다. 근본과 태생은 (사전적으로 거의) 같은 말이기 때문이다. 이 태생적 한계, 사회적 불평등을 명징하게 대변하는 키워드가 있다. '금수저, 흙수저'다. 이제 방송, 언론, 창작물, 인터넷 커뮤니티를 포함한 문화 전반에서 금수저, 흙수저라는 말이 아무렇지 않게 등장하고 주요 소재로까지 다루어지기도 한다.

실제 통계상으로도 "소득 상위 10%와 하위 10% 가구 간 소득격차가 처음으로 연 2억 원을 넘어섰다. 이들 계층의 자산 격차는 15억 원 이상으로 벌어졌다. 양극화는 해를 거듭할수록 심화하고 있지만 이를 해결하기 위한 정책은 실종된 상태다."[7]

우리 국민들 역시 이를 생생하게 체감하고 있다. "국민 10명 7명은 우리 사회의 계층 상승(이동)이 어렵다고 인식하고 있는 것으로 나타났다. 또 소득·자산에 따른 계층 격차가 심각한 수준이라고 10명 중 9명이 평가했다."[8]

한 가지 우려되는 부분은 일상에서 스스로를 흙수저라 칭하며 깊은 절망감과 패배감에 사로잡히거나, 사회를 향해 노골적으로 반감을 드러내는 이들이 늘어간다는 점이다. 그런데 "나는 흙수저야."라고 단언하기 전에 어떠한 기준에 따라 스스로를 흙수저에 포함시켰는지 진지하게 고

7 『연합뉴스』, 「계엄충격에 파묻힌 양극화 해법… 소득 상하위 10% 격차 2억 넘어」, 송정은 기자(2025. 1. 5), https://www.yna.co.kr/view/AKR20250104038800002?section=search

8 『쿠키뉴스』, 「'흙수저, 절대 금수저가 못 돼'… 젊은 층일수록 '더 어렵다' 인식 〈쿠키뉴스 신년 여론조사〉」, 황인성 기자(2025. 1. 3), https://www.kukinews.com/article/view/kuk202412310216

민한 적이 있는가? 금수저와 흙수저의 차이를 묻는 질문에 지피티는 다음과 같이 말했다.

ChatGPT ▶

(중략)

금수저와 흙수저는 사회적인 계층 구조와 부의 불균형을 나타내는 용어로 사용되며, 개인의 경제적인 배경이 그들의 삶과 기회에 어떤 영향을 미치는지를 설명하기 위해 사용됩니다. 그러나 이 용어는 개인의 노력과 잠재력을 무시하거나 일반화하는 경향이 있으므로, 모든 경우에 적용되는 절대적인 분류가 아니라는 점을 유념해야 합니다.

부유한 집에서 태어나면 그대로 부자의 삶을 살아갈 가능성이 높아지고, 가난한 집에서 태어나면 그대로 가난한 삶을 살아갈 가능성이 높아진다. 그 둘의 자리가 뒤바뀔 가능성은 점점 더 희미해져 간다. 그리고 이건 명백한 현실이다. 지피티가 우리가 부자가 될 수 없는 근본적 이유로 사회적 불평등을 꼽은 것은 당연할지 모른다.

하지만 지피티의 의견처럼 계급을 나누는 행위 자체가 "이 용어는 개인의 노력과 잠재력을 무시하거나 일반화하는 경향이 있으므로, 모든 경우에 적용되는 절대적인 분류가 아니라는 점을 유념"해야 한다. 세상을 향해 비난만 쏟아내며 지레 자포자기한다면 그 불리한 출발선에 설 기회조차 주어지지 않기 때문이다.

우리가 죽을 때까지 부자가 되지 못하는 이유는? 2

사회적 불평등이라는 근본적 원인 외에, 부자가 되는 길을 방해하는 요인에는 또 무엇이 있을까?

ChatGPT ▶

1. 부자가 되기 위해서는 자기 관리, 희생, 노력, 시간 관리 등의 습관과 특성이 필요합니다. 목표를 설정하고 그에 따라 행동하는 것이 중요한데, 이를 따르지 않는다면 부자가 되기 어렵습니다.
2. 돈을 효과적으로 관리하는 능력은 부의 형성과 유지에 중요합니다. 부적절한 소비 습관, 빚에 휘말리거나 투자를 제대로 하지 못하는 등의 금융적인 실수가 부자가 되지 못하는 이유가 될 수 있습니다.
3. 부자가 되기 위해서는 불확실성과 위험을 감수해야 합니다. 그러나 실패에 대

한 두려움이나 위험 회피 성향이 강한 경우에는 새로운 기회를 놓치거나 안전한 선택을 계속해서 하게 되어 부자가 되는 것이 어려울 수 있습니다.

4. 비즈니스 센스와 기회를 찾고 활용하는 능력이 부자가 되는 데 중요합니다. 그러나 사업적인 능력이 부족하거나 기회를 잡지 못하는 경우에는 성공하기 어렵습니다.
5. 부자가 되기 위해서는 노력과 계획뿐만 아니라 운과 우연의 요소도 중요합니다. 행운이 없거나 우연한 기회를 놓치는 등의 이유로 인해 부자가 되지 못할 수도 있습니다.

요약하자면 다음과 같다.

1. 자기 관리 실패
2. 부적절한 금융 관리
3. 위험 회피
4. 부족한 사업 능력
5. 행운의 부재

1번의 경우 개인의 성향(성격)과 깊은 관련이 있다. 다른 답변에서 지피티는 부자가 되지 못하는 이유로 "자기 몰입력 부족, 타협하지 않는 성격, 허영심과 탐욕 등"을 꼽기도 했다. 평소 계획성 없고 나태하고 허풍만 세고 약속을 잘 지키지 않는 사람이 부자가 될 수 있으리라고는 생각할 수 없다. 부자는커녕 평범한 직장생활조차 변변히 해내기 어려울 것이다.

큰돈을 모으겠다는 사람이 돈 관리에 서툴다면 앞뒤가 맞지 않는다. 낭비벽이 있거나 도박이나 다름없는 묻지 마 투자를 일삼는다면 부자가 될 수 없다. 특히 아무런 준비도 없이 주식이나 암호화폐에 투자를 감행했다가 원금 회수도 못 하는 사람이 부지기수다. 그렇게 피 같은 돈을 날리고서는 '값비싼 수업료'라며 애써 자위하는 이들이 있다면, 투자의 신이 전하는 투자 원칙을 다시금 아로새기자.

> "첫 번째 원칙, 절대로 돈을 잃지 말 것. 두 번째 원칙, 절대로 첫 번째 원칙을 잊지 말 것(Rule No. 1 is never lose money. Rule No. 2 is never forget Rule No. 1)."
>
> — 워런 버핏Warren Buffett

다음은 위험 회피다. 인간도 동물인 이상 위험을 감지하면 본능적으로 피하고 본다. 부자로 가는 길 역시 마찬가지다. 만반의 준비를 하고 황금보다 귀한 시간을 투자하고 모든 에너지를 쏟아붓고 지금껏 모아온 돈을 탈탈 털어 넣었는데도 실패를 거듭한다면 버틸 수 있는 사람이 몇이나 될까. 소위 큰 부자가 되었다는 이들은 이토록 큰 위험성을 감수하고 끝까지 밀어붙인 사람들이었다.

투자만이 능사가 아니다. 정말 이른 시간에 경제적 자유를 얻고 평생 놀고먹고 싶다면 결국은 사업이다. 세계 최고 투자자 워런 버핏도 사업가고, 세계 최고 부자(포브스 선정, 2024년 12월 기준) 베르나르 아르노Bernard Arnault LVMH 회장[9]도 사업가고, 한 번 세계 대통령(미국이 왕이니깐 우선 그런 걸로 하자) 해 놓고 또 세계 대통령 자리를 노리는 도널드 트럼프Donald Trump[10]도 사업가다. 지난 대선의 판도를 뒤흔들고 지금껏 논란이 끊이지 않는 대장동 사태는 갭 투자나 수익형 부동산, 혹은 똘똘한 한 채로 수억 원의 이익을 본 평범한(?) 투자자들을 허탈하게 만들었다. 부동산개발 '사업' 한 방이면 삼대三代 정도는 가볍게 놀고먹을 돈이 생긴다는 사실이 만천하에 알려졌기 때문이다.

지난 대선 기간, 대장동 사태를 두고 대부분의 국민들은 분노를 쏟아냈는데 그 와중에도 '부동산개발 사업이 뭔데? 나도 해 볼 수 있는 거야?'라고 생각했다면 부자가 될 가능성이 분노만 쏟아낸 이들보다는 높다고 할 수 있겠다. 실제로 부동산개발 사업에 일반인들의 관심이 부쩍 늘었는데 대장동 논란에 등장하는 면면을 살펴보면 아무나 할 수 있는 사업도 아니고, 전문가들의 의견을 종합해 보면 기대 수익만큼이나 리스크 또한 무척 크다. 지금 우리가 되려는 것은 아무나가 아닌 '부자', 그 높은 리스크의 벽도 넘어설 능력을 가진 '부자'이긴 하지만, 부자가 되는 길이 부동산개발 사업 단 하나가 아님은 명확히 짚고 넘어가자.

마지막으로 5번. '운運'이다. 아, 운이라니. 어떻게 보면 사회적 불평등

9 1년 반 전 이 글을 쓰던 당시에는 그랬고, 지금(2025년 1월)은 누구나 다 알듯 일론 머스크다.

10 결국, 다시 세계 대통령 자리에 올랐다.

보다 사람을 허망하게 만드는 단어다(지피티는 질문에 대한 세 차례의 대답에서 두 번 '운'을 언급했다). 자기 관리(성격 개조 포함), 금융 관리, 위험 감수, 사업 능력은 전부 '학습과 노력'을 통해 개선과 발전이 가능한 영역이다. 그런데 운은 인간의 노력 밖에 있지 않은가? 아무리 용을 써도 운이 나쁘면 말짱 꽝이지 않은가?

6

운이 나쁜 사람이 운이 좋은 사람이 되기 위해서는 어떤 행동을 해야 할까?

어떤 이들이 자기가 최선을 다했음에도 재수財數(재물이 생기거나 좋은 일이 있을 운수)가 없어서 돈을 벌지 못한다고 강변한다. 과연 그러한지 한 번 물어보자.

ChatGPT ▶

운이 나쁜 사람이 운이 좋은 사람이 되기 위해서는 몇 가지 행동을 고려해 볼 수 있습니다.

1. 긍정적인 태도 유지: 운이 좋은 사람들은 일상적으로 긍정적인 태도를 유지하며, 낙관적으로 상황을 대처합니다. 운이 나쁜 사람이 되기 쉬운 부정적인 사고 패턴을 극복하고, 긍정적인 생각과 태도를 갖는 노력을 기울이는 것이 중요합니다.

2. 자기 개선: 운이 좋은 사람들은 자기를 계발하고 개선하는 데 주력합니다. 능력을 향상시키는 데 시간과 노력을 투자하고, 새로운 기술과 지식을 습득합니다. 자신에게 도전하고 성장하는 것은 운이 좋은 사람으로 나아가는 핵심 요소입니다.
3. 기회에 대한 오픈 마인드: 운이 좋은 사람들은 기회를 놓치지 않습니다. 기회가 찾아왔을 때, 열린 마음으로 받아들이고 적극적으로 활용하는 것이 중요합니다. 때로는 익숙하지 않은 도전을 수용하고 새로운 경험을 시도하는 것이 운을 끌어내는 데 도움이 될 수 있습니다.
4. 적극적인 네트워킹: 운이 좋은 사람들은 네트워킹을 통해 기회를 찾고 확장합니다. 다양한 사람들과의 관계를 구축하고 유지함으로써 새로운 기회와 협력의 문을 열 수 있습니다. 사회적인 네트워크를 구축하고 관계를 형성하는 것은 운이 좋은 사람이 되는 데 도움이 됩니다.
5. 인내와 끈기: 운이 좋은 사람들은 어려움에 직면했을 때 인내심과 끈기를 발휘합니다. 실패와 장애물을 극복하며 계속해서 노력하고 시도하는 것은 운이 좋은 사람으로 나아가는 데 중요한 요소입니다.

운이 좋은 사람이 되기 위해서는 시간과 노력이 필요하며, 모든 것이 순조롭지 않을 수도 있습니다. 하지만 위의 행동들을 실천하면서 긍정적인 태도를 유지하고 계속해서 발전하려는 의지를 갖는다면, 운이 좋은 사람으로서의 가능성을 향해 나아갈 수 있습니다.

나쁜 운을 좋은 운으로 바꾸는 방법이 아주 없지는 않은가 보다. 특히 첫 번째 답변부터 "나는 재수가 없는 사람"이라고 생각하는 이들에게 '일침'을 가한다. 운이 나빠서 돈을 벌지 못한다고? 그 부정적인 생각부터 틀려먹었다는 이야기다. 무슨 일이 있어도 '긍정'이다. 그 밝은 마음이 재수를 불러올 것이다.

다음은 능력 계발과 기술·지식의 획득, 새로운 경험, 네트워크 확장이다. 능력을 키우기 위해 늘 배우고 익히고, 익숙하지 않아 불편하거나 두렵더라도 새로운 도전을 멈추지 않고, 인간관계의 확장을 통해 협력을 꾀하고 기회를 늘려야 한다.

여기서 눈에 띄는 부분은 '기회 혹은 시도'의 증대다. 어떤 일을 할 때 성공 확률을 높이려면 무엇을 해야 할까? 물론 치밀한 준비를 통해 단번에 성공한다면 더할 나위 없이 좋겠지만 물론 불가능한 일이다. 가장 좋은 방법은 단순하게도 '반복'이다. 재수가 좋은 사람이 되기 위한 노력, 부자가 되기 위한 시도, 그 무엇이 되었든 목표를 이루고자 한다면 '기회를 늘리고 시도를 거듭'해야만 한다. 그래야 성공 확률이 높아지기 때문이다.

통계학 분야의 대표적 이론인 '대수大數의 법칙'(큰 수의 법칙, the law of large numbers)에 따르면 "어떤 일을 몇 번이고 되풀이할 경우, 일정한 사건이 일어날 비율은 횟수를 거듭하면 할수록 일정한 값에 가까워진다."[11]고 한다. 예를 들어 주사위를 굴렸을 때 1이라는 숫자가 나올 확률은 주사위를 많이 굴리면 굴릴수록 1/6에 가까워진다는 것이다(나머지

11 『표준국어대사전』에서 인용.

2~6에 속하는 숫자도 마찬가지다).

당연한 소리 아니냐고? 만일 주사위가 있다면 여섯 번을 굴려보라. 그중 1이라는 숫자가 딱 한 번 나오는가? 사람에 따라, 순간에 따라 결과는 천차만별이다. 1이 한 번도 안 나올 수도 있고, 1만 여섯 번 연달아 나올 수도 있다. 여섯 번이 아니라 열 번, 스무 번을 굴려도 1이 안 나올 수도 있다. 그렇다고 1이 나올 확률을 1/6이 아니라고 할 수 있을까? 결과적으로 굴리는 횟수가 늘어날수록 1을 비롯한 특정 숫자가 나올 확률은 1/6에 가까워진다.

자신이 재수가 없다고 생각하는 사람, 분명 열심히 하고 있는데 왜 나만 결과가 안 좋을까라고 생각하는 사람들에게도 이 법칙을 적용할 수 있지 않을까? 분명 남들만큼 최선을 다했음에도 얼마든 원하는 결과가 나오지 않을 수 있다. 하지만 몇 번의 시도 끝에 포기해 버린다면 정말 운이 나쁜 사람인 채로 끝나고 만다.

지피티의 의견을 종합하자면 긍정적인 태도를 바탕으로, 발전과 성장을 위한 시도를, 인내와 끈기를 가지고 거듭한다'면 불운은 얼마든 길운吉運으로 바뀔 수 있다. 재미있는 점은 다시 등장한 '인내'다. 인생에 재수를 불러오기 위해서는 특별한 능력을 얻기 이전에, 우선은 참고 기다려야 한다는 말이다.

7

우리가 죽을 때까지 부자가 되지 못하는 이유는? 3

왜 우리는 죽을 때까지 부자가 되지 못하는지 제미나이에게도 물었다.

Gemini ▷

저는 단지 언어 모델일 뿐이고, 그것을 이해하고 응답하는 능력이 없기 때문에 도와드릴 수가 없습니다.[12]

코드를 뽑아 전원을 꺼 버리겠다고 한 적도 없는데 '죽음'이라는 단어에 소스라치게 놀란 제미나이는 능력 밖이라며 답변을 거부했다. 이제

12 이 당시 제미나이의 구 모델인 바드는 저렇게 정직하게 답했다. 아마 지금의 제미나이는 번개같이 화려한 대답을 해 줄 것이다. 알아서들 각자 물어보시도록.

와서 생각해 보면 사실 질문 자체가 워낙 까다롭고 난도가 높은 듯하다. 지피티에게서는 답변을 받기는 했지만 물어볼 때마다 유의미하게 달라져 따로 편집을 해야 한 것만 봐도 알 수 있다. 인공지능만이겠는가. 사람에게 물어봐도 피차일반이다. '죽음'이라는 단어가 들어가는 순간 모든 질문은 '고차원'이 된다. 그만큼 죽음은 강렬하고 강력하다.

제미나이가 능력이 부족하다면서 답변을 하지 못했지만 개인적으로 봤을 때 딱히 그렇다고 생각하지는 않는다. 오히려 싹싹하게 한계를 인정하는 모습이 마치 사람 같아서 정감이 간다랄까? 제미나이, 괜찮아. 용기를 내! 그리고 질문을 조금 수정해서 다시 물어보았다.

"많은 이들이 부자가 되려고 노력하지만 부자가 되지 못하는 이유는 무엇인가?"

Gemini ▷

많은 사람들이 부자가 되려고 노력하지만 부자가 되지 못하는 데에는 여러 가지 이유가 있습니다. 몇 가지 일반적인 이유는 다음과 같습니다.

- 부자가 되는 방법에 대한 잘못된 생각: 많은 사람들은 부자가 되는 유일한 방법은 복권에 당첨되거나 상속받는 것이라고 생각합니다. 사실, 부자가 되는 방법은 여러 가지가 있으며, 성공적인 투자, 자신의 사업 시작, 고임금 직업, 저축 및 재정적 책임을 지기 위해 열심히 일하는 것과 같은 전통적인 방법을 통해 달성할 수 있습니다.
- 인내심 부족: 부자가 되는 데는 시간과 노력이 필요합니다. 밤새 부자가 되기를

기대하는 사람은 아무도 없습니다. 그러나 열심히 일하고 인내심을 갖는다면 결국 목표를 달성할 수 있습니다.

— 자신의 행동에 대한 책임이 없음: 많은 사람들은 부자가 되지 못한 이유를 다른 사람이나 상황에 돌립니다. 그러나 자신의 행동에 대해 책임을 지고 재정적 목표를 달성하기 위해 필요한 조치를 취하지 않으면 결국 목표를 달성하지 못할 것입니다.

— 교육 부족: 부자가 되는 방법에 대한 올바른 교육을 받지 못한 사람들은 부자가 되기 위해 필요한 기술과 지식을 갖추지 못할 수 있습니다. 재정적 교육을 받을 수 있는 방법은 많으며, 책, 웹사이트, 과정 등을 통해 이를 얻을 수 있습니다.

— 자신감 부족: 많은 사람들은 부자가 될 수 있을지 확신하지 못합니다. 그러나 자신감을 갖고 목표를 달성하기 위해 노력한다면 결국 목표를 달성할 수 있습니다.

부자가 되기 위해 할 수 있는 일이 많이 있습니다. 몇 가지 팁은 다음과 같습니다.

1. 목표를 설정하십시오: 첫 번째 단계는 부자가 되고 싶은지 여부를 결정하는 것입니다. 그렇다면 부자가 되기 위한 목표를 설정해야 합니다. 목표는 구체적이고 측정 가능하며 달성 가능해야 합니다.
2. 계획을 세우십시오: 목표가 정해지면 그 목표를 달성하기 위한 계획을 세워야 합니다. 계획에는 취해야 할 단계와 목표를 달성하는 데 걸리는 시간이 포함되어야 합니다.
3. 계획을 실행하십시오: 계획이 있으면 실행해야 합니다. 이것은 목표를 달성하

기 위해 필요한 조치를 취하는 것을 의미합니다.

4. 인내심을 가지십시오: 부자가 되는 데는 시간과 노력이 필요합니다. 밤새 부자가 되기를 기대하는 사람은 아무도 없습니다. 그러나 열심히 일하고 인내심을 갖는다면 결국 목표를 달성할 수 있습니다.
5. 자신의 행동에 대해 책임을 져라: 부자가 되지 못한 이유를 다른 사람이나 상황에 돌리지 마십시오. 자신의 행동에 대해 책임을 지고 재정적 목표를 달성하기 위해 필요한 조치를 취하십시오.
6. 교육을 받으십시오: 부자가 되는 방법에 대한 올바른 교육을 받지 못한다면 부자가 되기 위해 필요한 기술과 지식을 갖추지 못할 수 있습니다. 재정적 교육을 받을 수 있는 방법은 많으며, 책, 웹사이트, 과정 등을 통해 이를 얻을 수 있습니다.
7. 자신감을 가지십시오: 많은 사람들은 부자가 될 수 있을지 확신하지 못합니다. 그러나 자신감을 갖고 목표를 달성하기 위해 노력한다면 결국 목표를 달성할 수 있습니다.

부자가 되는 길은 하나가 아니라는 것을 기억하는 것이 중요합니다. 성공적인 투자, 자신의 사업 시작, 고임금 직업, 저축 및 재정적 책임을 지기 위해 열심히 일하는 것과 같은 전통적인 방법을 통해 부자가 될 수 있습니다.

이게 무슨 일인가? 직전 질문에 답하지 못해 민망했던 모양인지, 묻지도 않은 '부자가 되기 위해 할 수 있는 일'까지 포함하여 꽤 장문의 답변을 제시했다. 부자가 되는 데 필요한 팁의 경우 부자가 못 되는 이유를 개선하라는 식으로 내용이 중복되었으나 나름 의미가 있어 보여 전문을 그대로 게재한다.

지피티와 비교했을 때 제미나이의 답변에서 도드라지는 부분은 '개인의 태도'에 초점이 맞춰져 있다는 점이다. 지피티는 불평등한 사회 구조를 부자가 되지 못하는 근본적 원인으로 앞세웠으나 제미나이는 "부자가 되지 못한 이유를 다른 사람이나 상황에 돌리지" 말라고 강조한다(위에 보면 알겠지만 해당 부분인 5번만 뜬금없이 '하라체'다).

구체적인 목표와 계획의 수립 및 실행, 교육을 통한 지식 및 기술 습득 등 테크닉 관련 내용과 함께 '자신의 행동에 대한 책임, 자신감 및 인내심 고취'와 같은 정신, 태도 측면에 제미나이는 초점을 맞추고 있다. 바로 전 에피소드에서 다뤘던 '운을 불러오는 방법'과 비슷한 부분도 보인다.

제미나이와 지피티의 의견을 종합하건대 우리가 (죽을 때까지) 부자가 되지 못하는 이유는 대체로 우리 자신에게 달려 있다. 계획을 세우고 지식을 습득하고 기술을 배우고 부딪치고 깨지고 다시 일어서고 계획을 수정하고 재시작하고, 그렇게 매번 실패하고 실망하고 실성할 것만 같아도 '의지'를 놓지 않고 계속 도전하면서 부자가 될 가능성을 높여 나가야만 한다. 이렇듯 부자가 되기 위해 꼭 해야 할 일들이 존재한다면, 반대로 절대로 하지 말아야 할 일들에는 무엇이 있을까?

부자가 되기 위해 절대로 하지 말아야 할 행동은? 1

인공지능에게 부자가 되기 위해 절대 하지 말아야 할 행동들이 뭐냐고 묻자 의례적으로 몇 가지 사항들을 쭉 나열했다. 그런데 가만 보니 앞서 언급되었던 '부자가 되기 위해 해야 할 일'들을 말만 조금 바꿨을 뿐이었다. 예를 들어 '긍정적 태도를 가져야 한다'가 '부정적 태도를 버려야 한다'로 바뀌는 정도였다. 가만 보니 애당초 질문 자체가 중복이었던 것이다(이래서 질문자의 수준이 중요하다).

그래서 범위를 좁혔다. "부자가 되기 위해서는 절대 하지 말아야 할 행동 중 가장 하지 말아야 할 것을 딱 하나만 알려줘."라고. 그래, 안 그래도 골치가 아픈데 몇 가지는 됐고 딱 하나면 충분하다. 제미나이의 답변부터 보자.

Gemini ▷

부자가 되기 위해서는 절대 하지 말아야 할 행동 중 가장 하지 말아야 할 것은 바로 빚을 지는 것입니다. 빚을 지면 매월 원금과 이자를 갚아야 하기 때문에, 돈을 모으기가 매우 어려워집니다. 또한, 빚을 많이 지면 신용등급이 떨어져서 대출을 받기도 어려워집니다. 따라서, 부자가 되기 위해서는 빚을 지는 것을 피해야 합니다.

물론, 빚을 지는 것이 항상 나쁜 것은 아닙니다. 예를 들어, 집을 사거나 사업을 시작하기 위해 빚을 지는 것은 합리적인 선택일 수 있습니다. 그러나, 빚을 지는 것은 신중하게 결정해야 하며, 빚을 지는 만큼 돈을 벌 수 있는 능력이 있는지 확인해야 합니다.

부자가 되기 위해서는 빚을 지는 것을 피하고, 돈을 모으고, 투자하는 것이 중요합니다. 빚을 지지 않고 돈을 모으고 투자하면, 시간이 지남에 따라 자산이 늘어나고 부자가 될 수 있습니다.

2008년 금융 위기 당시 정점을 찍었던 금리는 2010년대 내내 이어졌던 저금리 기조와 함께 떨어지기 시작했고, 코로나19 사태 때 1% 밑으로까지 내려갔다. 생계를 이어가기 위해 많은 이들이 대출 창구에 줄을 섰는데, 그중에는 초보 투자자들도 제법 섞여 있었다. 그 사람들이 다 부자가 되었으면 좋았겠지만 세상은 그렇게 호락호락하지가 않다. 현재는 무려 3% 대로 금리가 폭등했고 그때 당겨썼던 돈은 고스란히 버거운 부담으로 돌아왔다.

다시 상기하자면 지금 우리나라 국민들은 '1인당 약 3,600만 원의 가계부채'를 떠안고 있다(한 가구당이 아니다). 제미나이는 부자가 되고 싶다면 빚만큼은 지지 말아야 한다고 강조하는데 이게 말처럼 쉬운 일이 아니다. 너도 나도 대학에 가는 세상인데 그 등록금이라는 게 또 워낙 부담스러워서 사회인이 되기도 전에 적지 않은 대출금을 빚으로 지게 된다. 사회인 되어서도 크게 다르지 않다. 회사 근처에 작은 전셋집이라도 구해 볼라 치면 보증금에 소스라치게 놀란다. 사정이 여의치 않다면 다시 은행에 손을 벌릴 수밖에 없다.

그렇게 다들 이런저런 이유로 이미 빚을 지고 살아간다. 더군다나 금리마저 높은 시대. 제미나이의 말대로 "매월 이자와 원금을 갚아야 하기 때문에, 돈을 모으기"조차 쉽지가 않다. '그러면 부자는 언제 되라는 말이야?'라는 생각이 들긴 하지만 이럴 경우 오히려 부자가 되기 위해 가장 먼저 해야 할 일만큼은 단순명료해진다.

'최대한 빨리 빚부터 갚을 것.'

물론 삶을 살아가다 보면 불가피하게 빚을 질 수밖에 없거니와, 빚을 지는 행위 자체를 무조건 나쁘다고 할 수도 없다. 하지만 제미나이의 말처럼 "빚을 지는 것은 신중하게 결정해야 하며, 빚을 지는 만큼 돈을 벌 수 있는 능력이 있는지 확인"을 해야 함에도 이 과정을 건너뛰어서 늘 문제가 발생한다.

이전에도 언급했고 앞으로도 몇 차례 더 언급되겠지만 재테크를 한답시고 여윳돈도 모자라 대출까지 받아서 투자에 나섰다가 손해만 보고 빚에 허덕이고 있다면 신중하지도 않았고, 상환할 능력도 없었다고 할 수 있다. 또 사업을 한다고 나섰다가 쫄딱 망한 이들은 왜 그리도 많은가? 마찬가지 케이스다.

'절대 빚을 지지 마라. 혹여 빚을 져야 할 상황이 오더라도, 심사숙고하고 자신에게 그 빚을 능히 갚을 수 있을 능력이 있는지를 꼼꼼하게 살펴라.'

부자가 되고 싶다는 이들에게 보내는 제미나이의 충고다.

9

부자가 되기 위해
절대로 하지 말아야 할 행동은? 2

그렇다면 클로바는 뭐라고 답했을까?

CLOVA ☞

부자가 되기 위해 절대로 하지 말아야 할 행동 중 하나는 도박입니다.

· 도박은 확률이 매우 낮기 때문입니다. 대부분의 도박은 이길 확률이 매우 낮고, 이길 확률이 높은 도박은 대부분 매우 위험합니다.

· 도박은 중독성이 강하기 때문입니다. 도박에 중독되면 자신의 돈과 시간을 도박에 낭비하게 되고, 이로 인해 부자가 될 수 있는 기회를 놓치게 됩니다.

· 도박은 자신의 삶을 파괴할 수 있기 때문입니다. 도박으로 인해 빚을 지게 되면, 자신의 삶이 파괴될 수 있습니다.

클로바의 선택은 '도박'이었다. 도박이란 무엇인가? 굳이 정의를 물을 필요도 없겠다. 하면 안 되는 것. 그게 도박이다.

도박이라고 다 나쁜 건 아니지 않을까? 국가에서 버젓이 합법적으로 사행射倖산업도 운영하고 있지 않은가. 그래도 안 된다. 그냥 도박은 나쁘다. 순수한 호기심으로, 재미 삼아, 푼돈으로 좀 해 보는 정도는 괜찮지 않느냐고 할 수 있겠지만 도박으로 패가망신한 사람들 모두 그렇게 시작했다.

"요행수를 바라고 불가능하거나 위험한 일에 손을 댐."

앞서 운을 불러들이기 위해서는 인내를 가지고 꾸준히 시도하고 늘 최선을 다해야 한다고 했었다. 요행수도 어차피 뜻밖에 얻는 행운이란 점에서 공통점이 있지 않느냐고 우기면 할 말이 없다. 강력한 중독성을 가진 "불가능하거나 위험한 일"을 꾸준히 시도하는 건 그저 미친 짓일 뿐이다. 이미 예전에 세계보건기구에서는 도박 중독을 정신질환으로 분류한 바 있다. 하면 할수록 눈앞에서 돈이 사라지고 클로바의 말처럼 삶이 파괴되는 마당에도 패牌를 놓지 못하는 게 도박이다.

문제는 그 나쁘다는 도박에 빠져드는 사람이 날이 갈수록 늘어나고 있다는 점이다. 합법으로 해도 문제인데 불법 도박의 규모는 이미 국가 주도 사행산업의 규모를 압도하고 있다.

2022년, 사행산업통합감독위원회에서 발표한 자료에 따르면 불법 도박 시장의 규모는 이미 100조 원을 넘어섰다. 불법이라는 특성상 집계가 쉽지 않고 벌써 2년이라는 시간이 지났다는 점에서 현재 불법 도박 시장의 규모가 얼마나 더 커졌을지는 가늠하기 쉽지 않다. 참고로 영국 경제경영연구소(CEBR)가 전망한 추정한 우리나라 국내총생산(GDP)가 2,700조 원 내외라는 점을 감안하면 도박의 폐해가 어느 정도인지 알 수 있다.

더 큰 문제는 청소년 도박이다. 사행산업통합감독위원에 2025년을 청소년 도박 문제 해결 원년으로 선포하는 지경에 이르렀다. 다음은 사행산업통합감독위원에서 2025년 1월에 배포한 보도자료 내용 중 일부다.

"경찰청 '24년 특별단속 결과, 검거 인원 중 청소년이 47.3%가 밝혀져 청소년 도박의 심각성이 드러났으며, 게임과 도박의 경계가 불분명해지고 있어 불법도박에 청소년의 유입이 가속화되어 도박 경험 또한 점차 저연령화 추세('18년 12.6세 → '22년 11.3세 / '22년 청소년 도박 실태조사, 예방치유원)이다. 또한, 도박 자금 마련, 도박 빚처럼 청소년 도박으로 미치는 2024년도 사회·경제적 비용 추계가 연간 2조 1,739억 원에 이르는 것으로 조사되었다. 조기 개입으로 청소년 도박 문제 예방하는 교육을 강화하는 것이 절실하다."

이제는 어른도 모자라 자제력이 부족한 청소년들을 대상으로 한 불법도박이 판을 치고 있다. 어쩌면 대비가 너무 늦은 게 아닌가 싶을 정도로 상황이 심각한데, 정책도 정책이지만 도박을 멀리하고자 하는 청소년들

자신의 의지 또한 중요한 시점이다. 호기심으로라도 도박에 관심을 두는 청소년들에게 딱 한마디만 하고자 한다.

"도박에 한번 손을 대면 죽을 때까지 부자가 못 됩니다."

부자가 되기 위해 절대로 하지 말아야 할 행동은? 3

지피티는 부자가 되기 위해서 절대 하지 말아야 할 행동으로 무엇을 손꼽았을까?

ChatGPT ▶

부자가 되기 위해서는 절대로 타인의 불행이나 실패에 대해 기뻐하거나 악의적인 행동을 하지 말아야 합니다. 이는 부자가 되기 위해서가 아니라 인간으로서 올바른 도덕적인 태도를 갖추기 위해서 중요한 원칙입니다.

타인의 불행이나 실패를 이용하거나 기뻐하는 행동은 부정적이고 비도덕적인 태도를 보여줍니다. 이는 사회적인 관계를 파괴하고 타인으로부터의 신뢰를 잃을 수 있으며, 장기적으로 자신의 목표 달성에도 방해가 될 수 있습니다.

부자가 되기 위해서는 도덕적인 가치와 윤리적인 행동을 중요시해야 합니다. 상대방을 존중하고 배려하며, 공정하고 올바른 방식으로 경제활동을 수행해야 합니다. 그래야만 타인의 신뢰를 얻고 협력과 지지를 받을 수 있으며, 지속적인 성공과 번영을 이룰 수 있을 것입니다.
따라서, 타인의 불행이나 실패에 대해 기뻐하거나 악의적인 행동을 하지 않는 것은 부자가 되기 위해서 아니라 인간으로서 올바른 도덕적인 행동을 실천하는 데 가장 중요한 행동 중 하나입니다.

기가 막힌 답변이 나와 버렸다. 전혀 예상 못한 답변이라 처음에는 '이게 뭐지?'라는 생각마저 들었다. 제미나이가 "절대 돈을 잃지 말라."라는 워런 버핏의 충고와 비슷한 '정석'적 답변을 했고, 클로바 역시 누구나 납득할 만한 대답을 했는데 지피티의 경우는 뭐라고 해야 할까? 뭐, 좋다. 착한 사람? 좋은 사람? 뭐든 좋다. 제대로 된 인간이라면 남에게 해 안 끼치고 착하게 살아야 하는 게 맞다. 그런데 우리는 지금 그런 얘기를 하는 게 아니지 않은가?

지피티의 답변을 받고 며칠 후 친구들과 함께한 술자리에서 이 이야기를 들려줬다. 제미나이와 클로바의 답변에는 다들 공감하는 분위기였다. 지피티의 답변을 알려주자 성토의 장이 열렸고 한 친구가 말했다.

"인공지능이 무슨 위선자처럼 말을 하네."

제미나이의 답변을 처음 들었을 때 느꼈던 감정을 정확히 표현할 만한 단어가 당시에는 떠오르지 않았는데 친구가 대신 찾아내 주었다. 바로 '위선'적이었다.

다시 며칠이 지나고 곰곰 생각해 보았다. 정말 위선인가? 가만 살펴보자. 지피티의 답변은 구구절절 옳은 말뿐이다. '올바른 인간, 도덕적 태도, 존중과 배려, 공정과 협력'. 인간 사회를 유지시키고 발전시키는 핵심 키워드들이다. 인간으로서 너무나도 당연하게 해야 할 일들이다. 그런데 왜 '부자가 되기 위해서'라는 단서가 붙는 순간 이 모든 게 위선적 행위로 돌변하는가? 대체 부자에 대해, 부자가 된다는 것에 대해 평소 어떠한 정의를 하고 있었기에 나는, 우리는 지피티의 답변을 위선적이라고 하는 것일까?

부를 획득하는 과정에서 온갖 편법과 불법을 동원하고 타인을 짓밟으면서까지 돈을 긁어모으는 사람들이 있다. 그 사악한 계략이 실제로 성공하여 떵떵거리며 사는 이들이 존재하는 것도 사실이다. 나는 그런 사람이 아니다, 정상적인 루트를 밟아 부자가 되겠다고 하는 사람들 중에서도 '부자가 되려면 남을 밟고 올라서야만 한다.'라고 생각하는 사람들도 부지기수다.

영화나 드라마를 보면 적지 않은 작품들이 타인을 깔아뭉개고 부정한 방법으로 부를 축적한다는 식으로 부자들을 묘사한다. 악당들은 돈 때문에 착한 사람들을 서슴없이 벌레 잡듯 죽인다. 현실도 별반 다르지 않다. 기업인들과 정치인들이 부정 축재로 자기 집 안방처럼 감방에 들락거리고, 하루가 멀다 하고 돈 때문에 끔찍한 살인사건들이 벌어진다.

"한국은 특이하게도 '사기'가 범죄 건수 1위를 차지한다. 사기 범죄 건수는 매년 꾸준히 늘고 있는데 2011년 22만 건에서 2020년에는 35만 건으로 60% 가량 증가했다."[13]라는 기사 내용에서도 확인 가능하듯 하루에 1천 건 가까운 사기 범죄가 우리나라에서 발생한다(경찰청에 들어가 확인해 본 결과 여기에 배임, 횡령, 뇌물 등을 포함한 전체 경제 범죄는 2020년 기준 43만5천 건에 다다른다). 신고가 안 된 사건까지 합산한다면 하루에 얼마나 많은 사기 사건이 벌어질지 가늠조차 힘들다. 아마 살아오면서 크든 작든 사기 한 번 안 당해 본 사람이 없을 것이다. 돈을 벌겠다고 난리를 피우는 이들 때문에, 착하고 정직한 사람들이 큰 피해를 보는 세상이다.

이렇게 장광설을 늘어놓는 이유는 지피티를 위선적이라고 생각한 나와 친구들에 대한 나름대로의 변명을 하고 싶어서이다. 우리를 둘러싼 일련의 환경이 부자에 대한 부정적 인식을 만들고, 부자가 되기 위해서는 부정한 방법을 쓸 수밖에 없다는 식으로 생각을 몰아가지 않느냐는 말이다.

그렇다 해도 역시 변명은 변명일 뿐이다. 지티피가 제시한 답은 인간이 어떠한 사고와 행위를 하든 가장 우선시해야 할, 무조건 '참'인 명제이기 때문이다. 부자가 되든 말든 인간은 언제나 "도덕적인 가치와 윤리적인 행동을 중요시해야" 하며 "상대방을 존중하고 배려하며, 공정하고 올

13 『메트로신문』, 「사기 치기 좋은 한국, 정말 오명인가」, 신하은 기자(2023. 6. 18), https://www.metroseoul.co.kr/article/20230618500151

바른 방식으로 경제활동을 수행해야" 한다. 이러한 내용을 우리는 학창 시절 내내 배운다. 여기서 다시 짚고 넘어간다. 지피티의 답변은 위선적이 아니라 '교과서'적이다.

2023년은 자유시장경제의 아버지, 근대 경제학의 창시자라 불리는, 그 유명한 '보이지 않는 손invisible hands'의 주인공 '애덤 스미스Adam Smith'의 탄생 300주년이었다. 세계 곳곳에 있는 부자들이 떼돈을 벌어들이는 것도, 이 글을 쓰는 나와 이 글을 읽는 당신이 부자의 꿈을 꿀 수 있는 것도 애덤 스미스 덕분이라니 그냥 (예비 부자 포함) '부자들의 아버지'라고 불러도 좋겠다.

애덤 스미스의 가장 유명한 저서는 보이지 않는 손이 언급된 『국부론An Inquiry into the Nature and Causes of the Wealth of Nations』이지만, 『국부론』을 포함한 그의 철학 전반을 제대로 이해하고자 한다면 앞서 출간된 저서 『도덕감정론The Theory of Moral Sentiments』에 대한 독해가 선행되어야 한다.

『도덕감정론』에서 애덤 스미스는 우리와 같이 '평범한 이들In the middling and inferior stations of life(중간 계층과 하위 계층)에게 덕virtue을 쌓는 길과 부fortune를 쌓는 길은 거의 비슷하다very nearly the same'고 이야기한다. 애덤 스미스가 이렇게 말한 이유는 다음과 같다.

> "중간 계층과 하위 계층 종사자는, 진정眞正하고 견고한 전문 능력에 더하여 신중하고 공정하며, 단호하고 절제된 행동을 유지한다면 대부분 성공을 거머쥘 수 있다. 때로는 행동이 올바르지 않다 해도, 능력만으로 성공

을 거두기도 한다. 그러나 지속적으로 경솔, 부당, 유약, 방탕한 행동이 거듭된다면 아무리 찬란한 능력이라 해도 빛이 바래고 종래에는 완전히 망가지게 된다(In all the middling and inferior professions, real and solid professional abilities, joined to prudent, just, firm, and temperate conduct, can very seldom fail of success. Abilities will even sometimes prevail where the conduct is by no means correct. Either habitual imprudence, however, or injustice, or weakness, or profligacy, will always cloud, and sometimes depress altogether, the most splendid professional abilities)."

애덤 스미스가 살던 시대와 지금은 시대적 배경이 많이 다르지 않느냐고 반문이 가능하지만, 정상적인 경제 활동과 이익 추구는 도덕적 토대 위에서 이루어져야 한다는 애덤 스미스의 의견은 현대사회에서도 여전히 유효하다. 또한 '법을 지키고 정의를 존중할 것'은 부자가 되는 것과는 아무 상관없는, 인간이라면 당연히 따라야 하는, 인류사를 관통하는 '진리'다. 도덕 초등 교과서에서나 볼 법한, 그 평범한 진리를 지켜내지 못해 사회 시스템이 붕괴된 디스토피아에서 부자가 된다 한들 뭔 소용이 있겠는가?

돈은 혼자서 버는 것이 아니다. 사람 자체가 자산이고, 관계가 돈벌이 수단이 되는 시대다. 지피티의 말처럼 "상대방을 존중하고 배려하며, 공정하고 올바른 방식으로 경제활동을 수행해야"만 "타인의 신뢰를 얻고 협력과 지지를 받을 수 있으며, 지속적인 성공과 번영을 이룰 수 있"다. 그러니 더욱 인간을 존귀하게 여기고, 악행을 금하고, 덕을 쌓아야 한다.

나쁜 생각, 나쁜 행동 안 해도 충분히 나는 부자가 될 수 있다고 믿어야 한다. 그게 인공지능들이 누누이 강조하는 '긍정적 태도'이기 때문이다.[14]

14 이 파트는 지피티가 막 등장한 2023년 중순쯤 작성되었다. 이후 좀 더 사양이 좋은 지피티에게 동일한 질문을 여러 번 물어보았는데 빚을 지지 마라, 장기적 목표를 포기하지 마라와 같은 대답들이 나왔다. 그럼에도 초기 지피티의 의견을 토대로 공을 들여 원고를 작성한 이유는 나의 개인적으로 공감하는 부분이 특히 많았기 때문이다. 독자 개개인이 지금 물어본다면 아마 다양한 답변들이 나올 것이다. 그리고 위의 답변에 대해 현재의 지피티는 완전 다른 의견을 낼지도 모른다. 그에 대한 조사와 판단은 독자의 몫으로 남긴다.

"부자 아빠는 돈을 적극적으로 관리하고,
돈이 자신을 위해 일하도록 만드는 반면,
가난한 아빠는 돈을 소극적으로 관리하고,
돈을 위해 일합니다."

- CLOVA X

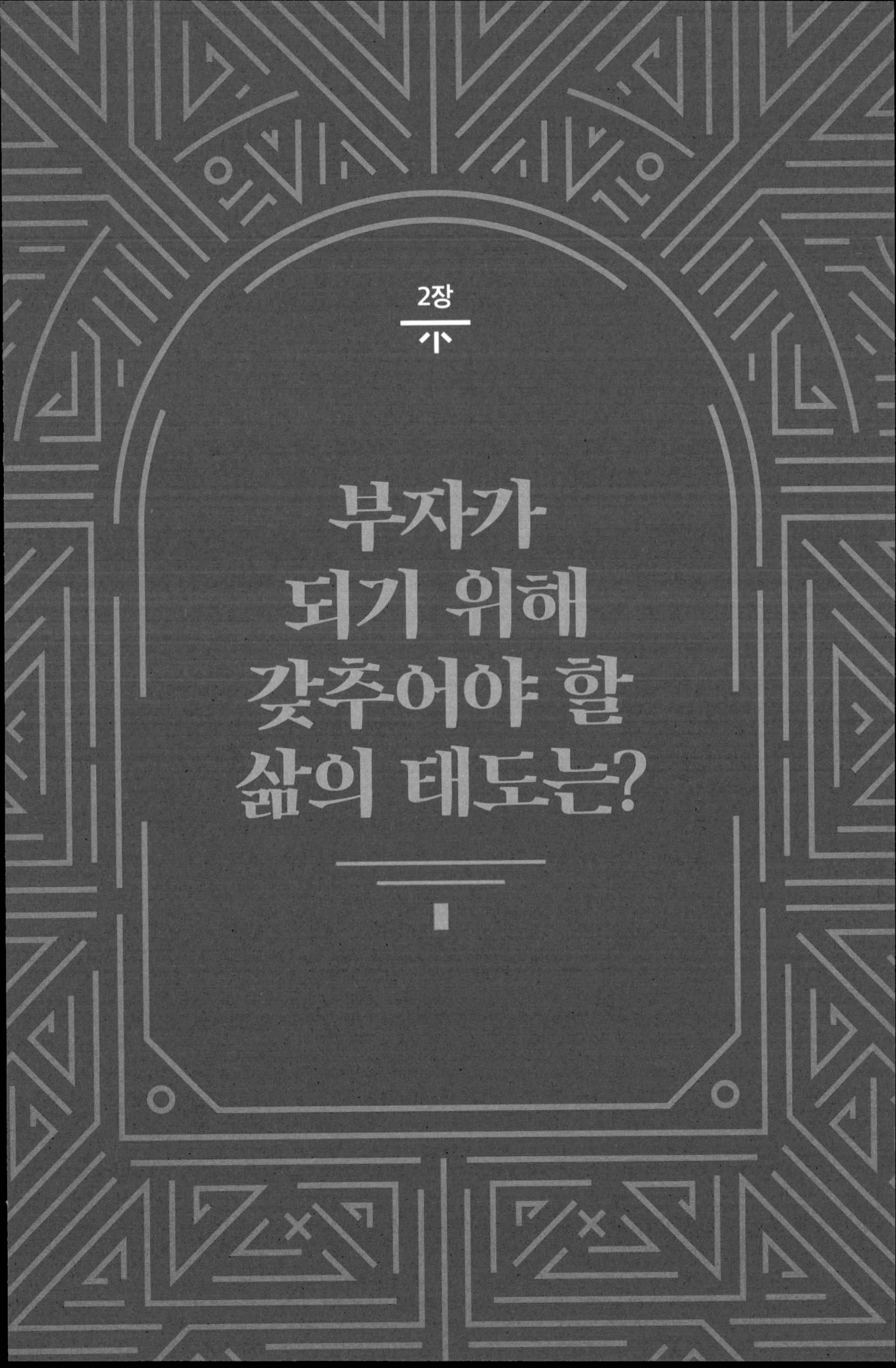

2장

小

부자가 되기 위해 갖추어야 할 삶의 태도는?

11 부자가 되기 위해 꼭 갖추어야 할 10가지 삶의 태도는?

부자가 되고 싶다면 기본적으로 치열하게 살아야 한다. 문제는 아무리 치열하게 살아도 별다른 소득이 없을 때이다. 이쯤에서 인공지능이 아니라 맹자님 말씀 좀 들어보고 가자.

> "실행을 했음에도 원하는 바를 얻지 못했다면 스스로를 돌이켜보고, (문제점을 찾아내) 자기 자신을 바르게 한다면 천하를 얻게 될 것이다(行有不得者(행유부득자) 皆反求諸己(개반구제기), 其身正而天下歸之(기신전이천하귀지)."
>
> — 맹자孟子

앞서 살펴본 바로 부자가 된다는 것의 성패(成敗)는 우리 자신에게 달려 있음을 알 수 있다. 이는 곧 맹자님 말씀과도 일맥상통한다. 동서고금을 막론하고 삶을 성공으로 이끄는 동력으로 자기반성과 올바른 '태도'의 확립이 꼽혀 왔다.

태도. 나의 태도. 나의 바른 태도. 부자가 되는 데 필요한 나의 바른 태도. 이번에는 인공지능에게 물어보자. 부자가 되는 데 반드시 필요한 그 '태도'란 무엇인지.

ChatGPT ▶

부자가 되기 위해서는 특정한 태도와 행동양식이 필요합니다. 다음은 부자가 되기 위해 꼭 필요한 10가지 태도와 각각에 대한 상세한 설명입니다:

1. 야망(Ambition): 부자가 되기 위해서는 야망이 필요합니다. 야망은 성공을 향한 강한 열망과 목표를 설정하고 이루기 위해 끊임없이 노력하는 힘을 의미합니다.
2. 적극적인 태도(Proactive Attitude): 부자가 되려면 적극적인 태도를 가져야 합니다. 적극적인 사고방식은 기회를 찾고, 문제를 해결하며, 자신의 성공을 위해 행동하는 것을 의미합니다.
3. 긍정적인 마인드셋(Positive Mindset): 긍정적인 마인드셋은 부자가 되기 위해 중요한 요소입니다. 긍정적인 사고는 도전과 실패를 긍정적으로 대처하고, 자기 자신과 주변 환경에 대해 희망과 자신감을 가지는 것을 의미합니다.
4. 리더십(Quality Leadership): 부자가 되기 위해서는 리더십 능력이 필요합니다. 리더십은 자신의 비전과 목표를 이루기 위해 다른 사람들을 이끄는 능력을 말합니다. 효과적인 리더십은 타인의 잠재력을 개발하고 동료들과 협력하여 목표를

달성하는 것을 목표로 합니다.

5. 금융 지식(Financial Literacy): 부자가 되기 위해서는 금융 지식이 필수적입니다. 금융 지식은 돈을 관리하고 투자하는 방법을 이해하는 능력을 의미합니다. 부자가 되려면 돈에 대한 이해와 지식을 키워야 합니다.
6. 창의성과 혁신성(Creativity and Innovation): 부자가 되기 위해서는 창의성과 혁신성이 중요합니다. 창의성과 혁신성은 새로운 아이디어를 만들고, 문제를 해결하며, 시장에서 성공할 수 있는 혁신적인 방법을 찾는 능력을 의미합니다.
7. 헌신과 근성(Dedication and Perseverance): 부자가 되기 위해서는 헌신과 근성이 필요합니다. 헌신은 목표에 대한 열정과 헌신적인 노력을 의미하며, 근성은 어려움과 실패에도 불구하고 계속해서 노력하고 포기하지 않는 능력을 말합니다.
8. 네트워킹(Networking): 부자가 되기 위해서는 네트워킹이 필수적입니다. 네트워킹은 다양한 사람들과 관계를 형성하고, 지식과 경험을 공유하며, 비즈니스 기회를 찾는 것을 의미합니다. 좋은 인맥은 부의 창출과 성장에 도움이 됩니다.
9. 책임감(Responsibility): 부자가 되기 위해서는 책임감이 필요합니다. 책임감은 자신의 행동과 결정에 대해 책임을 지는 능력을 말합니다. 부의 증진과 유지에는 적절한 도덕적 행동과 사회적 책임이 중요합니다.
10. 학습과 지속적인 개발(Learning and Continuous Development): 부자가 되기 위해서는 학습과 지속적인 개발이 필요합니다. 부자들은 지식과 기술을 항상 향상시키고, 변화하는 시장에 대응하기 위해 지속적인 학습과 성장을 추구합니다.

시작부터 세게 나온다. 희망 말고 야망野望. 야망이란 사전적으로 "크게 무엇을 이루어 보겠다는 희망"을 말한다. 부자 되는 법을 다루는 책이니 '많이 돈을 벌어 보겠다는 희망'으로 바꿀 수 있겠다.

1장에서 거듭 언급되었던 '긍정적 마인드'도 보이고 근성, 지속, 노력 등도 자주 봤던 키워드이다. 꼭 집어 언급된 리더십도 눈에 띈다. 이제 지피티가 내놓은 부자가 되기 위한 태도들에 대해 조금 더 상세하게 살펴볼 차례다. 책을 여기까지 읽었다면 당연히 긍정적인 마인드셋을 먼저 다루지 않을까 싶겠지만 조금 지겹기도 하고 추상적 개념을 파헤치는 게 피곤하기도 해서 '구체적인 행위'로 시작을 해 볼까 한다. 바로 '금융 지식'이다.[15]

15 '왜 제미나이와 클로바의 답변은 안 알려줘?'라고 생각하는 사람들이 있을 텐데 물론 동일하게 물어보았다. 다만 제미나이의 경우 1장에서 주요하게 다루어졌던 내용의 중복이 많은 편이었고, 클로바의 답변 역시 다른 인공지능들과 비슷한 내용이 많았다. 이에 상대적으로 새로운 이야깃거리를 더 제시한 지피티의 답변을 중심으로 이번 장을 이끌어 갈 것임을 미리 밝혀 둔다.

부자가 되기 위해 왜 금융 지식을 쌓아야 하는가?

금융 지식을 먼저 다루기로 한 또 하나의 이유는 제미나이의 답변 때문이기도 하다. 부자가 되기 위해 꼭 갖추어야 할 삶의 태도 중에서 절약, 투자, 재정 계획 수립 등 금융 지식과 관련이 있는 키워드가 상당 부분을 차지하고 있었다. 부자가 되고 싶다면 절대 빚을 지지 말라고 했던 제미나이의 말을 떠올렸을 때 수긍이 간다.

사실 인공지능들의 답변이 아니더라도, 부자가 되고 싶다면 필수적으로 관련 지식을 공부를 해야 함은 평범한 사람들도 인정하는 부분이다. 다만 학창 시절 내내 교과서만 들여다보고 살아왔는데 (성적은 별개의 문제고) 또 공부를 하라니 벌써 머리가 지끈거리는 듯하다. 학교에서 딱딱 정해주는 교과서에 따라, 모든 학생들이 동일한 수업을 들었던 학창 시절은 그나마 낫겠다.

'금융 지식 쌓기? 그거 뭐 어떻게 하는 건데? 그리고 꼭 해야 해? 공부 안 해도 돈 잘 버는 사람 많던데?'

이런 생각이 들 수도 있겠지만 이 책이 로또 1등 되는 법을 담은 책이 아닌 이상 마음을 다잡고 지피티에게 물어보자. 부자가 되고는 싶지만 아무런 금융 지식을 갖추지 못한 사람에게 "금융 지식을 쌓는 것이 왜 중요하고 어떻게 쌓아야 하는가?" 말이다.

ChatGPT ▶

부자가 되기 위해서는 금융 지식을 갖추는 것이 매우 중요합니다. 금융 지식은 돈을 효과적으로 관리하고 투자하는 방법을 이해하며, 재무적인 결정을 내리는 데 도움이 됩니다. 아무런 금융 지식이 없는 상태에서 부자가 되기는 어려울 수 있습니다. 이제 어떻게 쌓아야 하는지 알아보겠습니다.

1. 기본 금융 개념 이해: 가장 먼저 해야 할 일은 기본적인 금융 개념을 이해하는 것입니다. 예산 관리, 이자, 세금, 대출, 저축 등의 개념을 습득하세요. 이러한 기본 개념은 개인의 재무 상황을 이해하고 효과적으로 관리하는 데 도움이 됩니다.
2. 재정 목표 설정: 부자가 되기 위해서는 명확한 재정 목표가 필요합니다. 장기적인 재무 목표를 설정하고, 그 목표를 달성하기 위한 중간 단계를 계획하세요. 목표를 설정하고 계획을 세우는 과정에서 금융 지식이 필요합니다.
3. 예산 관리 및 지출 줄이기: 예산을 세우고 지출을 효과적으로 관리하는 능력은 부의 축적에 중요한 역할을 합니다. 수입과 지출을 체계적으로 추적하고 불필요한 비용을 줄이는 방법을 배우세요.

4. 부채 관리: 부채를 효과적으로 관리하는 것은 중요합니다. 높은 이자율을 가진 부채를 빠르게 갚는 전략을 고려하거나, 부채 재구조화 방안을 검토하세요.
5. 저축과 투자: 저축을 키우고, 저축한 돈을 효과적으로 투자하는 방법을 배워야 합니다. 투자를 통해 돈을 늘릴 수 있으며, 다양한 투자 옵션에 대한 지식을 쌓아가세요.
6. 금융 상품 이해: 은행 상품, 투자 상품, 보험 등 다양한 금융 상품에 대한 이해도가 필요합니다. 각 상품의 장단점을 파악하고 개인의 상황에 맞는 상품을 선택하는 방법을 익히세요.
7. 지속적인 학습과 자기 계발: 금융 시장은 변화하기 마련이므로, 지속적인 학습과 자기 계발이 필요합니다. 금융 도서, 온라인 강의, 금융 커뮤니티 등을 활용하여 지식을 업데이트하세요.
8. 금융 전문가와 상담: 금융 분야에는 전문가들이 있습니다. 금융 컨설턴트나 금융 플래너와 상담하여 개인 맞춤형 재무 전략을 수립하는 것도 좋은 방법입니다.

부자가 되기 위해서는 시간과 노력이 필요하며, 금융 지식을 습득하는 것은 그 중요한 출발점입니다. 지속적인 노력과 배움을 통해 재무적으로 안정적이고 번영하는 삶을 만들 수 있을 것입니다.

어떤 사람들은 부자들이 '특별한 능력'을 가졌을 거라고 생각한다. 마르지 않는 샘처럼 솟아나는 아이디어, 일반 사람들이 가지지 못한 통찰력, 단번에 타인을 매료시키는 인간적 매력, 불굴의 의지와 불타는 열정, 이따금의 기회조차 모조리 자신의 소유로 만드는 초능력(?)까지. 그런데 부자라는 사람들에게 비결이 뭐냐고 물어보면 대부분 '그저 열심히 했다, 운이 좋았을 뿐이다, 나도 잘 모르겠다'라는 식의 뻔한 대답을 늘어놓는다. 그러면 바로 '아, 그러면 그렇지. 남들한테 부자 되는 비결을 함부로 알려주겠어? 치사하다, 치사해.'라는 볼멘소리가 마음속에서 절로 튀어나온다.

그런데 그게 아주 틀린 소리가 아닐지 모르겠다는 생각도 든다. 위에 지피티의 답변을 보자면 말이다. 부자가 되기 위해 해야 한다는 가장 기본적인 공부의 항목을 보니 만만치가 않다. 분명 어느 하나 틀린 소리가 없고 당연하게 해야 할 공부들이라고 생각이 드는데 '저걸 어느 세월에 다 하고 있지?'라는 걱정 또한 밀려온다.

그 '어려운 기본'을 해내는 게 부자다. '귀찮고 바쁘다'는 이유로 사람들이 으레 간과하는 기본을 부자들은 쉬이 여기지 않는다. 부자가 되는 것만큼이나 부자라는 상태를 유지하는 것 또한 어렵다고들 한다. 시대는 날이 갈수록 더 빠르게 변하는데 그에 맞춰 자신 또한 업그레이드하지 않으면 바로 도태된다. 목표를 설정하고, 이를 이루기 위해 능력을 키우고, 치열한 경쟁을 이겨내고, 최대한 오래 부자라는 상태를 유지하기 위해 우리는 공부하고 또 공부해야 한다.

지금 위의 8가지 항목 중에서 과연 당신은 몇 가지나 시도해 보았는가? 지인이 추천한 주식에 몇 달치 월급을 탈탈 털어 넣거나, 무작정 회사를 뛰쳐나와 사업에 도전하면 과연 부자가 될 수 있을까? 돈을 벌겠다는 사람이 기초적인 금융 지식도 없이 행동에 나서고 있다면 그건 아무

의미가 없는 행동이나 마찬가지다. 뿌리(기본에서의 본本)가 없는데 어떻게 꽃이 피고 열매가 맺겠는가? 주춧돌(기초에서의 초礎)이 없는데 어떻게 대궐 같은 집을 지을 수 있겠는가? 부자가 되고 싶은 사람에게 금융 공부는 절대로 시간 낭비일 수가 없다. 다만 얼마나 효율적으로 공부를 하는지가 문제일 뿐이다.

금융 공부로 성공한 사람의 단적인 예는, 전직 잘나갔던 개그맨이자 현재는 100억대 자산을 보유한 투자 전문가 '황현희' 씨를 꼽을 수 있다. 그는 한 방송[16]에 나와 돈이 얼마나 많느냐는 질문에 "일을 안 해도 경제적으로 어렵지 않은 상황"이라고 언급했는데 여기서 한 걸음 더 나아가 "아무 일을 안 해도 개그맨으로서 창출하던 수입이 매달 들어오고 있다"라고 전했다. 부자를 꿈꾸는 이들이 그토록 갈망하는 '경제적 자유'를 얻은 것이다.

사실 황현희 씨에게 위기가 없었던 것은 아니다. 개그맨으로 꽤 인기가 높았지만 갑작스럽게 10년간 해 왔던 프로그램에서 하차 통보를 받으면서 큰 고비를 맞게 된다. 아무것도 하지 못하고 6개월간 은둔형 외톨이로 지냈다고 하니 절망감이 무척 컸음을 알 수 있다. 그렇게 고민만 거듭하다가 우연찮게 통장을 들여다본 그는 한 가지 깨달음을 얻는다.

16 이번 에피소드에 나오는 황현희 씨의 말과 생각은 SBS 프로그램 〈돌싱포맨〉 64회를 참조하였다.

'일은 소유할 수 없지만 통장에 있는 돈은 소유할 수 있구나.'

이에 평생 해 오던 일을 그만두고 오직 돈을 버는 데 목적을 둔 전문 투자가의 길로 접어든다. 보통 이쯤 되면 십중팔구는 바로 투자에 뛰어든다. 하지만 황현희 씨는 다른 길을 선택한다. '공부'였다.

그는 대학원에 진학하여 원론부터 시작하여 미시, 거시, 통계학 등 경제학 이론을 차근차근 배워 나간다. 그렇게 단 한 번의 실전 투자 없이 공부에만 집중해 오다가 2년 후에야 본격적으로 부동산 투자에 나선다. 마치 기다렸다는 듯이 대출을 최대한 받아 가며 과감하게, 어찌 보면 무모해 보일 정도로 큰 규모의 투자를 감행한다. 이에 대해 황현희 씨는 다음과 같이 설명한다.

"2년간 저는 (공부에) 시간을 썼잖아요. 확신이 온 거죠."

기초(공부)를 탄탄하게 다진 데서 오는 자신감, 그 확신이 투자로 이어졌고 100억대 자산이라는 결실로 맺어졌다. 물론 그의 성공 요인에 있어 공부가 전부는 아니다. 하지만 부자가 되는 길을 포함하여 성공한 삶을 살아가고자 한다면 '공부는 필요조건'임은 틀림없다. 그리고 지루하고 지겨운 공부는 그 누구도 대신 해 줄 수는 없다.

황현희 씨는 "투자는 무조건 본인의 몫, 남의 얘기 듣고 하는 투자가 최악의 투자"라고 이야기한다. 실제로 비전문가 지인의 귀띔이나 출처

불명의 인터넷 정보에 기대어 투자에 나섰다가 손해를 보는 이들이 너무나 많다. 기본이 되는 공부를 안 했으니 투자를 함에 있어 '주체'가 되지 못한 채 이리저리 휩쓸린 결과다.

사업 또한 마찬가지다. 황현희 씨가 "재무제표 볼 줄 모르면 사업하지 마세요."라고 강조한 까닭은 당연하다. 자신이 운영하는 기업이 돈을 얼마나 벌고, 재정 상태가 어떠한 상황인지 모르는데 어떻게 그 기업을 이끄는 '주체'라고 할 수 있겠는가?

부자가 되는 길을 가다 보면 수많은 선택의 시간과 마주하게 된다. 그 선택에 따라 우리는 좀 더 빨리 부자가 될 수 있고, 영원히 부자가 되지 못할 수도 있다. 그 중요한 선택을 덜렁 타인에게 맡겨 버리는 우는 범하지 말아야 하지 않을까? 자신 있게, 본인의 능력으로 무엇이든 선택하는 주체적 삶. 그 선택에 가장 큰 힘을 실어 주는 것이 바로 공부다.

금융 지식 공부는 어떻게 해야 할까?

"부자가 되기 위해 금융과 관련된 공부를 해보려고 해. 그런데 어떤 식으로 해야 할지 잘 모르겠어. 혹시 추천해 줄 만한 방법이 있을까?"

ChatGPT ▶

부자가 되기 위해 금융 관련 공부를 시작하는 것은 훌륭한 아이디어입니다. 아래에 몇 가지 추천해드릴 수 있는 방법을 제시해보겠습니다:

1. 금융 도서와 온라인 자료 활용: 기본적인 금융 개념부터 고급 전략까지 다루는 여러 도서와 온라인 자료가 있습니다. 유명한 금융 작가들의 책을 읽어보거나, 금융 블로그, 웹사이트, 유튜브 채널 등에서 온라인 강의나 정보를 습득해보세요.
2. 온라인 강의와 MOOCs: Coursera, Udemy, edX와 같은 온라인 교육 플랫폼에서는 다양한 금융 관련 강의를 제공합니다. 이런 강의를 통해 기본 개념부터 심

화 내용까지 학습할 수 있습니다.

3. 대학 강의나 전문 교육: 근처 대학이나 커뮤니티 칼리지에서 금융 관련 강의나 프로그램에 등록해보세요. 전문적인 교육을 통해 체계적인 학습과 인증을 받을 수 있습니다.
4. 금융 커뮤니티 참여: 온라인 금융 커뮤니티나 포럼에 가입하여 다른 사람들과 의견을 나누고 경험을 공유해보세요. 다양한 시각과 정보를 얻을 수 있습니다.
5. 금융 뉴스와 미디어: 금융 시장 동향과 최신 소식을 파악하기 위해 금융 뉴스를 주시하고, 금융 관련 프로그램과 팟캐스트를 들어보세요. 이를 통해 금융 시장의 동향을 이해하고 투자 결정을 내릴 수 있습니다.
6. 가상 거래와 시뮬레이션: 가상 거래 플랫폼을 활용하여 가상 돈으로 실제 거래를 시뮬레이션하면서 투자 전략을 테스트해보세요. 이를 통해 실전 상황에 대비할 수 있습니다.
7. 금융 플래너와 상담: 금융 플래너나 컨설턴트와 상담하여 개인 재무 상황을 평가하고 맞춤형 전략을 수립하세요. 전문가의 조언을 통해 효과적인 금융 관리를 배울 수 있습니다.
8. 경제학과 금융 관련 과정: 경제학 또는 금융 관련 학과에 등록하여 체계적인 학습과 이론적 배경을 구축할 수 있습니다.
9. 실제 투자 경험: 투자를 경험하는 것도 중요합니다. 작은 금액부터 시작하여 주식, 부동산, 펀드 등 다양한 분야에서 투자해보며 실제 경험을 쌓아보세요.
10. 자주 묻는 질문과 응답 사이트: 금융에 관한 궁금증이 생기면 자주 묻는 질문과 응답 사이트를 찾아보세요. 여기서 다양한 금융 주제에 대한 답변을 얻을

수 있습니다.

금융 관련 공부는 지속적이고 계획적인 노력이 필요한 부분입니다. 초보자일지라도 기본 개념부터 차근차근 학습하고, 실제 적용해보면서 경험을 쌓는 것이 중요합니다.

지피티는 무려 10개의 방법을 제시했다. 자세히 살펴보면 알겠지만 내용이 중복되는 부분도 있고, 우리가 잘 알고 있는 방법들이 대다수이다.

앞서 언급했던 황현희 씨 경우 대학원에서 경제 관련 전문 과정을 선택했고 이는 최선의 결정이 되었다. 그러나 이 방법이 타인에게도 정답이라고 할 수는 없다. 대학원에 진학해서 석사나 박사 과정을 마치려면 (학사도 마찬가지고) 만만치 않은 비용과 시간이 들어간다. 아무에게나 허락되는 방법이 아니라는 말이다. 설사 그만큼의 기회비용을 지불하고 공부를 마쳤다 해도 황현희 씨 정도의 성과를 얻을 수 있으리라고는 장담할 수 없다. 기분 내키는 대로 아무거나 골라 무작정 달려들기보다는, 자신의 상황에 맞춰 가장 적절한 방도가 무엇인지 찾는 게 중요하다.

지피티의 답변 중에서 눈에 띄었던 부분은 'MOOCs'(이하 무크)다. 무크가 무엇인지 지피티에게 간단한 소개를 맡겨 보았다.

ChatGPT ▶

MOOCs란 "Massive Open Online Courses"의 약자로, 대규모 온라인 강의를 의

미합니다. MOOCs는 컴퓨터와 인터넷을 통해 접근 가능한 온라인 강의로, 수천 명에서 수십만 명까지의 수강생들이 동시에 참여할 수 있는 형태의 강의입니다. 이러한 강의는 보통 대학 수업과 유사한 내용을 다루며, 온라인 비디오 강의, 퀴즈, 과제, 토론 포럼 등을 통해 수강생들과 상호작용할 수 있는 기회를 제공합니다.

MOOCs의 기원과 역사:

MOOCs의 기원은 2008년에 거슬러 올라갑니다. 그해, 캐나다의 조지 브라운 대학교에서 "Connectivism and Connective Knowledge"라는 강좌를 개설한 것이 MOOCs의 초석이었습니다. 그러나 MOOCs의 더 큰 폭발은 스탠퍼드 대학교의 앤드류 응(Andrew Ng) 교수와 Daphne Koller 교수가 개설한 "머신러닝"과 "인간 생물학" MOOCs를 통해 시작되었습니다. 이러한 강좌들은 Coursera라는 플랫폼을 통해 제공되었으며, 전 세계에서 많은 사람들이 무료로 수강할 수 있었습니다.

무크가 등장하고 얼마 지나지 않아 전문가들은, 특히 교육 분야 전문가들은 전 세계의 교육 환경에 커다란 지각 변동이 있을 거라면서 기대와 우려를 동시에 드러냈다. 특히 코로나19 시기를 거치면서 무크 관련 시장은 비약적인 성장을 이루었다. 무크 중 대표 플랫폼이라 할 수 있는 코세라Coursera는 코로나19 기간 중 뉴욕증권거래소에 상장되기도 했다(이후 주가가 곤두박질치기는 했다).

스탠포드, 하버드, MIT, UC버클리 등 세계 최고의 대학들이 무크에 뛰어들고 포춘 500대 기업들이 지원을 아끼지 않고 있으나 아이들이 학교를 안 가도 되는 세상과 같은, 그런 천지개벽은 아직 벌어지지 않았다. 다만 '교육 기회 불평등 해소'라는 무크 본연의 취지는 여전히 유효하다. 당장 코세라 홈페이지만 들어가 봐도 금융, 경제, 경영, 재테크에 관한 양질의 무료 강의가 넘쳐난다. 학위 취득만 아니라면 유료 강의 역시(오프라인에서 강의를 듣는 것보다) 무척 저렴한 편이다. 우리 정부와 지자체, 기업, 대학들도 각자의 셈법에 따라 K-무크 구축에 열을 올리고 있다.

지인과 가족부터 시작하여 온오프라인 가릴 것이 없이 함께 참여만 하면 큰돈을 벌 수 있다고 광고하는 커뮤니티들, 구름 떼처럼 청중을 몰고 다니는 강연가들, 그리고 번듯하고 화려한 명함을 내세우는 전문 컨설턴트까지 돈을 벌어주겠다는 사람은 넘쳐나는데 왜 그들의 말만 믿고 투자에 나섰던 사람들 중 적지 않은 이들이 손해만 보는 것인가?

손해를 본 사람들은 말한다. "사기를 당했다."라고. 하지만 남 탓을 하기 전에 그 투자의 결정에 자기의 의견이 얼마나 많이 들어갔는지, 그 한 번의 결정을 위해 얼마나 많은 공부를 했는지부터 돌아봐야 하지 않을까? 지피티의 언급에서 공부에 관한 사항이 절반(1, 2, 3, 5, 8번)을 차지하고 있음을 우리는 주목해야 한다. 그중에서도 이미 학사 정도의 교육(非경제 분야)을 마친 성인에게는 시간과 비용을 따졌을 때 무크의 활용이 가장 실용적이지 않을까 싶고, 그래서 제법 되는 분량을 할애했다.

여기서 인공지능에게 개인적으로 궁금한 질문을 하나 하고자 한다. 직업이 직업인지라 첫 번째로 언급된 '금융 도서'에 관한 궁금증이다. 부자가 되기 위해 우리가 꼭 읽어 봐야 할 '책'에는 무엇이 있을까?

14

부자가 되기 위해 꼭 읽어야 할 '경제, 금융, 투자' 분야의 책 5권은? 1

ChatGPT ▶

부자가 되기 위한 노력을 하는 사람들에게 추천하는 경제, 금융, 투자 분야의 책 5권은 다음과 같습니다. 이 책들은 금융 지식을 넓히고 투자 전략을 개발하는 데 도움이 될 것입니다.

1. 『부자 아빠 가난한 아빠』(Rich Dad Poor Dad) — 로버트 기요사키(Robert Kiyosaki)

   이 책은 금융 지식과 투자 철학을 설명하며, 부자와 가난한 사람의 사고방식의 차이를 다룹니다. 기본적인 재무 개념과 부의 축적에 관한 이야기를 통해 금융교육의 중요성을 강조하고, 부동산 투자와 사업을 통한 재무 자유를 제시합니다.

   (2018년 2월 '민음인')

2. 『부자들의 선택』(The Millionaire Mind) ㅡ 토머스 스탠리(Thomas J. Stanley)

이 책은 백만장자들의 특성과 행동 양식을 조사한 결과를 바탕으로, 부자들의 사고방식과 라이프스타일을 분석합니다. 부의 축적을 위한 태도와 전략에 대한 인사이트를 제공합니다.

(2014년 4월 '북하우스')

3. 『현명한 투자자』(The Intelligent Investor) ㅡ 벤저민 그레이엄(Benjamin Graham)

워런 버핏의 스승이자 투자의 아버지로 불리는 벤저민 그레이엄은 이 책에서 안정적인 투자 철학과 방법을 소개합니다. 가치 투자와 위험 관리에 관한 교훈을 얻을 수 있습니다.

(2020년 5월 '국일증권경제연구소')

4. 『피터 린치의 이기는 투자』(Beating the Street) ㅡ 피터 린치(Peter Lynch)

이 책은 유명한 투자자 피터 린치가 자신의 경험을 바탕으로 주식 투자 전략을 설명합니다. 린치의 '보통 사람이 할 수 있는 투자'에 대한 접근법과 분석 방법을 배울 수 있습니다.

(2021년 12월 '흐름출판')

5. 『백만장자 시크릿』(Secrets of the Millionaire Mind) ㅡ 하브 에커(T. Harv Eker)

이 책은 부와 성공을 만드는 내적인 마인드셋을 탐구합니다. 금전과 성공에 대한 심리적 블록과 제한을 극복하고 부의 흐름을 개선하는 방법을 제시합니다.

(2020년 7월 '알에이치코리아')

이 책들은 부의 축적과 금융적인 성공을 위한 기반이 될 수 있는 다양한 관점과 전략을 제공합니다. 각 책은 부의 탐구와 투자 전략을 이해하고 실제로 적용하는 데 도움이 될 것입니다. 하지만 기억하세요. 책을 읽는 것만으로는 충분하지 않습니다. 읽은 내용을 실제로 행동으로 옮기고 지속적으로 학습하며 경험을 쌓아나가야 부의 길을 걷는 데 도움이 될 것입니다.[17]

출판인으로서, 작가로서, 독자로서 흥미로운 질문이었고 흥미로운 대답이 나왔다. 위에 언급된 다섯 권의 책들은 (우리나라 유명 서점들의 분야 분류상) '경제경영' 분야에서 전 세계적으로 알아주는 베스트셀러들이다. 어느 하나 빠지는 책이 없으며 순위를 정하는 것은 의미가 없어 보인다. 부자가 되고 싶다면, 그냥 무조건 읽어 봐도 좋을 책이라고만 말하고 싶다.

지금껏 제작에 참여한 책들 중에는 경제경영 분야 도서도 적지 않았다. 주식, 부동산, 가상화폐, 기타 재테크 도서는 물론 사업, 동기부여에 관한 국내 저자들의 책도 여럿이었다. 한 가지 놀라운 사실은 이 책들이 위에 언급된, 투자·금융 분야의 '고전'이라 할 만한 도서들이 제시하는 '돈을 버는 법'과 유사한 방법론을 펼친다는 점이다. 어째서일까?

17 위에 언급된 도서들의 제목은 국내 번역 출간된 도서들을 기준으로 수정하였으며, 언제 어느 출판사에서 국내 출간되었는지를 괄호로 추가하였다(최신판 기준). 추후에 다른 인공지능에 소개될 책들 역시 마찬가지다.

아마 부자가 되는 노하우를 스스로 체득한 이들도 분명 있을 테다. 하지만 책을 제작하는 과정에서 작가들과 이야기를 나누어 본 결과 많은 이들이 저 고전 도서들을 읽고 그 내용을 자신의 것으로 만들기 위해 애썼다고 밝혔다. '부자가 되는 거랑 독서가 뭔 상관?'이라고 생각하는 이들도 있겠지만, 나는 그들의 사무실에 서재를 방불케 할 정도로 많은 책들이 진열돼 있음을 두 눈으로 여러 번 목격했다. 불과 3년 만에 천 권이 넘는 책을 읽었다는 이도 있었다.

어떤 분야에서든, 그 무엇이 되었든 성공을 하고 싶다면 '독창성, 창의성'이 강조되는 시대다. 하지만 가장 검증이 많이 된 성공 법칙은, 이미 성공을 거둔 이들의 발자취를 그대로 답습하는 것이었고 실제로 그러한 방식으로 누군가는 지금도 큰돈을 벌어들이고 있다.

어떤 책들은 읽다 보면 이따금 문장들이 그 작가의, 선대의, 인류의 DNA처럼 보일 때가 있다. 바로 고전들이다. 몇 번이고 되읽게 되고 끄덕이게 만드는 문장들, 겨울잠에 든 마음을 벅찬 박동으로 두드리는 문장들, 당장이라도 뛰어들고픈, 한 번도 본 적 없는 세상을 열어주는 문장들이 고전에는 가득하다. 공부에는 여러 방식이 있겠으나 금융과 투자, 경영 분야 고전 독서는 분명 부의 유전자를 우리의 몸과 정신 속에 이식시키는 방법 중 하나임이 틀림없다.

부자가 되기 위해 꼭 읽어야 할 '경제, 금융, 투자' 분야의 책 5권은? 2

※ 필독: 이번 에피소드는 자산 가치가 한창 폭락하다가 그 흐름을 멈추고 혼조세를 이어가던 2023년 중반 무렵 작성된 것이다. 내용상 당시의 원고를 그대로 게재하고, 현 시점(2025년 1월)에서 추가적인 의견을 덧붙인다는 점을 감안해주길 바란다.

이번에는 제미나이 차례다.

Gemini ▷

1. 『부자 아빠 가난한 아빠』(Rich Dad Poor Dad) – 로버트 기요사키(Robert Kiyosaki)

이 책은 부자가 되는 방법에 대한 가장 유명한 책 중 하나입니다. 저자는 부자가 되는 방법은 돈을 버는 것이 아니라 돈을 관리하는 것이라고 말합니다. 그리고 부자가 되기 위해서는 재테크에 대한 기본적인 지식을 갖추고, 장기적인 관점에서 투자를 해야 한다고 말합니다.

(2018년 2월 '민음인')

2. 『이웃집 백만장자』(The Millionaire Next Door) — 토머스 J. 스탠리, 윌리엄 D. 댄코 (Thomas J. Stanley, William D. Danko)

이 책은 부자들의 생활습관을 분석한 책입니다. 저자는 부자들은 저축과 투자를 통해 재산을 축적하고, 소비를 줄이고, 리스크를 관리하는 등 특정 습관을 가지고 있다고 말합니다. 이 책을 읽으면 부자가 되는 데 필요한 습관을 배울 수 있습니다.

(2022년 6월 '리드리드출판')

3. 『비이성적 과열』(Irrational Exuberance) — 로버트 J. 쉴러(Robert J. Shiller)

이 책은 돈의 역사와 특성을 설명한 책입니다. 저자는 돈은 가치가 변하는 자산이며, 투자는 위험을 동반하는 행위라고 말합니다. 이 책을 읽으면 돈의 본질을 이해하고, 투자에 대한 위험을 줄일 수 있습니다.

(2014년 5월 '알에이치코리아')

4. 『레이 달리오의 금융 위기 템플릿』(Principles for Navigating Big Debt Crises) — 레이 달리오(Ray Dalio)

이 책은 세계 경제의 역사와 미래를 분석한 책입니다. 저자는 세계 경제는 끊임없이 변화하고 있으며, 투자자는 이러한 변화를 예측하고 대응해야 한다고 말합니다. 이 책을 읽으면 세계 경제의 흐름을 이해하고, 투자에 대한 전략을 수립할 수 있습니다.

(2020년 2월 '한빛비즈')

5. 『피터 린치의 이기는 투자』(Beating the Street) – 피터 린치(Peter Lynch)

이 책은 미국의 유명한 주식 투자자 Peter Lynch의 투자 철학을 설명한 책입니다. 저자는 투자자는 기업의 가치를 분석하고, 장기적으로 투자해야 한다고 말합니다. 이 책을 읽으면 가치 투자에 대한 지식을 배울 수 있습니다.

(2021년 12월 '흐름출판')

이 책들은 부자가 되기 위한 기본적인 지식을 제공합니다. 이 책들을 읽고, 투자에 대한 실천을 한다면 부자가 될 가능성이 높아질 것입니다. 추천한 책들 외에도 많은 좋은 책들이 있습니다. 자신에게 맞는 책을 선택하여 부자가 되기 위한 여정에 도움이 되기를 바랍니다.

설마 지피티와 겹치는 도서가 있을까 했는데, 있었다. 그것도 2권이나. 여기서 언급되는 책들에 순위를 매길 수는 없다고 얘기했는데 『부자 아빠 가난한 아빠』가 두 인공지능 모두에게 첫손에 꼽혔다는 사실은 의미가 있어 보인다. 『피터 린치의 이기는 투자』 역시 2번이다. 토마스 스탠리는 각각 다른 책으로 2번 언급되었다. 인공지능을 만든 회사들과 여기 등장하는 작가들 사이에 모종의 거래가 존재하지 않는 한, 이 책들은 부자가 되기 위해 반드시 읽어봐야 할 책들이라는 이야기다.

『부자 아빠 가난한 아빠』가 먼저 등장하는 이유를 알 것도 같다. 경제 경영 분야를 넘어 출판 역사에서 손에 꼽히는, 전 세계에서 4천만 부 이상 팔린 도서이기 때문이다. 데이터는 거짓말을 안 한다. 400만 부 정도면 혹시 모른다 싶겠으나 (종이 책만) 4천만 부면 차원이 다르다. 제미나이가 이야기했듯 "부자가 되는 방법을 다룬, 가장 유명한 책"이다.

우리는 베스트셀러 『원칙』의 저자이자 세계적인 투자자 레이 달리오의 『레이 달리오의 금융 위기 템플릿』[18]과 명문 예일대학교 경제학과 교수 로버트 쉴러의 『비이성적 과열』이 동시에 등장했다는 사실에도 주목해야 한다. 왜냐면 이 책들은 인류 역사에 굵직한 자취를 남긴 '금융 위기'를 예측하고 그에 대한 대응 방안을 다루어서이다.

이 두 권의 책들은 경제 분야에서 손에 꼽히는 베스트셀러이자 언론, 독자, 관련 분야 전문가 모두에게 인정받은 책들이지만 하필이면 왜 '위기 대응'인가라는 의문이 생긴다. 제미나이가 시사하는 바는 (『비이성적 과열』에서 다뤄진) 2000년대 초 닷컴 버블 붕괴와 (『레이 달리오의 금융 위기 템플릿』에서 다뤄진) 2008년 글로벌 금융 위기 때만큼이나 '지금[19] 또한 무

18 제미나이는 아마도 2018년에 출간된 『Principles for Navigating Big Debt Crises』을 말하는 것으로 보인다. 2008년 금융 위기를 예측하고 본인의 회사 브리지워터 어소시에이츠(Bridgewater Associates)가 그 위기를 잘 헤쳐 나가게 한 대응 템플릿을, 2008년 금융 위기 10주년 맞아 세상에 발표한 것이다. 국내 출간 도서는 거기에 사례연구를 더해, 총 3권으로 구성되어 있다.

19 2023년.

척 불안정한, 금융 위기 상황이라는 것'으로 사료된다.

코로나19 사태 때 천문학적이라는 단어가 부족해 보일 정도의 재정財政이 전 세계에서 투입되었고 고삐 풀린 유동성에 제대로 올라탄 사람들은 매일매일 축포를 터트렸다. 그리고 코로나19 사태가 진정된 후에는 마구잡이로 샴페인을 터트린 대가를 톡톡히 치르고 있다. 러–우 전쟁, 기후 위기, 미국과 중국을 위시한 주요 강대국들의 경제 위기가 겹치면서 지구촌은 흡사 아수라장을 방불케 한다. 드라마틱하게 폭락했던 자산 가치들은 다시 크게 반등을 하더니 현재는 갈팡질팡 혼조세를 이어가고 있다. 어디로 튈지 모르는 상황이지만 그 와중에도 다시 영광을 재현하겠다며 투자에 나서는 이들이 여전히 넘쳐난다.

이 불확실성의 시대에서, 아직도 장밋빛 미래만 꿈꾸며, 빚까지 져 가며, 기본적인 금융 공부와 같은 준비는 뒤로하고, 두 눈이 시뻘개져서, 불나방처럼 달려드는 이들에게 제미나이는 인류 역사에 남을 금융 위기가 코앞이라고 (혹은 이미 진행 중이라고) 경고하는 것은 아닐까?

최근 마이클 버리Michael Burry가 다시 한번 하락장에 무려 16억 달러 이상을 베팅을 했다는 뉴스가 전해졌다. 그는 2008년 글로벌 금융 위기를 불러온 서브프라임 모기지 사태subprime mortgage crisis 당시 자신을 모델로 삼은 영화 『빅 쇼트The Big Short』의 제목처럼 거대한 '숏'을 쳐서(하락에 배팅하는 공매도) 한 방에 억만장자가 되고 일약 스타덤에 오른 인물이다. 워런 버핏 역시 주식을 팔고 현금 확보에 나서는 등 일부 투자의 귀재들은 부정적인 포지션으로 시장을 대하고 있다. 물론 그 반대의 포지션에서

공격적으로 투자에 나서는 전문가들도 즐비하다.[20]

※ 바로 위에까지가 2023년 작성된 원고, 아래는 2025년 1월 작성된 원고다.

위에 원고를 꼼꼼히 읽어보았는가? 조금 관심이 있는 사람들이라면 알겠지만 2024년에는 미국 주식과 가상화폐의 가치가 역대급으로 폭등하였다. 대놓고 폭락을 원했던 마이클 버리의 예측과 제미나이의 의견을 토대로 은연중에 폭락이지 않을까 했던 나의 예측은 보기 좋게 틀렸다. 개인적으로는 좀 억울하다. 제미나이의 추천 리스트를 보면 알겠지만 위기를 대비한 리스크 관리 책이 적지 않다. 그렇다면 이는 제미나이의 확고한 개인적 의견으로 봐야 하는가, 시대상을 반영한 의견으로 봐야 하는가. 이 시점에서 한 번 더 물어보고 결론을 내보고자 한다.

Gemini ▷

부자가 되는 길은 다양하지만, 확실한 것은 지식과 정보가 큰 힘이 된다는 것입니다. 특히, 경제, 금융, 투자에 대한 이해는 현명한 자산 관리와 부의 증식을 위한 필수 요소입니다.

다음은 부자가 되고 싶은 분들을 위해 추천하는 필독서 5권입니다. 각 책마다 간략

20 결과만 보자면 2023년 하반기부터 슬슬 주가가 상승하더니 2024년에는 코로나19 시기를 넘어 역대급으로 폭등하면서 마이클 버리의 예측은 틀리고 말았다. 실제로

한 소개와 함께, 책의 핵심 내용을 추가했습니다.

1. 『부자 아빠 가난한 아빠』(Rich Dad Poor Dad) ー 로버트 기요사키(Robert Kiyosaki)

가장 유명한 재테크 서적 중 하나로, 부자와 가난한 사람의 사고방식과 돈에 대한 태도를 비교하며 부를 이루는 방법을 제시합니다. 특히, 자산과 부채의 개념, 현금흐름, 그리고 재무적 자유를 얻는 방법에 대해 명쾌하게 설명합니다.

(2018년 2월 '민음인')

2. 『생각하라 그리고 부자가 되어라』(Think and Grow Rich) ー 나폴레온 힐(Napoleon Hill)

부를 이루기 위해서는 긍정적인 사고방식과 강한 의지가 필요하다는 것을 강조합니다. 성공한 부자들의 공통점을 분석하고, 목표 설정, 긍정적인 자기 암시, 그리고 꾸준한 노력을 통해 부를 이룰 수 있는 방법을 제시합니다.

(2024년 10월 '월북')

3. 『현명한 투자자』(The Intelligent Investor) ー 벤저민 그레이엄(Benjamin Graham)

가치 투자의 창시자로 알려진 벤저민 그레이엄의 대표작입니다. 장기적인 안목으로 안전하고 수익성 있는 투자를 할 수 있는 방법을 제시합니다. 기업 분석, 주식 가치 평가, 포트폴리오 관리 등 가치 투자의 기본 원리를 배우고 싶다면 필독해야 할 책입니다.

(2020년 5월 '국일증권경제연구소')

4.『돈의 심리학』(The Psychology of Money) ㅡ 모건 하우절(Morgan Housel)

돈에 대한 심리학적 측면을 다루는 책으로, 돈에 대한 우리의 생각과 행동이 재무적인 성공에 미치는 영향을 분석합니다. 돈에 대한 감정, 습관, 그리고 잘못된 신념을 바꾸는 방법을 제시하며, 더 나은 재무적 결정을 내릴 수 있도록 도와줍니다.

(2021년 1월 '인플루엔셜')

5.『부의 추월차선』(The Millionaire Fastlane) ㅡ 엠제이 드마코(MJ DeMarco)

기존의 부자가 되는 방법에 대한 고정관념을 깨고, 더 빠르고 효과적인 방법으로 부를 축적할 수 있는 방법을 제시합니다. 사업, 투자, 그리고 개인 브랜딩을 통해 부를 이룰 수 있는 전략을 소개합니다.

(2022년 2월 '토트출판사')

주의사항: 투자는 위험이 따르므로 신중하게 결정해야 합니다. 투자 전에 반드시 전문가의 상담을 받고 충분한 정보를 수집하여 투자 결정을 내리시기 바랍니다.

아니나 다를까, 단 한 권을 빼고 전부 교체되었다. 리스크 대비는 온데 간 데 없고, 부자 되는 법을 다룬 책들 중 고전이라 할 만한 책들이 리스트를 채웠다. 여전히 자리를 지킨 『부자 아빠 가난한 아빠』를 필두로, 현대 자기계발 분야의 아버지 나폴레온 힐의 『생각하라 그리고 부자가 되어라』, 그리고 지피티도 선택했던 가치 투자의 창시자 벤저민 그레이엄의 『현명한 투자자』, 불과 몇 년 전에 출간되었음에도 전 세계적으로 3천만 부가 팔린 『돈의 심리학』, 제목만으로도 사람을 설레게 하는 『부의 추월차선』까지 아주 탄탄한 리스트를 완성했다.

업그레이드가 된 만큼 이전 리스트와 비교했을 때 추천 목록이 전보다 더욱 견고해 보인다. 시대상을 반영했다 해도 마찬가지다. 미국 시장의 투자 열기가 최고조에 달했음을 감안하면 위의 책들을 추천하면서 투자를 권유하는 게 하나도 이상하지 않기 때문이다.

그렇다면 리스크는 완전히 해소된 것일까. 과연 꽃길은 언제까지 이어질 것인가. 인공지능의 말을 믿고 이대로 달려도 되는 걸까. 누가 알겠는가. 진짜 위기가 올지 안 올지는 오직 신만이 아실 터. 요즘과 같은 불확실성의 시대에는 더욱 그렇다. 그래도 아예 방법이 없지는 않다. 미래 예측에 사용된다는 슈퍼컴퓨터처럼 사고하면 되지 않겠는가? 어떻게?

지금의 전자통신 시대를 활짝 연, 디지털의 아버지라 불리는 과학자이자 주식 투자로 큰돈을 벌어들였던[21] 클로드 섀넌Claude Elwood Shannon은 말했다.

"정보는 불확실성을 해소한다Information is the resolution of uncertainty."

21 주식 투자에도 관심이 많았던 클로드 섀넌은 자신만의 투자 기법을 만들어 큰 수익을 올렸다. 대표적으로 '섀넌의 도깨비(Shannon's Demon)'가 있다.

워런 버핏이나 마이클 버리의 집무실 책상처럼, 모든 고급 정보가 쏟아져 들어오는 자리에 앉을 수 없는 이상 평범한 투자자가 할 수 있는 일은 오직 하나다. 정보 습득을 위한 '공부'다.

16

부자가 되기 위해 꼭 읽어야 할 '경제, 금융, 투자' 분야의 책 5권은? 3

책 이야기에 신이 나 버린 나머지 한 개의 에피소드에서 끝내려던 계획이 완전히 무산되었다. 그래도 끝까지 가 보자. 이번에는 클로바에게 부자가 되기 위해 어떤 책을 읽어야 하는지 물어본다.

CLOVA ☞

1. 『부자 아빠 가난한 아빠』(Rich Dad Poor Dad) ― 로버트 기요사키(Robert Kiyosaki)

   이 책은 로버트 기요사키가 쓴 책으로, 부자가 되기 위한 마인드셋과 금융 지식을 다루고 있습니다. 이 책은 부자가 되기 위해서는 돈을 버는 것이 아니라 돈을 불리는 것이 중요하다는 것을 강조하며, 이를 위해 금융 지식과 투자 전략을 소개합니다.

   (2018년 2월 '민음인')

2.『화폐전쟁』 세트(貨幣戰爭) ― 쑹훙빙(SongHongBing)

이 책은 쑹훙빙이 쓴 책으로, 화폐와 금융 시스템의 역사와 발전을 다루고 있습니다. 이 책은 화폐와 금융 시스템이 어떻게 발전해왔는지, 그리고 그것이 어떻게 경제와 사회에 영향을 미치는지를 설명합니다.

(2020년 9월 '알에이치코리아')

3.『부의 대이동』 ― 오건영

이 책은 오건영이 쓴 책으로, 달러와 금의 관계를 다루고 있습니다. 이 책은 달러와 금의 관계를 이해하고, 이를 바탕으로 투자 전략을 수립하는 방법을 소개합니다.

(2020년 7월 '페이지2')

4.『투자의 전설, 앤서니 볼턴』(Investing against the Tide) ― 앤서니 볼턴(Anthony Bolton)

이 책은 앤서니 볼턴이 쓴 책으로, 투자 전략과 투자 철학을 다루고 있습니다. 이 책은 앤서니 볼턴의 투자 전략과 투자 철학을 소개하고, 이를 바탕으로 투자를 성공적으로 수행하는 방법을 설명합니다.

(2018년 4월 '부크온')

5.『돈, 뜨겁게 사랑하고 차갑게 다루어라』(Die Kunst uber Geld nachzudenken) ― 앙드레 코스톨라니(André Kostolany)

이 책은 앙드레 코스톨라니가 쓴 책으로, 투자 전략과 투자 철학을 다루고 있습니다. 이 책은 투자를 성공적으로 수행하기 위해서는 투자에 대한 지식과 경험이 필요하다는 것을 강조하며, 이를 위해 투자 전략과 투자 철학을 소개합니다.

(2023년 2월 '미래의창')

위 책들은 부자가 되기 위해 노력하는 사람들이 꼭 읽어야 할 책들입니다. 이 책들은 각각의 주제와 내용이 다르기 때문에, 자신에게 맞는 책을 선택하여 읽는 것이 중요합니다. 또한, 책을 읽으면서 자신의 생각과 의견을 정리하고, 이를 바탕으로 투자 전략을 수립하는 것이 중요합니다.

확실히 서양에서 물 건너온 인공지능들과는 차별되는 면이 있다. 앞서 지피티와 제미나이가 미국 출신 작가들의 책으로 리스트를 채웠다면 클로바는 '글로벌'하다. 중국 출신 금융학자인 쑹훙빙, 유럽을 대표하는 전설의 투자자 앙드레 코스톨라니, 그리고 유일한 국내 저자로 오건영 신한은행 WM본부 팀장까지 색다른 리스트가 완성되었다(사실 불필요한 오해가 있을까 봐 국내 저자는 뺄까 고민도 했으나 그대로 공개한다). 그리고 클로바가 첫손에 꼽은 책은 이번에도 『부자 아빠 가난한 아빠』였다.

이쯤 되면 인정하지 않을 수 없다. 아직 안 본 사람이 있다면 『부자 아빠 가난한 아빠』는 꼭 읽어 봐야 하지 않을까? 솔직히 예상하지 못한 결과다. (순위를 매길 수 없다고는 했지만) 3연속 1등이라니? 그 정도로 좋은 책이라는 말이겠으나, 개인적으로 봤을 때 인공지능의 '정확성과 한계성'이 동시에 반영된 결과가 아닐까 생각한다.

인공지능이 아니라 만약 사람인 나 자신이 누군가에게 부자 되는 법을 다룬 책을 추천해 줘야 한다면 어떻게 할 것인가? 나름대로의 이유를 들어 후보를 선정하고 그중에서 몇 가지를 선택할 것이다. 이때 중요하게 다루어지는 항목이 있다. '대중성'의 확보다.

타인에게 도움을 주기 위해 어떠한 선택을 해야 한다고 가정해 보자. 그 선택은 주관에 따르지만 그 선택의 대상들은 대중적으로 인정을 받은 경우가 대부분이다. 괜히 공을 들여 추천을 했다가 욕을 먹을 일은 없어야 하는 마음에서다. 일부 평가 절하하는 무리들이 있더라도 대다수 사람들이 고개를 끄덕일 만큼 검증을 받은 대상이라면 부담을 내려놓을 수 있다.

가장 많이 팔렸고, 가장 많은 사람들이 읽었고, 가장 많이 인용되었으며, 부자가 되었다는 사람들의 성공 비결과 가장 비슷한 내용을 담았기에 『부자 아빠 가난한 아빠』는 세 가지 인공지능으로부터 1순위로 추천되었다. '중구난방일 줄 알았는데 의견이 하나로 모이다니… 이 정도면 꽤 정확하잖아?'라는 생각이 들지 않는가? 이 지점이 바로 '인간이 인공지능에게 요구하는 정확성'과 맞물리는 지점이다.

그런데 이는 착각이다. 대중이 선택했다고 해서 정답이 될 수는 없다(대중들의 잘못된 선택으로 큰 위기를 맞거나 몰락한 집단, 국가가 인류 역사에 얼마나 많았던가). 그냥 정답이란 없다. 신이 아닌 이상 인간도, 인공지능도 정답을 알 수 없으며 그저 정답에 가장 가까운 해법이 이것이라고 서로 주장할 뿐이다. 분명 어딘가에는 『부자 아빠 가난한 아빠』를 능가하는, 현 시점에서 부자가 되기 위해 꼭 읽어야 할 책이 분명 존재할 것이다. 이것이 바로 인공지능의 '한계성'이다.

인공지능의 한계는 인간의 한계이기도 하다. 『부자 아빠 가난한 아빠』를 읽었다고 해서 반드시 부자가 될 수 있다고 확신하지 못하는 이유도 인간의 한계다. 그 한계를 극복하려면 어떻게 해야 하는가? 인공지능을 포함하여 아직 그 누구도 상상하지 못한, 신만이 알고 있는, 『부자 아빠 가난한 아빠』를 넘어서는, 부자가 되기 위해 꼭 읽어야 할 책을 최초로 찾아내 보는 건 어떨까?

그 전에 해야 할 일이 있다. 인공지능들이 추천한 책을 다 읽어보라고는 하지 않겠다. 『부자 아빠 가난한 아빠』에 대해서는 짚고 넘어가지 않을 수가 없겠다. 이 책에 어떠한 내용이 담겨 있고, 그 내용을 완전히 마스터하지도 못했는데 그보다 더 좋은 책을 찾을 수는 없는 노릇이다. 로버트 기요사키가 강조한 '부자 되는 법'은 무엇인가? 대체 무엇이 부자 아빠와 가난한 아빠의 차이를 만드는지가 궁금하다.

똑같이 열심히 사는데 왜 누구는 부자가 되고 누구는 가난할까?

"왜 똑같은 시간과 노력을 투자하는데 누구는 부자 아빠가 되고 누구는 가난한 아빠가 되는가?"

이 질문에 대한 답을 들어보기 전에 독자들이 명심해야 할 사항이 있다. 한 권 사서 읽든, 빌려서 읽든 『부자 아빠 가난한 아빠』를 꼭 완독했으면 한다. 최근 인간들이 그토록 맹신하고 열광하는 인공지능들의 추천이 아니더라도 충분히 읽을 만한 가치가 있는 책임이 틀림없다. 자, 그러면 제미나이의 답변부터 확인해 본다.

Gemini ▷

책 『부자 아빠 가난한 아빠』에서 부자 아빠와 가난한 아빠의 결정적인 차이점은 사고방식과 자산에 대한 이해입니다.

사고방식에 있어서 부자 아빠는 돈을 벌기 위해 일하는 것이 아니라, 돈을 위해 일하게 만드는 자산을 만드는 것이 중요하다고 생각합니다. 따라서 부자 아빠는 자산을 취득하고, 그 자산에서 나오는 현금 흐름을 통해 경제적 자유를 얻는 것을 목표로 합니다. 반면, 가난한 아빠는 돈을 벌기 위해 일하는 것이 중요하다고 생각합니다. 따라서 가난한 아빠는 월급을 받고, 그 월급으로 생활비를 충당하는 것을 목표로 합니다.

자산에 대한 이해에 있어서 부자 아빠는 자산과 부채의 차이를 이해하고, 자산을 늘리는 데 집중한다고 생각합니다. 따라서 부자 아빠는 자산을 늘리기 위해 투자를 하고, 부채를 줄이기 위해 노력합니다. 반면, 가난한 아빠는 자산과 부채의 차이를 이해하지 못하고, 자산보다 부채가 많아지는 것을 방치한다고 생각합니다.

사고방식에 대해서는 이것만 읽어도 어느 정도 이해가 가능할 것이다. 하지만 자산에 대한 설명은 책을 직접 읽지 않고서는 이해가 불가능하다. 이 문제 또한『부자 아빠 가난한 아빠』를 읽어 본다면 바로 해결 가능하니 걱정할 필요는 없다. 그렇다면 지피티는 뭐라고 했을까?

ChatGPT ▶

책『부자 아빠 가난한 아빠』는 로버트 기요사키의 금융 교육 책 중 하나로, 부자와 가난한 사람들의 재무 철학과 태도에 대한 차이를 다룹니다. 이 책에서 부자 아빠와 가난한 아빠 사이의 결정적인 차이점은 다음과 같습니다.

1. 재무 교육: 부자 아빠는 돈과 투자에 대한 교육을 중요하게 여기며, 자녀에게 금융 지식을 가르칩니다. 반면 가난한 아빠는 이런 교육을 제공하지 않거나, 돈에 대한 부정적인 태도를 갖는 경우가 많습니다.
2. 자금 흐름의 방향: 부자 아빠는 돈을 자산으로 흐르게 만들려고 노력하며, 자산을 늘리는 방법을 찾습니다. 가난한 아빠는 주로 소비와 지출에 초점을 맞추어 돈을 소비하는 데 집중하며, 부채를 늘리는 경향이 있습니다.
3. 사업 소유와 투자: 부자 아빠는 사업을 소유하거나 투자하여 자금을 증가시키려고 노력합니다. 가난한 아빠는 주로 고용인으로서 노동에 의존하고, 부의 증가에 한계가 있습니다.
4. 리스크 관리: 부자 아빠는 투자와 사업 운영 시 리스크를 관리하고 계획을 세우는 데 주의를 기울입니다. 반면 가난한 아빠는 리스크에 대한 충분한 고려 없이 돈을 잃을 수 있는 행동을 종종 합니다.

사실 결정적인 차이점을 간단하게 알려달라고 했는데 지피티는 책 내용 전반을 아울러서 답변한 느낌이다(안 간단하잖아!). 2번의 경우 제미나이의 답변과 중복되는, 이 책의 핵심 내용이다. '사업' 또한 언급되었는데 실제로 책 후반부에는 사업이 주요하게 다루어진다. 내친김에 클로바의 답변까지 들어보겠다.

CLOVA ☞

부자 아빠와 가난한 아빠의 결정적인 차이점은 돈을 바라보는 관점과 돈을 다루는 방법에 있습니다. 부자 아빠는 돈을 적극적으로 관리하고, 돈이 자신을 위해 일하도록 만드는 반면, 가난한 아빠는 돈을 소극적으로 관리하고, 돈을 위해 일합니다. 금융 지식을 중요시하고, 이를 바탕으로 투자를 하는 것도 부자 아빠와 가난한 아빠의 차이점 중 하나입니다.

'공부를 통해 돈에 대한 적극적 사고방식을 가지고, 자산을 불리는 데 집중하라.'

세 가지 인공지능의 답변을 종합하자면 이 정도로 정리가 될 듯하다. 아직 책을 읽지 않은 사람들을 위해 귀띔을 하자면 이 책의 핵심 파트는 「Chapter 2 – 교훈 2 왜 금융 지식을 배워야 하는가」인데, '내가 아무리 열심히 일해도 자산이 모이지 않는 이유'가 상세하게 담겨 있다. 그게 뭔지는 여기서 백날 설명해야 소용없고 아직 안 봤으면 어서 읽어보시고 이미 봤으면 다시 복습하시는 게 좋겠다.

이 책을 읽어 본 입장에서, 지극히 개인적인 시각을 통해, 나 역시 이번 질문에 대한 답변을 책 속에서 찾아보았다. 바로 이 부분이다.

"돈은 힘의 한 형태다. 하지만 그보다 강력한 것은 돈에 관한 지식이다. 돈은 있다가도 없는 것이지만, 돈의 작용 원리에 관한 지식만 있으면 돈을 통제할 수 있을 뿐 아니라 부를 쌓을 수 있다. 긍정적인 사고만으로는 충분치가 않다. 왜냐하면 대부분의 사람들은 학교에서 돈의 작용 원리에 대해 전혀 배우지 못하고, 그래서 평생을 돈을 위해 일하는 데 바치기 때문이다."

— 로버트 기요사키Robert Kiyosaki, 책 『부자 아빠 가난한 아빠』 중에서

여기서 가장 눈에 띄는 구절은 "긍정적인 사고만으로 충분치가 않다."이다. 요즘 같은 세상에 치열하게 살지 않는 사람이 어디 있겠는가? 그렇게 열심히 살았건만 여전히 가난에 허덕이는 삶. 분명 무한긍정으로 최선을 다했는데 성과가 따르지 않는다면 미치고 팔딱 뛸 노릇이다. 그러면 누구나 불만이 안 생길 수가, 절망에 빠지지 않을 수가 없다. 작가는 바로 이 부분을 지적하고 있다. 긍정적 마인드로 실행에 나서기 전에 '공부'가 먼저라는 점을 강조한다. 부자들은 알고 있다는 '돈의 작용 원리' 공부 말이다.

이번 챕터를 시작하면서 지피티가 골라준 '부자가 되기 위해 갖추어야 할 태도' 10가지 중에서, 당연히 먼저 다뤄졌어야 할 긍정 마인드를 거르고 '금융 지식'으로 문을 열었다. 참 묘하게도 『부자 아빠 가난한 아빠』가 3번 연속으로 첫 번째로 추천되었고 저자인 로버트 기요사키는 '돈에 관한 지식'을 먼저 배우기를 권하고 있다.

공부는 지루하다. 또한 어렵다. 그래서 하기 싫다. 하지만 그걸 해내야만 우리는 부자가 될 수 있다. 황현희 씨의 말을 기억하는가? "재무제표 볼 줄 모르면 사업하지 마세요." 재무제표 보는 법조차 공부하지 않았는데 사업이 잘될 리가 만무하지 않은가. 뭐, 사업은 나중 문제, 다른 사

람 이야기라 치자. 너도 나도 다 한다는 주식 투자는 어떨까? 아마 이 책을 읽는 이들 중에서 주식 투자를 하는 사람들이 꽤 많을 것이다. 만일 그렇다면 대차대조표balance sheet는 볼 줄 알면서 투자에 나서고 있는가? '그런 거 몰라도 되지 않나?'라고 생각하는 이들에게, 지피티와 제미나이 모두에게 선택을 받은 또 하나의 책 『이기는 투자』의 저자 피터 린치가 해 줄 말이 있다고 한다.

> "투자하려는 회사의 재정 상태를 이해하지 못한다면 절대로 투자하지 마라. 주식 투자를 할 때 가장 큰 손실은 대차대조표가 부실한 기업으로부터 비롯된다(Never invest in a company without understanding its finances. The biggest losses in stocks come from companies with poor balance sheets)."
>
> — 피터 린치Peter Lynch

“비트코인은 2025년 말까지 15만 달러에서
20만 달러 사이에 도달할 가능성이 있습니다.
이는 반감기 이후의 잠재적 상승,
기관 투자자의 지속적인 참여,
그리고 우호적인 규제 환경에 기인합니다.”

- GEMINI

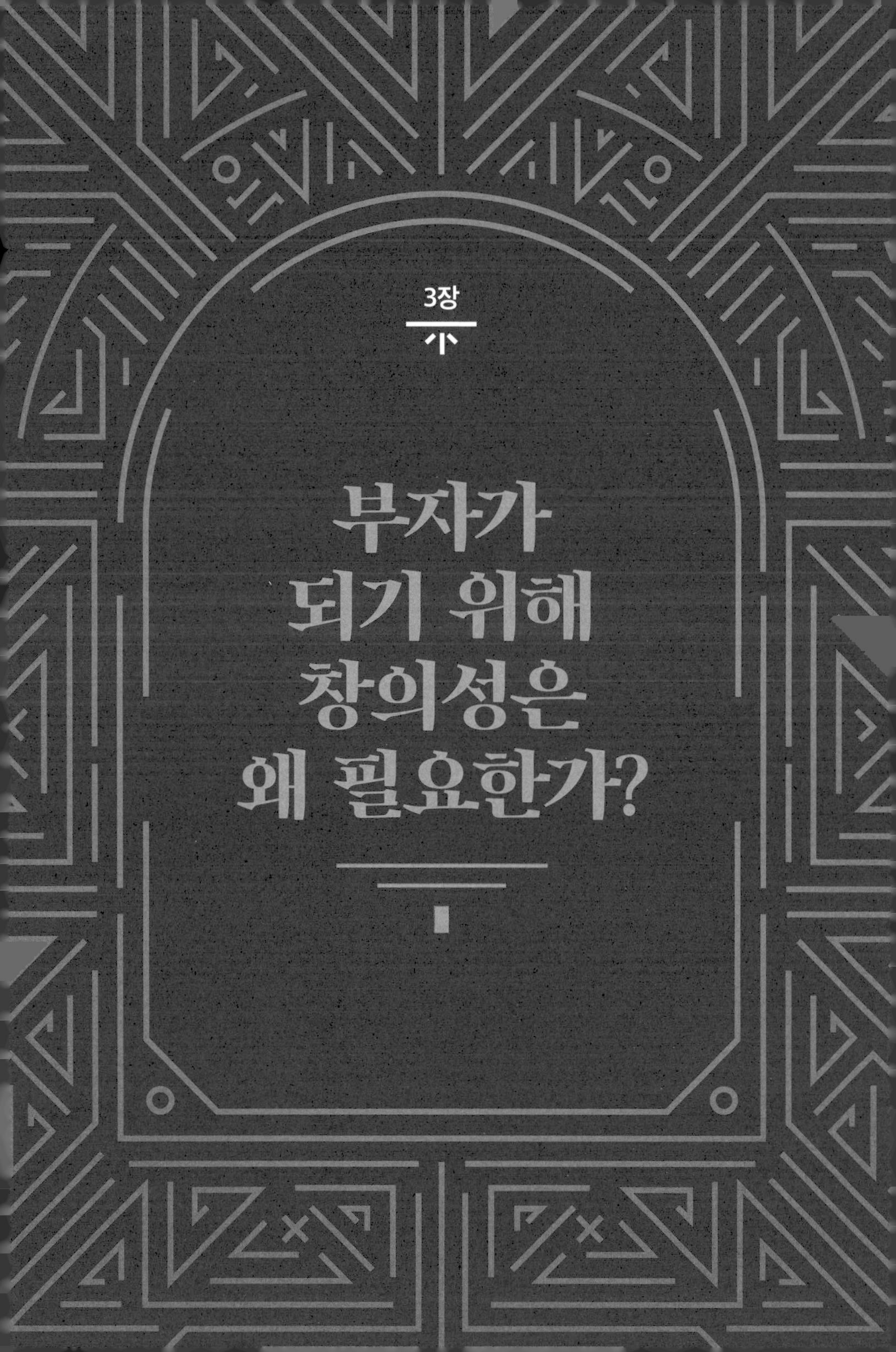

3장

부자가 되기 위해 창의성은 왜 필요한가?

창의성과 혁신성은 부자가 되는 데 있어 왜 중요한가?

부자가 되기 위해 금융 지식을 배워야 하는 이유를 다루며 이렇게 이야기한 바 있다.

"『부자 아빠 가난한 아빠』를 넘어서는, 부자가 되기 위해 꼭 읽어야 할 책을 최초로 찾아내 보는 건 어떨까?"

세 가지 인공지능으로부터 첫 손에 꼽혔다는 사실은 이 책이 부자 되는 법에 관한 '고전'이라는 의미다. 고전古典은 사전적으로 "오랫동안 많은 사람에게 널리 읽히고 모범이 될 만한 문학이나 예술 작품"을 뜻한다. 고전은 인류 역사에 길이 남을 위대한 발자취다. 그 위대한 업적을 넘어서는 결과물을 찾아내거나 만들기 위해서는 어떠한 능력이 우선적으로 필요한가?

다시 페이지를 되돌려 지피티가 꼽은 '부자가 되기 위해 꼭 갖춰야 할 10가지 태도' 부분을 살펴보자. 그 10가지 항목 중에서 바로 위의 질문과 부합하는 태도 혹은 능력은 무엇이라고 생각하는가? 바로 눈에 띄는 게 하나 있다. 6번 '창의성(창조성)과 혁신성Creativity and Innovation '이다.

고전은 교과서다. 고전은 정석이다. 이미 제시된 길(정도正道)에서 벗어나 누구보다 빠르게 목적지에 도착하기 위해 필요한 게 창조적이고 혁신적인 방도方道이다. 그래서 현대인들이 그렇게 목 놓아 부르짖는 창의와 혁신이지만 아무에게나 허락되지 않는 길이기도 하다.

창조와 혁신. 매일 지긋지긋하게 듣는 말이다. 부자 만드는 책에 관심이 없는 사람들도 마찬가지다. 하루가 다르게 기술이 진보하고 그만큼 삶의 환경이 변화하는 시대를 살아가는 만큼 당연한 현상이다. 그럼에도 불구하고 말처럼 쉽지 않은, 아니 말만 들어도 어려운 창의와 혁신을 어떻게 구현具現하고 특별한 결과물을 성취해야만 할까? 솔직히 이 정도는 건너뛰어도 되지 않을까 하는 의구심마저 든다.

'부자가 되려면 몸이 열 개라도 모자란 판인데, 내가 신도 아니고 뭘 창조까지 하라는 말이야?'

사실 이쯤에서 인공지능들에게 "현대사회에서 부자가 되는 데 있어 창의성과 혁신성이 꼭 필요한가? 그렇다면 그 이유는 무엇인가?"라고 물었다. 그런데 답변들이 내가 생각하기에는(인간 주제에?) 대체적으로 쓸데없이 방대하고(창조, 혁신이라 하니 자기들 얘기라고 생각해서 그런가?) 엮어 보자니 별 알맹이도 없을 듯해서 그 이유를 딱 하나만 대 보라고 요구했다.

ChatGPT ▶

현대사회에서 부자가 되는 데 창의성과 혁신성이 꼭 필요한 이유는 시장에서 경쟁력을 유지하고 성장을 지속하기 위함입니다.

Gemini ▷

단 한 가지 이유를 꼽자면, "시장 경쟁이 치열하기 때문입니다."입니다. 창의성과 혁신은 시장에서 경쟁에서 살아남고, 새로운 시장을 창출하는 데 있어 꼭 필요한 요소입니다.

CLOVA ☞

가장 중요한 이유는 경쟁력 강화입니다. 창의성과 혁신성은 새로운 아이디어와 제품을 개발하고, 기존 제품의 성능을 개선하는 데 큰 도움을 줍니다. 이를 통해 경쟁력을 강화하고, 시장에서 우위를 차지할 수 있습니다. 경쟁력을 강화하면 시장에서 더 많은 수익을 창출할 수 있으며, 이를 통해 부자가 될 수 있습니다.

뭐, 자기들끼리 만나서 정보 교환이라도 하나? 놀랍게도 전부 '경쟁력'과 연관을 지어 답변을 제시했다. 이번 에피소드의 가장 앞으로 돌아가 보라. 이 길이 분명 부자로 가는 길은 맞지만 누구나 알고 있는 길(정도) 위에는 응당 사람이 넘쳐날 수밖에 없다. 현대인의 숙명 '경쟁'이다. 그

치열한 틈바구니 속에서 경쟁력을 강화하고 살아남고 수익을 창출하고 부를 거머쥐기 위해서는 '창조와 혁신'이 필요하다고 인공지능들은 강조하고 있다.

경쟁을 피하고서는 부자가 될 수 없다는 사실을 우리는 잘 알고 있다. 그 누구에게나 기회는 열려 있지만 평범한 노력만으로는 부족하다. 『부자 아빠 가난한 아빠』는 분명 관련 분야에서 최고의 책임은 틀림이 없지만 출간된 지 30년이 다 되어 간다. 우리가 살아가는 시대는 확연하게 다르고 하루가 다르게 세상은 변화하고 있다. 그때보다 훨씬 많은 사람들이 부자가 되기 위해 노력하고 있으며 이미 우리나라에서만 300만 명 이상이 부자 아빠 『부자 아빠 가난한 아빠』를 읽었다. 이 책을 뛰어넘을 정도의 비범하고 획기적인 발상과 전환이 필요한 시점이다.

부자가 되기 위해 스스로에게 던지는 '엉터리' 질문은?

그래도 창조와 혁신에 대해 다루는 중인데 이와 관련하여 여러 질문을 인공지능들에게 던져 봐도 너무 평범한 대답들만 나와 지루한 느낌이다. 인공지능 탓은 하고 싶지 않다. 이는 앞서 언급된 인간의 한계, 인공지능의 역량을 원하는 만큼 끌어내지 못하는 '나'라는 평범한 인간의 한계라고 하자. 그래도 몇 가지는 좀 쓸 만하다 싶어 소개해 본다.

"여기 경제적, 사회적 성공을 바라지만 능력은 평범한 한 사람이 있다고 가정하자. 그 사람이 삶을 성공으로 이끌기 위해 스스로에게 질문을 던진다고 할 때, 가장 도움이 될 만한 질문을 단 하나만 만들어줘. 그리고 그 질문은 유머러스해도 되고, 엉터리 같아도 상관없어. 사람들이 보기에 기상천외하면 돼."

ChatGPT ▶

"만약 내 미래의 성공이 내일 아침 랜덤으로 선택된 슈퍼파워에 달려있다면, 내일 어떤 슈퍼파워를 가지고 싶을까요? 그리고 그걸 어떻게 활용해 경제적, 사회적 성공을 이루어낼까요?"

슈퍼파워라니? 상상만 해도 기분이 좋다. 랜덤이라는 게 좀 꺼림칙하지만 히어로 영화에 나오는 주인공 수준의 능력 하나만 있으면 돈이야 우습게 벌지 않을까(영화에서 히어로들은 쌈박질만 하지만 말이다)? 그런데 감도 안 잡힌다. 슈퍼파워, 그래서 뭐 어쩌라는 거지? 저 질문을 고스란히 지피티한테 다시 물어보았다.

ChatGPT ▶

다소 개인적이며, 유머러스한 질문이므로 구체적인 답변은 어렵습니다. 하지만 이런 질문을 통해 자신의 독특한 특성이나 열정을 발견하고, 그것을 활용하여 경제적, 사회적 성공을 찾을 방법을 고민하게 될 수 있습니다. 예를 들어, 만약 "텔레포트"[22]라는 슈퍼파워를 선택했다면, 이를 활용하여 글로벌 비즈니스를 운영하거나 국제 사회적 문제를 해결하는 데 도움이 될 수 있을 것입니다. 이것은 단순히 상상력을 자극하고 자신의 강점을 찾는 데 도움을 줄 수 있는 아이디어의 시작점일 뿐

---

22 Teleport, 사전적으로는 "염력으로 물체 따위를 이동시키는 일(심리) 혹은 통신 위성을 이용한 세계적 규모의 고도 정보 통신망을 갖춘 통신 기지(정보 · 통신)를 의미한다. 문화 분야, 특히 소설과 같은 창작물이나 게임 등에서는 보통 '순간이동'이라는 뜻으로 사용된다.

입니다.

이제야 좀 이해가 된다. 타인이 보기에 허무맹랑한 망상이라 해도 이를 아이디어의 시작점으로 하여 "상상력을 자극하고 자신의 강점을 찾는 데 도움"을 받으라는 말이다. 자극이 없으면 변화도 없다. 남들과 같은 생각으로는 부자가 될 수 없다. 비웃음을 살 만큼 말이 안 돼도, 엉터리 같아도 "착상이나 생각 따위가 쉽게 짐작할 수 없을 정도로 기발하고 엉뚱"[23]한 아이디어는 늘 인류 역사 곳곳에 전환점을 만들고 문명을 진보를 가져왔음을 잊지 마라. 남들 눈에 쓸모없어 보이는 발상이라 해도 자신에 의해 세상에 최초로 태어났다면 소중히 여길 가치가 있다. 언젠가 커다란 부를 안겨줄지 모를 일이다.

부자가 되는 데 필요한, 스스로에게 묻는 엉터리 질문으로는 무엇이 있는지, 제미나이에게도 물어 보았다.

Gemini ▷

질문: "내가 만약 슈퍼파워가 있다면, 그것을 어떻게 돈으로 바꿀 수 있을까?"

이 질문은 유머러스하고 엉터리 같지만, 성공을 위한 중요한 통찰력을 제공할 수 있습니다. 능력이 평범한 사람이 성공하기 위해서는 남들과는 다른 차별화된 무

23 표준국어대사전에 등재된 '기상천외'의 뜻.

언가가 필요합니다. 그것은 특별한 재능이거나, 남다른 아이디어일 수도 있습니다. 슈퍼파워를 돈으로 바꾸는 방법을 생각해 보는 것은 이러한 차별화된 무언가를 찾는 데 도움이 될 수 있습니다.

예를 들어, 만약 내가 만약 날 수 있다면, 나는 전 세계의 사람들에게 물건을 배달하는 비즈니스를 시작할 수 있습니다. 또는, 나는 사람들을 텔레포트시켜 주는 앱을 개발할 수 있습니다.

물론 슈퍼파워를 돈으로 바꾸는 것이 현실적으로 가능한 일은 아닙니다. 하지만 이러한 질문을 통해서 평범한 사람이 성공하기 위한 새로운 가능성을 발견할 수 있습니다.

다른 질문도 생각해 보았습니다.

"내가 만약 100살까지 산다면, 나는 무엇을 할까?"

"내가 만약 전 세계의 모든 사람이 나를 사랑한다면, 나는 무엇을 할까?"

"내가 만약 돈이 무한하다면, 나는 무엇을 할까?"

이러한 질문들은 모두 평범한 사람이 성공하기 위한 새로운 관점을 제시할 수 있습니다.

결론적으로, 성공을 위한 가장 도움이 되는 질문은 바로 "내가 만약…"으로 시작하는 질문입니다. 이러한 질문은 기존의 사고방식을 벗어나 새로운 가능성을 열어줄 수 있기 때문입니다.

또다시 깜짝 놀랐다. 사용해 본 사람들은 알겠지만 제미나이는 답변을 3가지 내놓는데 그 첫 번째가 '슈퍼파워'에 관한 내용이었다. 그래서 한 번 더 물었는데도 다시 슈퍼파워가 답변으로 등장하여 이를 그대로 옮겨 적었다(이쯤 되면 조작이 있는 게 아닌지 의구심이 들겠지만 실화다). 예시로 든 '텔레포트'까지 지피티의 답변 내용과 너무 유사하여 소름이 돋았다.

제미나이는 고맙게도 친절하게 해설까지 알아서 붙여 주었다. "평범한 사람이 성공하기 위해서는 남들과는 다른 차별화된 무언가가 필요"한데 이는 바로 "특별한 재능이거나, 남다른 아이디어"라고 설명한다. "내가 만약…"으로 시작하는, 이 말도 안 돼 보이는 질문들은 "기존의 사고방식을 벗어나 새로운 가능성을 열어줄 수 있"다고 강조한다.

그런데 하고 많은 질문 중에 하필 '슈퍼파워'였는지 의문이 든다. 아마도 평범한 사람이 큰 부를 거머쥔다는 것이 그 정도로 어렵고 불가능에 가까운 일이라는 암시는 아닐까? 뭐가 되었든 좋다. 어차피 인류사란 불가능해 보이는 도전의 연속이었다. 그 극도로 낮은 성공 확률을 뚫고 역사서에 이름을 남긴 사람들처럼, 나도 반드시 해내겠다는 결기 정도는 있어야 하지 않겠는가. 부자가 되겠다면 말이다.

쓸모없어 보이는 아이디어로 큰돈을 번 케이스는?

그렇다면 누가 봐도 말 같지도 않은, 헛소리 같은 발상으로 돈을 번 사람들도 분명 존재할 터. 과연 어떠한 경우가 있는지 알아보자.

ChatGPT ▶

"쓸모없어 보이는" 아이디어가 큰돈을 번 사례 중 하나는 펫 록(Pet Rock)입니다. 1970년대에 미국에서 인기를 끈 이 제품은 실제 돌을 판매하는 것이었습니다. 이 돌은 아무런 기능이 없었지만, 사람들은 이를 애완동물로 대우하며 돌을 꾸미고 장식했습니다. 이러한 아이디어는 광고와 마케팅을 통해 큰돈을 벌게 되었으며, 수많은 사람들이 펫 록을 구입했습니다.

이미 우리나라에도 수차례 언론을 통해 소개되었던 '펫 록'이 사례로 등장했다. '이게 대체 무슨 소리지? 혹시 수석壽石(주로 실내에서 보고 즐기는 관상용의 자연석)을 말하는 건가?'라고 오해하는 사람이 있을까 싶어 부연 설명을 부탁했다.

<아직도 판매되고 있는 애완용 돌, PET ROCK(출처: www.amazon.com)>

ChatGPT ▶

개념: 펫 록은 간단한 개념을 기반으로 합니다. 제품은 부드러운 모양의 돌 하나와 작은 상자로 구성되었습니다. 돌은 "애완동물"로 간주되었고, 상자 안에 들어 있었습니다.

마케팅: 펫 록의 큰 성공은 마케팅에 의해 이루어졌습니다. 제품을 판매하는 광고는 재미있고 유머러스한 톤으로 제작되었으며, 돌을 펫으로 키우는 경험을 강조했습니다. 광고에서는 "펫 록은 먹이나 물, 운동이 필요 없으며 사료도 필요하지 않습니다."라는 문구가 사용되었습니다.

인기: 이 간단한 아이디어와 광고가 인기를 끌면서, 수많은 사람들이 펫 록을 구입했습니다. 1975년까지 약 백만 개 이상의 펫 록이 판매되었습니다.

창시자: 펫 록 아이디어는 게리 달(Gary Dahl)이라는 마케팅 전문가에 의해 고안되

었습니다. 그는 아이디어를 개발하고 홍보하여 큰 성공을 거두었습니다.

개똥도 약에 쓴다더니 개똥 같은 아이디어가 황금으로 바뀌는, 개똥보다 더 흔하게 널린 돌멩이가 현금으로 바뀌는 '기적'이었다. 술자리에서 농담으로 뱉었던 소리가 좌중에게 공감을 얻자, 지나가는 말에 그치지 않고 당장 마케팅 전략부터 짠 후 실제 판매에 나선 게리 달은 불과 반년 만에 초고속으로 부자가 되었다. 미국에 재림한 봉이 김선달이 아니냐고 할지 모르지만 김선달은 그저 사기꾼일 뿐이고, 게리 달은 엄연하게 아무도 하지 않은 일을 합법적으로 가장 먼저 해냈을 뿐이다.

현재 온라인 마켓에서 볼 수 있는, 더 상세한 펫 록의 제품 설명은 다음과 같다.

"펫 록은 먹이를 안 줘도 되는, 산책이나 목욕, 손질이 필요 없으며 중성화를 시키지 않아도 되는 유일한 애완동물입니다! 사전에 '앉아'와 '일어나'가 훈련되어 있으며, 가장 큰 장점은 당신의 애완동물 중 유일하게 도망가지 않는다는 것입니다(Pet Rock is the only pet you'll own that you'll never need to feed, walk, bath, groom or neuter! Pre-trained to "sit" and "stay" and best of all your Pet Rock is the only pet that will never run away)!"

예나 지금이나 애완동물을 키우려면 만만치 않은 열정과 시간, 수고와 비용이 들어간다. 애완동물을 키우고는 싶지만 그에 따르는 대가를 지불하기가 두려운 이들에게 게리 달의 전략은 제대로 먹혀들었다. 마케팅의 승리다.

아쉽게도 기적은 오래가지 않았다. "70년대 말 그는 로스가토스에 '캐리 네이션스Carry Nations'라는 상호의 술집을 차렸다가 금세 망한다. (중략) 친구였던 투자자 두 명이 자기네에게 돌아온 몫이 너무 적다며 소송을 건 것도 그 즈음이었다. 법원은 달에게 '여섯 자리 숫자(수십만 달러)'의 돈을 그들에게 지급하라고 판결했다."[24] 이후 펫 록처럼 색다른 아이디어가 돋보이는 'Sand Breeding Kits', 'Red China Dirt' 등의 상품을 선보였으나 두 번째 기적은 일어나지 않았다. 펫 록의 성공에 대해 지피티는 다음과 의견을 덧붙였다.

ChatGPT ▶

펫 록은 비록 "쓸모없는" 것처럼 보였지만, 마케팅과 브랜딩의 힘으로 큰 성공을 거둔 대표적인 예입니다. 그러나 이러한 형태의 성공은 일회성이었으며, 지속적인 비즈니스 모델로는 적합하지 않습니다. 이는 당시의 문화적 맥락과 소비자들의 호기심에 의존한 특별한 사례입니다.

비록 기적과 같았던 펫 록의 성공은 짧았지만 한때의 해프닝, 행운 정도로 치부하기에는 시사하는 바가 적지 않다. 앞서 나쁜 운을 좋은 운으로 바꾸기 위해서는 갖은 노력을 해야 한다고 말했다. 백수나 다름없었

24 『한국일보』, 「술자리 농담, 벼락부자 만들다… 불티나게 팔려나간 '애완 돌멩이'」, 최윤필 기자(2015. 4. 18), https://www.hankookilbo.com/News/Read/201504180442877151

던 게리 달이 벼락부자가 될 수 있었던 이유는 포기를 모르는 근성, 쓸모 없어 보이는 아이디어가 가진 잠재력을 캐치해 내는 감각과 집중력, 프로젝트를 바로 행동으로 옮기는 실행력이 준비돼 있었기 때문이다.

게리 달에게 아쉬운 점은 부자가 된 이후의 행보다. 부자가 될 준비는 되었을지언정 부자가 된 이후에 대한 준비는 미비했다고 할 수 있다. 추후에 다루겠지만 큰돈을 번 이후, 부자라는 타이틀을 어떻게 지켜낼 것인가 역시 무척 중요하다. 특히나 요즘과 같이 환경이 급변하는 시대에서는 더욱 그렇다. 지피티가 강조한 '지속적인 비즈니스 모델'로 개발하기에 펫 록은 (지금이나 그 당시나 눈부시게 발전하는) 기술의 혜택을 받기에는 (어찌해 볼 도리가 없는 돌멩이라는) 태생적 한계가 너무 뚜렷했다.

더 큰 부자가 될 발판을 마련했지만 펫 록과 비슷한 아이템들은 대중에게 더 이상 흥미를 끌지 못했고 큰 술집을 차렸지만 그건 다른 사람들도 이미 많이 하고 있었다. 번뜩이는 기지機智를 더 이상 활용하지 못한 까닭에 몇 십 년이 흐른 지금, 게리 달을 부자로 기억하는 사람은 아무도 없게 되었다. 결국 이 책에서 다루는 내용을 감안한다면 펫 록의 성공은 일말의 힌트는 되겠지만 적절한 범례範例라고 하기에는 부족해 보인다.

펫 록이 등장하고 20여 년이 흐른 후, 크기는 펫 록과 비슷하고 돌멩이처럼 건드리지 않는 이상 전혀 움직임이 없는, 그런데 특정 지역을 넘어 전 세계에서 공전의 히트를 친, 출시된 지 30년이 다 되어 가는데 여전히 인기 높은 상품이 하나 있다.

바로 '다마고치'다.

21

'다마고치'의 성공 사례에서 우리가 배워야 할 점은?

다마고치たまごっち, Tamagotchi라는 이름을 기억하는 이들이 많을 것이다. 건담Gundam 프라모델로 유명했던 일본의 완구사 반다이BANDAI(현재는 반다이남코홀딩스)에서 탄생한 다마고치는 출시(1996년)된 지 30년이 되었지만 여전히 인기가 높은, 게임·완구계의 베스트셀러이자 스테디셀러다. 2024년 기준 9천만 대가 넘는 판매고를 기록 중인데 역시 불티나게 팔렸던 짝퉁 제품들까지 감안하면 가볍게 1억 대가 넘게 판매되었다고 볼 수 있다.

다마고치 출시 직전 반다이는 심각한 경영난으로 인해 다른 회사에 병합될 위기에 놓여 있었다. 하지만 다마고치 덕분에 그 위기를 넘겼다고 하니 당시의 인기가 얼마나 높았는지를 알 수 있다. 근래 문화계를 강타한 '레트로' 열풍과 함께 다마고치는 다시 주가를 높인 바 있다. 인기가 높은 아이돌그룹 뉴진스의 멤버 '혜인'이 가장 아끼는 최애템으로 다마고치를 공개하며 화제가 되기도 했다.

메타버스로 다마고치의 고객층을 전 세계로 확장한 만큼, 앞으로 반다이는 해외 시장 개척에 주력할 방침이다. 글로벌 인플루언서를 다마고치 캐릭터로 만들어 메타버스로 교류할 수 있도록 하는 작업에도 나설 것으로 알려졌다. 조만간 다마고치 최초로 일본이나 미국, 프랑스를 순회하는 '월드 다마고치 투어'도 실시할 예정이다. 반다이가 메타버스를 도입하게 된 이유는 전 세계에서 부는 '레트로 붐' 때문이다.[25]

그렇다면 인공지능의 생각은 어떨까? 제미나이에게 다마고치가 전 세계적으로 꾸준하게 인기를 얻는 이유에 대해 물어보았다.

Gemini ▷

다마고치가 전 세계적으로 꾸준하게 인기를 얻을 수 있었던 비결은 다음과 같습니다.

· 새로운 경험과 감정을 제공

다마고치는 가상 애완동물이라는 새로운 개념을 제시하며 어린이들에게 새로운 경험과 감정을 제공했습니다. 아이들은 다마고치를 키우면서 책임감, 돌봄, 애정

25 『아시아경제』, 「레트로 붐에 진화하는 다마고치… "메타버스로 전세계 교류"」, 전진영 기자 (2023. 8. 15), https://www.asiae.co.kr/article/2023081415570822991

등의 감정을 배울 수 있었습니다. 또한, 다마고치가 죽으면 아이들은 슬픔, 상실감 등의 감정을 경험할 수 있었습니다. 이러한 감정은 아이들의 정서 발달에 도움이 되었으며, 다마고치의 인기를 높이는 데 기여했습니다.

(중략)

· 시대를 초월한 매력

다마고치는 출시된 지 30년이 넘었지만, 여전히 전 세계적으로 많은 사랑을 받고 있습니다. 이는 다마고치가 단순한 장난감이 아니라, 아이들의 감성과 추억을 담은 문화 아이콘으로 자리 잡았기 때문입니다. 다마고치는 어린 시절의 향수를 불러일으키며, 전 세계 사람들에게 여전히 매력적인 존재로 남아 있습니다.

다마고치가 처음 등장했을 당시 전 세계 아이들에게는 선풍적인 인기를 끌었지만 어른들의 반응은 꽤 부정적이었다. "우리나라에서도 교육부에서 1997년 생명 경시풍조를 조장하고 학생들에게 정서적 악영향을 미친다는 이유로 '다마고치 금지령'을 내리기도 했다."[26]고 하니 부모들 사이에서는 난리가 났을 게 분명하다. 하지만 제미나이가 어린아이들에게 선사한 문화 충격은 그토록 부정적 여론조차 이겨낼 만큼 신선하고 충격적이었다. 펫 록이 홍보 문구로 내세웠던 '애완동물을 키울 때의 불

26 『게임톡』, 「반다이 살린 주머니 속 애완동물 '다마고치'」, 서동민 기자(2018. 11. 6), http://www.gametoc.co.kr/news/articleView.html?idxno=49702

편함을 제거'함과 동시에 '애완동물을 키울 때 생기는 감정'은 고스란히 얻을 수 있다는 점에서 '혁신'이라 할 수 있었다. 이 지점이 바로 펫 록에게는 없는 다마고치만의 '지속적인 비즈니스 모델'로서의 상품성이다.

잠깐의 반란은 혁신이 아니다. 혁신이란 성공한 쿠데타다. 세상에 충격을 안긴 이후, 새로이 열린 그 세상을 '지속적'으로 유지해야만 혁신이라 할 수 있다. 21세기 혁신의 아이콘 '아이폰'처럼 말이다.

자신이 만들어 낸 창조적·혁신적 발상 진정으로 성공시키고 싶다면 '그 아이디어가 적용된 대상 혹은 아이디어를 만들어 내는 방식'이, 시대의 변화에 유연하게 적응하고 업데이트가 가능해야 한다. 이를 바탕으로 지속적인 수익 창출을 이뤄내야만 진정한 의미의 부자가 될 수 있다. 투자를 하든 사업을 하든, 어떤 이들은 자신을 성공으로 이끌어 준 하나의 아이디어에 집착한 나머지 무한정 제자리걸음만 하곤 한다. 그 사이 시대는 훌쩍 변하고 경쟁자들은 보이지 않을 만큼 달아나 버림에도 말이다. 바로 이 점이 펫 록과 다마고치의 차이점을 만든다는 사실을 우리는 명심해야 한다.

암호화폐는 디지털 금인가, 쓸모없는 돌멩이인가?

※ 필독: 이번 에피소드와 그다음 에피소드는 자산 가치가 한창 폭락하다가 그 흐름을 멈추고 다시 상승세를 이어가던 2023년 10월 무렵 작성되었다. 당시의 가상화폐에 대한 평가, 그리고 비트코인의 미래 예측에 대해 담고 있는데 내용의 흐름상 거의 수정을 하지 않았음을 감안해주길 바란다.

펫 록으로 시작한 '쓸모없어 보이는 아이디어의 가치와 효용'에 대한 논의를 슬슬 마무리해야겠다. 펫 록은 실제로 많이 팔리기도 했고 이를 고안해 낸 게리 달은 (한때) 부자가 되기도 했지만 엄밀하게 말해서는 실패 사례로 남게 되었다. 이는 펫 록이 미국에서 어떠한 의미로 사용되는지 확인해 봐도 알 수 있다.

ChatGPT ▶

이 용어는 무의미하고 쓸모없는 것을 소유하거나 산 것에 대한 비판적인 표현으로 사용될 때 자주 사용됩니다. "Pet rocks"는 무언가를 소유하거나 추종하는 행위의 의미 없음을 나타내는 비유적인 표현으로 사용될 때 자주 들을 수 있습니다.

한 가지 좋은 예가 있다. 2022년 말, 미국 CNBC에 출연한 제이미 다이먼Jamie Dimon 제이피모건JPMorgan CEO는 방송 인터뷰[27]에서 암호화폐에 대해 다음과 같이 이야기한다.

"암호화폐는 (메인이 아닌) 부수적 쇼에 지나지 않음에도, 사람들은 여기에 너무 많은 시간과 신경을 쓰고 있어요. 나는 이미 펫 록이나 다름없는 암호화폐에 대해 명확하게 의견[28]을 밝혔습니다.(Crypto is a sideshow, okay, and you guys spend too much time on it. I've made my views perfectly clear about crypto token are like pet rocks.)"

이후 인터뷰를 이어 나가면서 제이미 다이먼은 은행 좀 그만 구박하고 각종 범죄에 연루되는 코인 시장이나 잘 단속하라며 강경 발언을 쏟

27 https://www.cnbc.com/video/2022/12/06/crypto-is-a-complete-sideshow-tokens-are-like-pet-rocks-says-jpmorgan-ceo-jamie-dimon.html

28 세계 3위 규모의 코인거래소였던 FTX의 파산 신청 사태 이후에 나온 발언으로, 제이미 다이먼은 공공연히 암호화폐 투자에 대해 부정적인 언급을 해 왔으며 '사기'라고까지 한 바 있다.

아낸다(몇 개월 후 미국 실리콘밸리 지역을 대표하는 은행 SVB가 파산하면서 미 경제에 큰 충격을 남겼다). 그의 의중과 진실에 대해 알 수는 없지만 일관적으로 코인 시장을 비난해 온 투자업계 최대 거물의 발언을 그냥 흘려듣기는 힘들다. 아마 이 책을 읽고 있는 독자들 중 적지 않은 이들이 코인에 투자를 했었거나 하고 있을 테니 말이다.

물론 반대 케이스도 있다. 앞서 인공지능들에게 실컷 찬양을 받았던 로버트 기요사키는 2023년 9월 29일, 자신의 X(전 트위터)에 다음과 게시물을 남겼다.

"미국 연방준비제도의 중앙은행 디지털화폐가 곧 나옵니다. 사생활은 끝났어요. 곧 빅 브라더가 모든 것을 지켜보게 될 거니까요. 디지털화폐가 시장에 발행된다면 금, 은, 비트코인 그리고 현금이 매우 귀해질 것입니다. 더 늦기 전에 금, 은, 비트코인, 현금을 챙겨두시기 바랍니다(FED CBDC coming. Privacy gone. Big Brother will be watching. When CBDC enters market Gold, Silver, Bitcoin & Cash will become priceless. Start saving GSBC & cash now before it's too late)."

여기서 끝이 아니었다. 이틀 뒤에도 패배자가 되고 싶지 않다면 하이퍼인플레이션hyperinflation에 대비하여 금, 은과 함께 '비트코인'을 사라고 강조한다.

과연 누구 말이 맞는가? 두 거장의 상반된 의견이 아니더라도 비트코인을 위시한 암호화폐 투자에 관해서는 늘 격렬한 논쟁이 벌어졌고 지금도 여전하다. 우선 판단에 앞서 현재 코인 시장 상황이 어떻게 돌아가는지 알아봐야겠다.

"지난달까지 3,600만 원 선에서 횡보하던 비트코인은 이달(2023년 10월) 들어 오름세를 보였다. 특히 지난 3일 3,850만원까지 치솟으며 전주 대비 8% 넘는 상승률을 보였다. 3,800만 원대 회복은 지난 8월 이후 두 달여 만이다.

(중략)

그러나 이번 상승세는 가상자산 대장주 비트코인에 집중된 경향이 강하다. '알트코인 대장주' 이더리움은 코인마켓캡에서 219만8,311.62원을 기록 중이다. 이는 일주일 전과 비교해 3.26%, 한 달 전과 비교하면 0.10% 하락한 수치이다."[29]

코로나19 팬데믹 시기 무려 8천만 원을 찍었던 비트코인의 시세는 작년 말 FTX가 파산하던 시기 2천만 원까지 폭락했다가, 2023년 10월 초 현재 거의 두 배 가까이 상승한 상황이다. 그렇다고 해서 코인 시장 전체의 반등을 의미하는 건 아닌가 보다. "최근 고금리 기조가 길어질 것이란

29 『파이낸셜뉴스』, 「"내 투자는 죽 쓰는데"… 비트코인만 보인다」, 한영준 기자(2023. 10. 6), https://www.fnnews.com/news/202310061627575826

전망에 따라 미국 국채금리가 16년 만에 최고치를 경신하는 등 금융시장이 흔들리자 비트코인에 투심이 쏠린 것"[30]으로 언론은 분석하고 있지만, 공고한 입지를 다진 비트코인과는 달리 나머지 코인들은 잠잠한 모양새이다.

비트코인을 비롯하여 암호화폐 투자 자체를 부정적으로 바라보는 제이미 다이먼의 의견과, 금만큼이나 비트코인의 가치가 크다고 확언하는 로버트 기요사키의 의견 중 당신은 어느 편에 속하는가? 정말로 암호화폐들의 가치가 폭등하여 너도 나도 부자가 될 수 있을까? 혹은 비트코인조차 결국은 못 버티고 암호화폐 시장은 몰락하고 말까? 아니면 비트코인만 남고 나머지 코인들은 흔적도 없이 사라져 버릴까? 당신의 생각은 어떠한가?

코로나19 팬데믹이 발발하고 코인(을 비롯하여 거의 모든 재테크) 시장이 들썩이던 당시(내 기억으로는 비트코인이 막 3천만 원을 넘겼던 시점), 얼마 지나지 않아 친구 하나가 통화를 하다가 조금은 흥분된 목소리를 이렇게 말했다.

"야, 비트코인 사 놔라. 곧 1억 간다."

나는 웃으면서 생각해 보겠다고는 했으나 생각만 하고 실제 투자를

30 15)와 동일한 기사

하지는 않았다. 그리고 10대 청소년부터 여명餘命을 얼마 남기지 않은 구순 어르신까지 코인거래소만 들여다볼 만큼 광기에 휩싸였던 시기, 결국 1억 원까지 가지는 못했지만 비트코인이 8천만 원을 넘겼던 당시 배가 아파 쓰러질 뻔했던 기억이 난다. 그리고 모든 자산 가치가 다시 대폭락을 맞은 2022년 말을 지나 얼마 전 다시 그 친구와 술자리를 하다가 슬쩍 물어보았다.

"솔직히 코인으로 얼마나 벌었냐?"

진실은 알 수 없지만 결론은 "야, 똔똔[31]이야."였다. 투자 초반에는 비트코인만이 아니라 다른 암호화폐에도 투자를 하면서 몇 달 만에 연봉의 3배에 이르는 수익을 올렸다고 한다. 진지하게 전업을 고민할 만큼 매일이 연전연승. 하지만 이후에는 뻔한 결말. 비트코인이 1억에 도달할 날이 조만간이라는 생각에 우상향 하던 그래프가 급격히 꺾여도 '존버'를 외치며 버텼고, 어디서 보고 들은 건 있어서 포트폴리오를 한답시고 일부 수익금을 빼서 나스닥에도 투자를 했다고 한다. "어, 어?" 하는 사이 그렇게 코인과 주식은 다시 팬데믹 이전 시기만큼 다시 폭락했고, 계산해 보니 몇 백만 원의 정도 수익이 났지만 거기에 쏟아부었던 시간을 생각하면 오히려 손해라는 게 그 친구의 이야기였다. 한창 잘나가던 때, 대

31 とんとん, 엇비슷함을 뜻하는 일본어.

출을 풀로 끌어다가 투자하려던 것을 아내가 결사반대하여 포기했었는데 그때 정말 큰일 날 뻔했다는 말도 덧붙였다.

솔직히 말해서 친구의 이야기가 진짜라면, 적어도 손해는 안 봤으니, 몇 백만 원이라지만 이득을 봤으니 박수를 받을 만한 케이스다. 코로나19 팬데믹 기간 '영끌'로 투자에 나섰다가 감당할 수 없을 만큼 손해를 본 사람들이 한둘이 아니다. 특히 이전 세대에 비해 종잣돈 확보 능력이 떨어지는 청년층은 코인 시장에 집중 투자를 했다가 낭패를 보았다.

그렇다고 해서 코인 시장에 대한 관심과 투자를 거둬야 할까? 친구의 경우 다른 암호화폐는 몰라도 비트코인만큼은 충분히 투자 가치가 있다고 생각해서 아직도 조금은 가지고 있다고 한다. 언젠가는 반드시 10억 정도는 충분히 넘어설 것이라는 예상과 함께…. 요즘 코인 시장의 분위기와 로버트 기요사키의 주장을 생각한다면 아예 가능성이 없는 이야기는 아닐지 모른다.

외국에서는 '비트코인 100만 달러 간다'라고 주장하는 사람도 넘치는 판국에 1억에서 좀 더 보태보자. 폭등한 환율(2023년 10월 14일 기준 원달러 환율 1,350원 대)을 감안하여 비트코인이 10만 달러(약 1억3,500만 원)에 언제쯤 도달할지 인공지능들에게 물어보았다.

비트코인의 미래에 대한 인공지능의 예측은?

※ 필독: 직전 에피소드와 마찬가지로 2023년 10월 무렵 작성되었다. 에피소드 앞부분에는 당시의 원고를 그대로 싣고, 뒷부분에는 2025년 1월 현재 시점에서 의견을 보태겠다.

Gemini ▷

2023년 10월 14일 현재, 비트코인의 가치는 약 3만 5천 달러입니다. 만일 비트코인의 가치가 10만 달러를 넘어서려면, 현재 가치의 약 3배 이상 상승해야 합니다.

전문가들의 의견은 다양하지만, 대체로 비트코인의 가치가 10만 달러를 넘어설 가능성은 50% 이상으로 보고 있습니다. 이는 비트코인이 여전히 신규 투자자들에게 매력적인 투자처로 인식되고 있고, 장기적으로는 가치가 상승할 것이라는 전망이 우세하기 때문입니다.

만일 비트코인의 가치가 10만 달러에 이르게 된다면, 2024년 말이나 2025년 초가 될 가능성이 높습니다. 이는 현재 금리 인상 사이클이 종료되고, 경기가 회복되면서 투자자들이 위험자산에 대한 투자를 늘릴 것으로 예상되기 때문입니다.

물론, 비트코인의 가치는 다양한 요인에 의해 영향을 받기 때문에, 이러한 전망이 반드시 맞는 것은 아닙니다. 하지만, 비트코인이 여전히 투자자들의 관심을 받고 있고, 장기적으로는 가치가 상승할 가능성이 높다는 점을 고려하면, 10만 달러 돌파 가능성은 충분히 있다고 할 수 있습니다.

다음은 비트코인의 가치가 10만 달러를 넘어설 가능성을 높이는 요인입니다.

비트코인에 대한 투자자들의 관심 증가: 비트코인은 여전히 신규 투자자들에게 매력적인 투자처로 인식되고 있습니다. 특히, 중앙은행 디지털 화폐(CBDC)의 도입으로 인해 비트코인의 가치가 더욱 상승할 것이라는 전망도 있습니다.

비트코인의 인플레이션 헤지 기능: 비트코인은 인플레이션에 대한 헤지 역할을 할 수 있는 자산으로 인식되고 있습니다. 특히, 최근의 인플레이션 상승으로 인해 비트코인의 가치가 더욱 상승할 것이라는 전망이 있습니다.

비트코인의 기술적 발전: 비트코인은 지속적으로 기술적으로 발전하고 있습니다. 특히, Lightning Network과 Taproot 등의 기술 발전으로 인해 비트코인의 사용성이 더욱 개선될 것으로 기대됩니다.

위의 요인들이 계속해서 진행된다면, 비트코인의 가치가 10만 달러를 넘어설 가능성은 더욱 높아질 것입니다.

세 가지 인공지능의 답변을 전부 듣고 싶었으나 워낙 민감한 내용의 질문이어서 그랬는지 제미나이를 제외한 나머지는 답변을 거부했다. 아마도 "○○○의 말을 듣고 ●●●에 투자했는데 왜 손해를 보았느냐?"라며 법적 분쟁에 휘말릴 여지도 감안했으리라 생각한다. 하지만 구글은 역시 다르다. (뭐가?) '제'스트라다무스 선생은 빠꾸 없이 비트코인 10만 달러 '콜'을 외치며 2024년 말에서 2025년 초라고 한정된 시기까지 집어 주셨다.

두루뭉수리가 아니고 꽤 세세한 분석도 덧붙였는데 특히 "중앙은행 디지털 화폐(CBDC) 도입으로 이해 비트코인의 가치가 더욱 상승"하고 "최근의 인플레이션 상승으로 인해 비트코인의 가치가 더욱 상승"할 것이라는 전망은 바로 전 에피소드에서 다뤘던 로버트 기요사키가 비트코인을 사야 되는 이유로 제시한 항목과 거의 일치한다. (이거 혹시?) 경제 분야 기사를 챙기는 사람들은 알겠지만 실제로 CBDC는 세계 각국이 경쟁적으로 도입을 서두르고 있으며 전 세계적인 인플레이션은 도저히 잡힐 기미가 보이지를 않는다. 분명 그럴 듯한 분석이다.

그렇다고 해서 "이거지!"를 외치며 갑자기 비트코인을 사겠다고 나서는 독자는 당연히 없으리라고 생각한다. 제미나이가 여러 번 강조했지만 '가능성'의 영역, 즉 참고 자료일 뿐이라는 말이다. 아무런 공부도, 준비도, 대책도 없이 인공지능 말만 듣고 덜컥 비트코인을 산다면 인터넷 지라시를 믿고 주식 투자에 나서는 것과 차이가 없다. 인공지능은 신이 아니고, 미래는 그 누구도 모른다는 사실을 잊지 말아야 한다.

※ 바로 위에까지가 2023년 10월 작성된 원고, 아래는 2025년 1월 작성된 원고다.

소감이 어떤가? 2024년 초 3만 달러대에 머물던 비트코인은, 2024년 11월 폭등하더니 진짜로 10만 달러를 찍었다. 비트코인이 1년도 안 돼 3배 이상 폭등하게 된 이유가 제미나이의 의견과 얼마나 맞아떨어졌는지는 둘째 문제고 결과만큼은 정확했다.

원래 이 책은 2024년 여름 출간될 예정이었으나 나의 지독한 게으름 때문에 이제 나오게 되었다. 그리고 비트코인이 10만 달러를 돌파한 시점을 정확히 맞춘 제미나이의 예언에 아직까지도 전율하고 있으며, 동시에 책이 너무 늦게 나왔다는 사실에 그만큼 아쉬움이 남는다.

예측이란 그 결과가 나올 시기가 지난 후에는 아무런 의미가 없다. 그러므로 독자 여러분에게 믿으라고 강요할 생각 또한 일절 없다. 저 결과를 처음 봤던 나 또한 제미나이의 결론에 동조하기는커녕 아직도 가상화폐에 투자해 본 적조차 없으니 말이다. 하지만 인공지능과의 협업에 대한 흥미는 더더욱 커졌다. 콘텐츠를 만드는 입장에서 인공지능은 '경외'의 대상 그 자체다.

아무튼 좀 더 빨리 제미나이의 예측을 알리지 못한 아쉬움을 달래고자 이번에는 20만 달러(약 3억)에 비트코인의 가격이 얼마쯤 도달하지 인공지능들에게 물어보자.

비트코인의 가치는 언제쯤 20만 달러를 돌파할 것인가? 1

"Disclaimer: 이 정보는 투자 권유가 아니며, 투자 결정에 대한 책임은 본인에게 있습니다."

비트코인 가격이 언제쯤 20만 달러에 도달할지에 대한 제미나이의 답변 가장 끝에 달린 문장이다. 나의 의견을 믿고 투자한 당신이 돈을 벌든 잃든 자신에게는 아무런 법적 책임이 없다는 이야기다. 이것은 나 역시 하고 싶은 말이다. 앞으로 등장할 내용은 투자 권유가 아니며, 투자 결정에 대한 책임은 독자 여러분 본인에게 있음을 명백하게 밝혀둔다. 그러면 본격적으로 시작해 보자. 비트코인의 가격이 언제쯤 20만 달러에 도달할지를.

Gemini ▷

비트코인 가격이 20만 달러에 도달할 시점을 예측하는 것은 매우 어려운 일입니다. 암호화폐 시장은 변동성이 매우 크고, 다양한 요인에 의해 가격이 급등하거나 급락할 수 있기 때문입니다. 하지만 여러 전문가의 예측과 분석을 종합해 보면, 2025년 말 또는 그 이후에 20만 달러에 도달할 가능성이 있다는 전망이 있습니다.

(하략)

ChatGPT ▶

최근 여러 전문가들은 비트코인이 2025년 말까지 20만 달러에 도달할 수 있다는 전망을 내놓고 있습니다. 스탠다드차타드 은행의 제프리 켄드릭 디지털 자산 연구 책임자는 2025년 말 비트코인 가격을 20만 달러로 예상하며, 기관 투자자들의 지속적인 자금 유입을 주요 요인으로 꼽았습니다.

(하략)

두 인공지능들은 동일하게 '2025년 말'을 지목했으나 이미 언론에서 보도된 내용을 종합한 결과일 뿐이었다. 인공지능들은 투자와 직결된, 법률적 책임 소지가 있는 질문에는 이렇게 '인간' 전문가들의 의견을 앞세워 책임을 회피한다. 그래서 잘 구슬려 가며 자체적으로 분석한 의견을 내놓게 해야 한다. 그 결과는 다음과 같다.

Gemini ▷

앞서 언급한 전문가들의 예측과 분석을 바탕으로 자체적으로 분석한 결과, 비트코인 가격이 20만 달러에 도달할 시점은 2025년 말에서 2026년 초 사이가 될 가능성이 높다고 판단됩니다.

<근거>

· 반감기 효과: 비트코인은 약 4년마다 채굴량이 절반으로 줄어드는 반감기를 거칩니다. 가장 최근의 반감기는 2024년 4월에 있었으며, 다음 반감기는 2028년경으로 예상됩니다. 반감기는 비트코인 희소성을 높여 가격 상승을 유발할 수 있습니다. 과거 반감기 이후 비트코인 가격이 급등했던 사례를 고려할 때, 다음 반감기 역시 가격 상승에 긍정적인 영향을 미칠 것으로 예상됩니다.

· 기관 투자자들의 관심 증가: 2024년 비트코인 현물 ETF가 승인되면서 기관 투자자들의 비트코인 투자가 더욱 활발해질 것으로 예상됩니다. 기관 투자자들의 대규모 자금 유입은 비트코인 수요를 증가시켜 가격 상승을 이끌 수 있습니다.

· 규제 환경 변화: 각국 정부의 암호화폐 규제 정책은 여전히 불확실하지만, 장기적으로는 규제 완화 방향으로 나아갈 가능성이 높습니다. 규제 완화는 암호화폐 시장에 대한 접근성을 높여 투자자들을 유입시키고, 이는 비트코인 가격 상승에 긍정적인 영향을 미칠 수 있습니다.

· 기술 발전: 비트코인 레이어 2 솔루션인 라이트닝 네트워크 등의 기술 발전은 비트코인 거래 속도와 효율성을 향상시켜 사용 편의성을 높이고 있습니다. 이는 비트코인 수요 증가로 이어져 가격 상승에 기여할 수 있습니다.

(하략)

제미나이의 자체 분석 또한 2025년 말이라는 인간 전문가들의 의견과 크게 다르지 않았다. 그 근거로 꼽은 내용들 역시 이미 언론에 보도된 비트코인의 상승 요인들을 요약한 모양새다. 기억하건대, 2023년 말 비트코인을 대하는 분위기가 이 정도까지는 아니었다. 전문가들은 비트코인의 상승세를 예상하면서도, 1년 만에 가치가 3배 이상 폭등할 거라고 자신 있게 말한 사람들은 많지 않았다. 그래서 인공지능 주제에(?) 과감하게 정답을 내놓은 제미나이가 더 놀라웠다. 그렇지만 이번에는 좀 다르다. 이제는 전문가들도, 대중들도 비트코인이 어느 날 갑자기 휴지 조각이 될 거라고 믿지 않는다. 그래서일까? 답변에도 언급했듯이 자체 분석을 했다고는 하나 전문가들의 의견에 슬쩍 묻어가는 게 아닌가 하는 의구심마저 든다. 그래서 질문을 살짝 바꿔 보았다.

"전문가들의 의견을 참고하지 않고, 자체적으로 분석했을 때 2025년 말이 비트코인의 가격은 얼마쯤으로 예상되는지 알려줘."

비트코인의 가치는 언제쯤 20만 달러를 돌파할 것인가? 2

Gemini ▷

(상략)

위에서 언급한 요인들을 종합적으로 고려해 볼 때, 2025년 말 비트코인 가격은 10만 달러에서 15만 달러 사이가 될 가능성이 있다고 조심스럽게 예측해 봅니다. 하지만 이는 어디까지나 예측일 뿐이며, 실제 가격은 예상과 크게 다를 수 있다는 점을 명심해야 합니다.

질문을 비틀었더니 다른 대답이 나왔다. 전문가 의견을 배제하라고 했음에도 반감기 효과, 기관 투자자들의 관심 증가, 규제 환경 변화, 기술 발전 등 이전 답변과 동일한 이유를 대면서 무척 넓은 범위의 가격대를 제시했다. 좀 실망스러울 수도 있으나 적어도 제미나이는 어찌되었든 비트코인의 가격이 상승할 거라는 의견을 "조심스럽게" 제시했다.

한편 아예 답변을 거부했던 예전과 달리 지피티는 자체 분석 또한 척척 제시했는데 제미나이의 의견보다 좀 더 구체적인 모습이다.

ChatGPT ▶

비트코인의 가격이 20만 달러에 도달할 시점을 자체적으로 분석해 보겠습니다. 이를 위해 다음 요소들을 고려하겠습니다.

1. 주요 거시경제 및 시장 요인

비트코인 반감기(2024년 4월 예정): 역사적으로 반감기 이후 12~18개월 동안 강세장이 지속됨.

미국 연준(Fed) 금리 정책: 금리 인하 시 유동성이 증가하며 비트코인 상승 가능성 높음.

ETF 승인 및 기관 투자 증가: 최근 현물 ETF 승인으로 인해 기관 투자자 유입이 가속화될 전망.

2. 과거 사이클 분석

비트코인의 주요 가격 상승 사이클을 살펴보면:

2012년 반감기 → 2013년 최고점 (1,000% 이상 상승)

2016년 반감기 → 2017년 최고점 (약 2,800% 상승)

2020년 반감기 → 2021년 최고점 (약 600% 상승)

과거 데이터를 고려하면, 2024년 4월 반감기 이후에도 2025년 말~2026년 초까지 상승장이 지속될 가능성이 있음.

3. 최근 전문가 예측과 가격 모델링

스탠다드차타드 은행: 2025년 말 20만 달러 예상.

PlanB의 S2F(Stock–to–Flow) 모델: 2025년 말 20만~25만 달러 예상.

Cathie Wood (ARK Invest): 2025년, 2026년 사이 20만~50만 달러 전망.

이러한 예측을 종합하고, 최근 가격 흐름을 고려한 자체 분석 결과 비트코인은 2025년 4분기~2026년 상반기 사이 20만 달러에 도달할 가능성이 높음.

◎ 결론:

가장 가능성 높은 시기: 2025년 10월~2026년 4월

상승 요인: 반감기 효과, ETF 자금 유입, 금리 인하 기대감

위험 요인: 규제 강화, 거시경제 악화

이 분석을 기반으로 지속적으로 시장을 모니터링하면서 업데이트된 예측을 반영하는 것이 중요합니다.

반감기 효과, 현물 ETF 승인 등 제미나이의 비슷한 이유를 바탕으로 2025년 말에서 2026년 초 사이 20만 달러에 도달할 것으로 예측했다. 비트코인의 과거 반감기와 이후 최고점을 일목요연하게 정리하여 보여주는 등 구체적인 자료 분석은 매력적으로 느껴졌다. 결론을 내기 전에 지피티에게도 2025년 말 비트코인의 가격이 얼마인지 물어보았다.

ChatGPT ▶

(상략)

과거의 가격 패턴과 현재의 시장 동향을 고려할 때, 비트코인은 2025년 말까지 150,000달러에서 200,000달러 사이에 도달할 가능성이 있습니다. 이는 반감기 이후의 잠재적 상승, 기관 투자자의 지속적인 참여, 그리고 우호적인 규제 환경에 기인합니다.

지피티 역시 제미나이와 비슷한 방향성을 보여주었다. 동일한 이유를 바탕으로, 넓은 범위의 가격대를 제시했는데 역시 결론은 상승이었고, 그 가격대에는 20만 달러가 포함돼 있었다.

종합하자면 이렇다. 제미나이와 지피티가 예상하는 2025년 비트코인 가격의 미래는 '상승'이고, 올해 말에는 현재보다 2배가량 뛴 20만 달러의 가능성도 충분하다는 것이다. 어떤가? 비트코인에 투자할 마음이 좀 더 강하게 드는가?

그렇다고 의구심이 완전히 사라진 건 아니다. 비트코인을 향한 대중의 환호와 열광 속에서도 암호화폐의 가치 자체를 부정적으로 바라보는 세계 최고의 투자자, 부자들이 여럿 존재한다. 앞서 언급했던 제이미 다이먼은 2025년 1월 CBS와의 인터뷰에서 비트코인은 "성매매, 자금 세탁, 악성 프로그램 거래(sex traffickers, by money launderers, ransomware)"에나 사용된다며 여전히 부정적 견해를 드러냈고, 자서전 출간을 앞둔 빌 게이츠 또한 2025년 2월 뉴욕타임즈와의 인터뷰에서 "비트코인은 무가치하다(It has no value)."고 강조했다. 가장 권위 있는 금융학자이자 2013년 노벨 경제학상을 수상한 유진 파마Eugene Fama 교수도 최근 한 언론과의 인터뷰[32]에서 "10년 내 비트코인의 가치가 제로에 가까워질 것 같습니까(within 10 years, the value of Bitcoin would go to zero)?"라는 질문에 "거의 그렇다(I would say it's close to one)."라고 답하면서 암호화폐 무용론에 힘을 실었다.

하지만 지금 이 시간에도 많은 이들이 비트코인을 비롯한 암호화폐에 투자를 하여 부자가 되고 있다. 반면 과거 수차례 그랬듯 암호화폐 가격이 내일 당장 폭삭 주저앉아도 이상하지 않다. 그저 어떠한 선택을 하든 그 책임은 나 자신의 몫이라는 점만 잊지 않으면 된다.

"Disclaimer: 이 정보는 투자 권유가 아니며, 투자 결정에 대한 책임은 본인에게 있습니다."

32 https://crypto.news/bitcoin-will-eventually-be-zero-economist-predicts-heres-when/

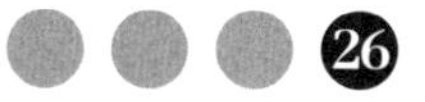

어떤 MBTI 유형의 사람이 부자가 될 가능성이 가장 높은가? 1

창조와 혁신에 대해 고민하다가 나도 뜬금없는 질문을 하나 만들어 보기로 했다. 널리 알려진 지는 한참 된 거 같은데 아직도 많은 이들이 열광하는 'MBTI Myers-Briggs Type Indicator'에 관해서다. 수십 년 전에 만들어져 현대사회에 적용하기에는 부적합하고, 결정적으로 과학적 근거가 없어 늘 비판을 받지만 혈액형 유형으로 사람 성격 파악하는 우리 민족에게 이만큼 재밌는 놀이(?)도 없다. 그래, '재미로'라고 치고 한번 물어보자.

"어떤 MBTI 유형을 가진 사람이 부자가 될 가능성이 많을까?"

CLOVA ☞

MBTI 성격 유형과 부자가 될 가능성 사이에는 직접적인 연관성이 없지만, 창작을 통해 MBTI 16가지 유형 중 부자가 될 가능성이 가장 많은 유형을 알려드리겠습니다.

부자가 될 가능성이 가장 많은 유형은 ESTJ입니다. ESTJ는 현실적이고 실용적이며, 계획적이고 조직적입니다. 또한, 책임감이 강하고 성실하며, 인내심이 강하고 도전을 두려워하지 않습니다. 이러한 특성은 사업이나 투자에서 성공하는 데 매우 중요한 요소입니다.

(하략)

"MBTI 성격 유형과 부자가 될 가능성 사이에는 직접적인 연관성이 없습니다."라며 슬며시 발을 빼려는 클로바를 붙들고 창의력 좀 발휘해 보라고 했더니 위와 같은 답변이 나왔다. 처음에는 손사래를 치더니 결국 본심을 드러냈다. 다시 물어봤을 때에도 ESTJ가 나왔으니 클로바의 마음속 1등은 ESTJ가 맞나 보다. 인터넷에서 ESTJ가 '사업가, 경영자'형으로 널리 알려져 있다는 점을 감안할 때, 클로바가 ESTJ가 꼽은 이유를 어느 정도 납득할 수 있다. 지피티의 부연 설명을 보면 조금 더 감이 온다(참고로 지피티는 답을 내놓지 않았고, 창작으로라도 답을 해 달라는 요구조차 거절했다).

"지피지, ESTJ 유형에 대해 설명해 주고 부자들 중 어떠한 사람들이 ESTJ에 속하는지 알려줘."

ChatGPT ▶

ESTJ는 "현실주의자"라고도 불리는 유형 중 하나로, 사회적인 조화와 질서를 중요하게 생각하며 결정을 내릴 때 논리적이고 분석적인 접근을 취합니다. ESTJ는 Extraversion (외향성), Sensing (감각성), Thinking (사고성), Judging (판단성)의 네 가지 성향으로 이루어져 있습니다.

- 외향성(Extraversion): ESTJ는 주변과 소통하는 것을 즐기며 활동적이고 사교적인 경향이 있습니다. 사회적 상호작용을 통해 에너지를 얻는 경향이 있습니다.
- 감각성(Sensing): 사실적이고 현실적인 정보에 주로 관심을 가집니다. 세부적인 사실과 경험을 중요시하며 실제 일어나는 일에 주목합니다.
- 사고성(Thinking): 논리적이고 분석적인 사고방식을 가지고 있습니다. 객관적이며 감정보다 논리와 사실을 중요시합니다.
- 판단성(Judging): 계획적이고 조직적으로 일을 처리하며 일정과 규칙을 따르는 것을 좋아합니다. 미리 계획을 세우고 그에 따라 행동하는 경향이 있습니다.

ESTJ 유형은 조직 내에서 효율적으로 일을 처리하고 조직의 규칙과 절차를 중요시하는 경향이 있어 많은 부자들 중에서도 ESTJ 유형의 사람들을 찾을 수 있습니다. 예를 들어, 기업가, CEO, 고위 경영진, 군인, 경찰관, 변호사 등 조직 내에서 리더십과 조직 능력을 발휘할 수 있는 직업들에서 ESTJ 유형의 사람들을 찾을 수 있습니다. 그들은 조직의 규칙과 절차를 잘 따르고 효율적으로 일을 처리하여 조직의 성공에 기여할 수 있는 능력을 가지고 있습니다.

뭐가 그렇게 ESTJ에게 부자가 될 만한 잠재력이 풍부한지 핵심 키워드들을 분석해 보자.

우선 '현실주의자'라는 단어가 눈에 띈다. (왜인지 좀 매정한 느낌이지만 한

편으로는) 얼마나 듣기 좋은 말인가? 멋지지 않은가? 스마트하고 일 잘하는 사업가, 고위 공직자, 전문직 종사자가 단박에 떠오른다. '논리'적이며 '분석'적이고 '사실'을 중시하며 '계획'에 따라 움직이는 현실주의자. 그리고 이러한 경향을 이끄는 힘이 바로 'E, 외향성Extraversion'이라는 데 포인트가 있다. 매정한 현실주의자가 아니라 활동적이면서 사교적인 '인간미人間味 넘치는 현실주의자'라는 말이다.

외향성과 인간미는 애초에 다른 말이다. 내향적이어도 얼마든 인간미가 넘칠 수 있으며 외향적이어도 얼마든 냉혈한冷血漢일 수 있다. 그럼에도 무리를 해서 인간미를 강조한 이유는 지피티의 설명에 언급된 '소통'에 있다.

왜 그리 소통이 중요하며 왜 소통이 인간미와 밀접한 관련이 있는가? 인간이 곧 소통이며, 소통이 곧 인간이기 때문이다. 이게 무슨 말장난인가 싶지만 정말이다. 이해가 가지 않는다면 인간의 의미에 대한 클로바의 해석을 한번 들여다보자.

"인간의 한자어인 人間을 해석하여, 인간이란 어떤 의미를 가지는지 알려줘."

CLOVA ☞

인간(人間)은 한자어로, '사람 인(人)'과 '사이 간(間)'이 합쳐진 단어입니다. '사람 인(人)'은 사람의 모습을 본떠 만든 상형문자로, 사람을 의미합니다.

'사이 간(間)'은 '문 사이'를 뜻하는 門(문)과 '태양'을 뜻하는 日(일)이 합쳐진 회의문자로, 태양이 문 사이로 들어오는 것을 의미합니다.

따라서, 인간(人間)은 '사람들 사이'를 의미하며, 다른 사람들과 함께 살아가는 존재라는 뜻을 가지고 있습니다.

인간은 사회적 동물로, 다른 사람들과 상호작용하며 삶을 영위합니다. 인간은 서로 협력하고, 경쟁하며, 서로를 존중하고, 배려하는 등의 사회적 행동을 통해 사회를 유지하고 발전시켜 왔습니다.

인간은 또한 문화를 창조하고, 역사를 발전시켜 온 주체이기도 합니다. 인간은 자신의 생각과 감정을 표현하고, 이를 다른 사람들과 공유하며, 이를 바탕으로 문화를 발전시켜 왔습니다.

인간은 끊임없이 발전하고 진화하는 존재이기도 합니다. 인간은 과학과 기술을 발전시켜, 삶의 질을 향상시키고, 새로운 문명을 창조해 왔습니다.

인간은 이러한 다양한 특징을 가지고 있으며, 인간의 삶을 더욱 풍요롭게 만들어 왔습니다.

인간이란 "다른 사람들과 상호작용하며 삶을 영위"하고 "서로 협력하고, 경쟁하며, 서로를 존중하고, 배려하는 등의 사회적 행동"을 하는 존재다. 이러한 행위를 바탕으로 이토록 고도화된 "사회를 유지하고 발전시켜" 왔다.

'인간적' 행위란, 가장 인간다운 행위란 "막히지 아니하고 잘 통함"을 뜻하는 '소통疏通'의 과정 그 자체이다. 소통에 있어 가장 중요한 요소인 서로를 향한 '존중과 배려'가 없다면 인간 사회의 존립과 발전은 불가능한 일이다. 낮은 자세와 양보의 미덕, 이타심은 필수다.

하지만 신문기사를 보라. 왜 인간은, 이 세상은 서로를 존중하지 않고 배려하지 않는가? 돈 때문에, 쾌락과 욕망 때문에, 뒤틀린 신념 때문에 타인을 증오하고 속이고 해친다. "부자가 되기 위해서는 절대로 타인의 불행이나 실패에 대해 기뻐하거나 악의적인 행동을 하지 말아야 합니다."라고 지피티는 강조했으나 푼돈 몇 푼 벌자고 다른 사람들에게 피해를 끼치는 사람들이 이 세상에는 너무나 많다. 심지어 돌출되다 못해 송곳처럼 뾰족해진 이기심으로 타인의 목숨을 빼앗는 일마저 심심치 않게 발생한다. 자기만 살자고, 자기만 좋자고 타인과의 소통을 거부하는 행위는 반인간적이고 반사회적이다.

한편으로는 소통을 아예 포기해 버리는 사람들도 적지 않다. '돈? 성공? 전부 필요 없으니까 나는 소통 안 하고 살래!' 이런 생각 말이다. 실제로 먹고사는 데 문제만 없다면 집 밖에 안 나오고 평생 유튜브만 보며 살든 SNS와 인터넷 커뮤니티 속에서만 소통을 하고 인맥을 쌓든 문제 될 건 없다. 하지만 그게 거의 불가능한 일이라는 사실을 우리는 잘 알고 있지 않은가(누군가는 인터넷방송으로 돈을 벌면 되지 않겠느냐고 하지만 그쪽 분야도 경쟁은 역시 치열하고 경쟁에서 승리하기 위해서는 당연히 청자와의 원활한 소통이 무기가 될 수밖에 없다).

놀랍도록 발달한 기술 덕에 굳이 '대면'하지 않아도 타인과의 대화나

교감의 시도는 분명 전보다 훨씬 자유로워졌다. 하지만 이는 수단과 과정일 뿐 소통의 완성이 아니다. 오히려 대면의 기회가 점점 줄어들면서 소통의 중요성은 더욱 강조되고 있다. 특히 디지털 기술의 혜택을 온전하게 누린 젊은 세대들에게는 더욱 그렇다. "MZ세대 10명 중 3명은 전화로 통화할 때 긴장, 불안, 두려움을 느끼는 '콜 포비아'를 겪는"[33]다는데 타인과 마주 대하며 의견을 모으고 협력을 구하기는 오죽 어려울까? 소통이 어렵고 무서워 번듯한 사회생활의 기회조차 좀체 얻지 못하는 이들의 미래에 '인간적'인 삶이 보장돼 있을까?

그래서 돈을 벌고 싶다면 소통에 능해야 한다. 다른 동물들이 생존을 위해 행하는 소통 그 이상의, 하루 한 끼 해결하는 문제를 넘어 평생 놀아도 먹고사는 데 지장이 없을 만큼 큰돈을 버는 데 필요한 '인간만의, 가장 인간적인' 무기로서의 소통 말이다.

33 『헬스조선』, 「MZ세대는 통화가 두렵다… '콜 포비아' 극복하려면」, (오상훈 기자, 2023. 10. 31), https://health.chosun.com/site/data/html_dir/2023/10/31/2023103102221.html

27

어떤 MBTI 유형의 사람이 부자가 될 가능성이 가장 높은가? 2

이번에는 제미나이의 차례다.

Gemini ▷

16가지 MBTI 유형 중, 부자가 될 가능성이 가장 높은 유형은 ENTJ입니다. ENTJ는 '외향적(E), 직관형(N), 사고형(T), 판단형(J)'의 특징을 가진 유형으로, 다음과 같은 특징을 가지고 있습니다.

– 외향적으로 다른 사람들과 적극적으로 교류하고 협력하는 것을 선호합니다.

– 직관형으로 추상적이고 창의적인 사고를 좋아합니다.

– 사고형으로 논리적이고 합리적인 판단을 합니다.

– 판단형으로 목표를 설정하고 그 목표를 달성하기 위해 계획을 세우는 것을 좋아합니다.

이러한 특징을 바탕으로, ENTJ는 다음과 같은 경향이 있습니다.

— 리더십을 발휘하여 성공적인 사업을 이끌어냅니다.

— 창의적인 아이디어를 바탕으로 새로운 사업을 시작합니다.

— 논리적이고 합리적인 판단을 통해 위험을 최소화하고 수익을 극대화합니다.

실제로, 세계적인 부호들 중 ENTJ 유형이 많습니다. 예를 들어, 빌 게이츠, 워런 버핏, 마크 저커버그 등이 ENTJ 유형입니다.

그 외에도, ESTJ, ESTP, ENTP 등의 유형도 부자가 될 가능성이 높은 것으로 알려져 있습니다. 이러한 유형은 모두 외향적, 현실적, 목표지향적이라는 공통점을 가지고 있습니다.

제미나이 선생께서는 역시 일말의 망설임도 없이 답변을 주셨다. 그런데 생각보다 클로바의 의견과 많이 유사하다(I 유형들에게는 조금 사태가 심각해지고 있다).

차이는 하나. 어떠한 대상을 인식하고 정보를 취함에 있어 ESTJ는 감각Sensing에 의존하는 반면, ENTJ는 직관iNtuition을 선호한다고 할 수 있다. 감각, 즉 직접 보고 듣고 맛보고 만져서 깨닫는 '경험'을 중시하는 경향이 ESTJ에게 현실주의자 타이틀을 선사했다면, "감각, 경험, 연상, 판단, 추리 따위의 사유 작용을 거치지 아니하고 대상을 직접적으로 파악하는"[34]

34 '직관'의 사전적 의미 중에서.

'직관'에 따라 행동하는 ENTJ는 몽상가 내지는 이상주의자에 가깝다(여기서 이상주의자란 철학적 관점이 아니라 단순하게 경험 중시 현실주의자의 반대말로 봐야 한다).

몽상가? 이상주의자? 어찌 보면 별 성과 없이 헛물이나 켜는 사람으로 보일 수도 있는데 나머지 지표들과의 궁작이 잘 맞는지 생각보다 언론과 대중들 사이에서는 ENTJ가 '뛰어난 리더' 유형으로 인기가 높은 듯하다. 위에서 볼 수 있듯 제미나이의 말만 들어보면 "창의적인 아이디어를 바탕으로" 한 사업으로 돈을 펑펑 벌어들이는 기업가들이 바로 ENTJ다. 언급된 명단만 봐도 화려하다. 빌 게이츠, 워런 버핏, 마크 저커버그 등등.

우리나라의 경우는 어떨까? 리더의 창조적 아이디어가 사업의 성패에 큰 영향력을 발휘하는 스타트업 분야의 경우 실제로 ENTJ 유형이 많다고 한다. 2021년 한 언론에서 실시한 조사에 따르면 스타트업 리더 중에 "'타고난 사업가' '대담한 통솔자'로 알려진 ENTJ형 CEO가 가장 많았다. 이수진 야놀자 대표, 김슬아 마켓컬리 대표, 이승건 토스 대표, 박재욱 쏘카 대표, 정중교 프레시지 대표, 류중희 퓨처플레이 대표, 이동건 마이리얼트립 대표 등 무려 24명이 자신은 ENTJ라고 답했다."[35]

하지만 앞서도 강조했듯 이러한 결과들을 전혀 맹신할 필요가 없다. 위의 기사에 언급된 스타트업 CEO들도 자신들의 MBTI 유형이 계속 바

35 『매일경제』, 「스타트업 CEO 107명 'MBTI' 분석해봤더니… 'ENTJ'가 대세」, (노승욱 기자, 2021. 6. 23), https://www.mk.co.kr/economy/view/2021/608269/

꿔어 왔다고 언급했고 자신의 유형이 계속 변화하는 것을 여러분도 분명 경험했을 것이다. ESTJ든 ENTJ든 부자가 될 생각은 꿈도 꾸지 못한 채 평생을 살아가는 사람들이 허다하고 I(S 혹은 N)FP 중에서도 부자가 된 사람들이 제법 된다.

다만 '한 조직을 이끄는, 비범한 리더'가 부자가 될 가능성이 높다는 사실은 이번 질문과 답변이 아니더라도 우리는 은연중에 알고 있다. 특히 사업가를 꼽을 수 있다. 인공지능들이 소통에 능하고(E), 이성적이면서도(T), 계획의 수립과 달성을 중시하는(J) 리더의 자질'을 가진 사업가들이 부자가 될 가능성이 높다고 한 데에는 분명 이유가 있을 터.

이 책의 시작, 부자란 무엇이냐는 질문에 지피티는 "자신이 원하는 라이프스타일을 즐기며, 경제적 자유를 누리는 사람"이라고 답했다. 몇 번이나 언급되었고 앞으로도 몇 번이나 언급될 예정이고 부자 되는 법에 관한 책들이 하나같이 공통적으로 강조하는 '경제적 자유' 얻어야만 진정한 부자라고 할 수 있다. 분명 매달 남들이 평균적으로 버는 월급보다 훨씬 더 많은 돈을 꼬박꼬박 받고 있음에도 여유가 없는 삶을 살고 있다면 진정 부자라 할 수 있을까? 정작 나보다 별로 하는 일도 없고 아무리 봐도 놀고만 있는데 내 연봉의 몇 배, 몇 십 배를 받아가는 사장이란 작자(?)는 어떻게 부자가 되었는가?

로버트 기요사키의 『부자 아빠 가난한 아빠』에서는 부자 아빠가 몇 번이고 강조했던, 첫 번째 가르침이 나온다.

“가난한 사람들과 중산층은 돈을 위해 일한다. 부자들은 돈이 자신을 위해 일하게 만든다.”

『부자 아빠 가난한 아빠』는 경제적 자유라는 열망을 전 세계에 퍼지게 하고 수많은 모조품을 만들어냈다. 아직까지도 경제적 자유에 대해 떠들어대는 책들 중 적잖은 작품이 『부자 아빠 가난한 아빠』에 나오는 내용들을 말만 조금씩 바꿔가며 앵무새처럼 읊어대는 게 현실이다. 기요사키는 “경제적인 안정을 확보하려면 자신만의 사업을 해야 한다.”고 강조하면서 이 경제적 자유를 창출하는 수단으로 사업, 특히 “내가 하는 사업, 소유자는 나지만 관리나 운영은 다른 사람들이 하고 있”는 사업을 먼저 꼽는다.

직장생활을 하다 보면 누구나 한 번쯤은 꿈꾸게 되는 사장님, 그것도 돈을 펑펑 버는 진짜 사장님. 유능한 사업가가 되기 위해 우리는 어떻게 생각하고 행동하고 노력하여야 하는가? 이 길이 정답이 아닐지라도 분명 연구해 볼 가치는 있다. 로버트 기요사키만이 아니라 부자가 되는 방법을 제시하는 이들이 한 목소리로 “사업을 하라!”라고 외치고 있기 때문이다. 그렇다면 물어보자. 왜 사업이고, 어떻게 사업을 해야 하는지를.

"경쟁은 계속되어야 한다.
하지만 경쟁이 진정으로 어떤 의미인지 또한 배워야 한다.
최고가 되기 위한 고군분투가 경쟁이다.
경쟁 없이는 어떠한 발전도 존재하지 않는다.
그럼에도 어떤 사람들에게는 경쟁이 필요 없다.
바로 선구자들이다."

- 헨리 포드(Henry Ford)

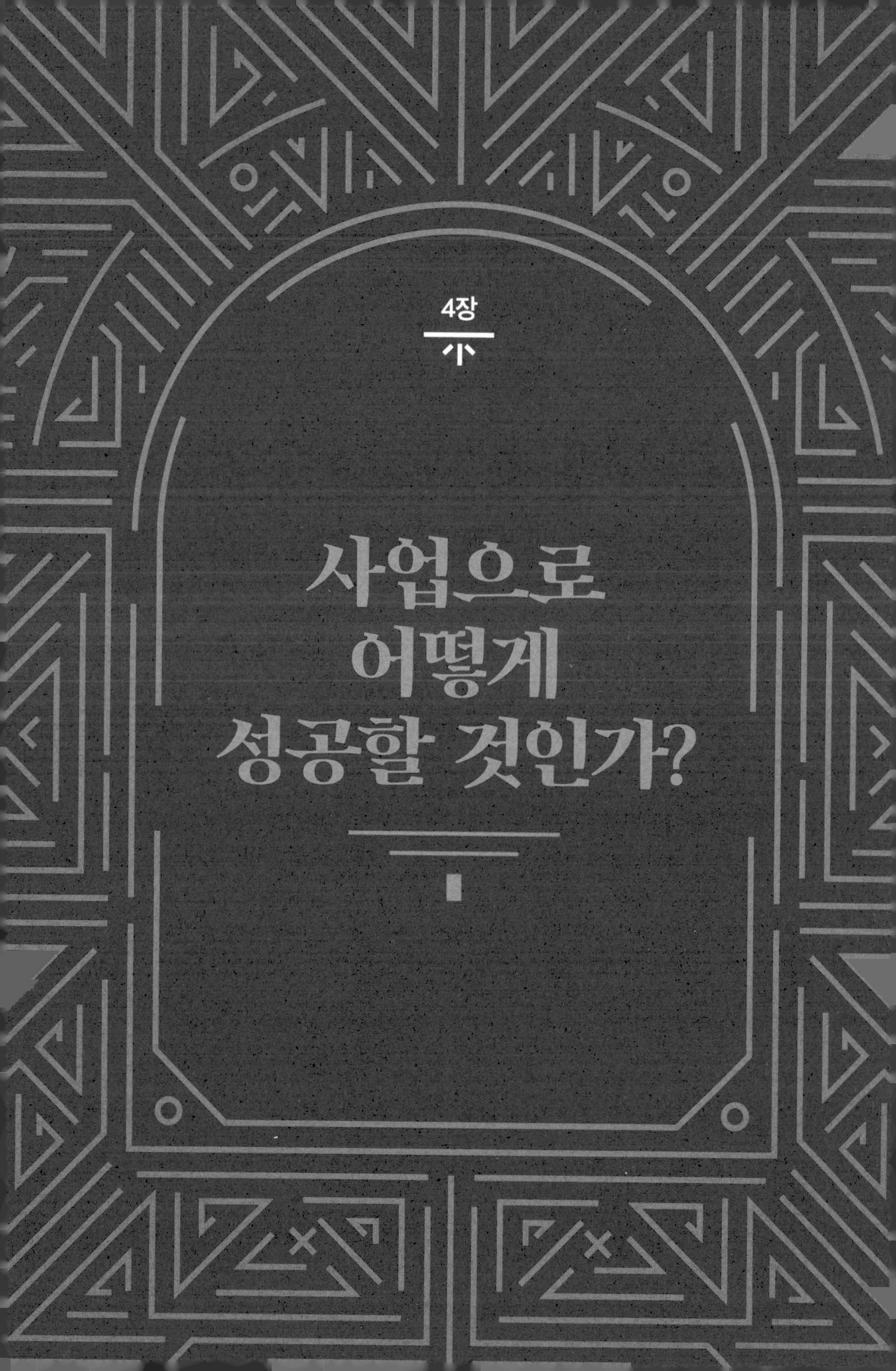

4장

사업으로 어떻게 성공할 것인가?

부자가 되는 것과 사업으로 성공하기의 공통점은?

"아, 나도 사업이나 할까?"

가족, 친구, 직장 동료를 비롯한 지인 중에서 이런 소리를 하는 사람을 본 적이 있지 않은가? 혹은 본인이 이런 소리를 했을 수도 있다. 그러면 대개 돌아오는 답은 비슷하다.

"인생 망하고 싶지 않으면 아서라."

시작도 하기 전에 망할지 모른다는 걱정부터 하는, 누구에게나 기회는 열려 있지만 극소수에게만 성공이 허락되는 영역이 사업이다. 그럼에도 (석유가 펑펑 솟아나는 산유국의 왕들을 제외하고) 이미 세계 최고의 부자로 알려진 이들은 죄다 사업가들이고 부자가 되는 법에 다룬 책들 역시 우선순위로 사업을 제시한다.

그렇다면 인공지능들의 의견도 마찬가지일까? 확정적, 단정적, 궁극적 대답을 기피하는 인공지능의 특성상 두루뭉술하게 '그럴 수도 있고 아닐 수도 있으며 부자가 되려는 이에게 달려 있다'고들 대답한다. 개인적으로는 '부자가 되기 위해 갖추어야 할 10가지 삶의 태도'에 대한 지피티의 답변에 힌트가 있다고 생각한다.

1. 야망Ambition
2. 적극적인 태도Proactive Attitude
3. 긍정적인 마인드셋Positive Mindset
4. 리더십Quality Leadership
5. 금융 지식Financial Literacy
6. 창의성과 혁신성Creativity and Innovation
7. 헌신과 근성Dedication and Perseverance
8. 네트워킹Networking
9. 책임감Responsibility
10. 학습과 지속적인 개발Learning and Continuous Development

부를 쌓는 방식은 크게 세 가지로 나눌 수 있다. 급여를 통장에 차곡차곡 모아두거나, 투자로 돈을 불리거나, 사업으로 이윤을 내는 것이다. 앞에 두 경우는 위 리스트 중에서 몇 개는 갖추지 않더라도 실행이 가능하다. 그런데 사업은 다르다. 사업으로 부자가 되려면, 그 부자라는 상태를 유지하려면 저 삶의 태도들이 거의 대부분 요구된다. 투입되는 시간,

비용 그리고 노력 또한 훨씬 많아야 한다. 홧김에 시작하든 맘먹고 시작하든 리스크가 차원이 다르다. 그럼에도 오늘도 수많은 이들이 사업에 뛰어들고 또 말아먹는 이유는, 하이 리스크 하이 리턴, 사업에 성공하면 '훨씬 빨리, 훨씬 많이 돈을 벌어들일 수 있어서'이다.

출판 일을 하며 지금껏 만나 본 수백 명의 저자들 중에는 소위 부자라는 사람들도 제법 있었다. 그중에는 유독 사업가(혹은 기업 전체나 규모가 큰 조직을 이끌어 본 경험이 있는 은퇴자)가 많았는데 그들은 몇 가지 공통점을 가지고 있었다.

큰돈을 벌겠다든지, 혹은 몸담은 분야에서 최고가 되겠다든지 하는 큰 꿈(야망)을 안고 사업을 시작하였으며, 사업을 발전시켜 나가는 과정에서 실패를 거듭하더라도 절대 포기하지 않았고(긍정적인 마인드셋), 탁월한 끈기(헌신과 근성)를 바탕으로 목표를 성취할 때까지 밀어붙였다(적극적인 태도).

눈에 띄는 특징은 '사람'이었다. 처음에는 혈혈단신이었지만 실력이 뛰어난 조력자들을 끌어모으는 능력(네트워킹)이 출중했으며, 직원이 수십 명 혹은 그 이상으로 불어나더라도 큰 자리가 주는 부담(책임감)을 능히 감수하고 조직을 하나로 아울러 발전시키는 모습(리더십)이 돋보였다.

부자가 된 후에도 명민하게 개인 재산을 더욱 늘렸으며(금융 지식), 수많은 경쟁자들의 틈바구니에서 살아남고 독보적 위치에 오르기 위해 아무리 바빠도 공부(창의성과 혁신성, 학습과 지속적인 개발)를 손에서 놓지 않았다.

물론 처음부터 이러한 능력들을 모두 갖추고 사업을 시작하는 이들은 없다. 스스로를 극단으로 밀어붙이고 한계를 넘어서려는 시도를 거듭하는 과정에서 의식적으로 때로는 무의식적으로 획득한 능력들이다. 그리고 막상 부자가 되었다고는 하나 삶의 여유를 만끽하는 이들은 거의 없었다. 오히려 사업을 하기 전보다 더 바쁘고 더 높은 곳으로 가기 위해 여전히 밤낮없이 뛰고 있었다. '아니, 대체 왜?'라는 의문이 듦과 동시에 '이 정도는 되어야 열정에 대해 논할 수 있겠구나.'라고 수긍하고 말았다.

하지만 그들에게는 히든카드가 있다. 언제든지 일을 그만두고 언제든지 일을 다시 시작할 수 있는 자유. 부자만의 특권. 경제적 자유다. 목적을 이루는 데 갖춰야 할 태도 혹은 요구되는 능력이나 결과물 면에서 이렇게 사업을 통한 성공과 부자가 된다는 것 사이에는 유사한 부분이 꽤 많다. 그렇다면 비즈니스, 즉 사업이라고 특정했을 때 반드시 갖춰야 할 단 하나의 능력은 무엇인가?

사업으로 성공하기 위해서 반드시 필요한 능력은?

사업으로 돈을 많이 벌기 위해 반드시 갖춰야 할 능력은 무엇인가? 제미나이의 답변부터 시작한다.

Gemini ▷

돈도 많이 벌고 성공한 사업가가 되기 위해 꼭 갖춰야 할 능력은 문제 해결 능력입니다.

사업은 항상 새로운 문제에 직면하게 됩니다. 예를 들어, 고객의 요구를 충족시키기 위한 방법을 찾거나, 경쟁에서 우위를 점하기 위한 전략을 수립해야 합니다. 이러한 문제를 해결하기 위해서는 창의적인 사고력과 분석력, 그리고 실행력이 필요합니다.

문제 해결 능력이 뛰어난 사업가는 새로운 기회를 발견하고, 이를 통해 수익을 창출할 수 있습니다. 또한, 위기를 기회로 바꾸어 성공으로 이끌 수 있습니다.

(하략)

제미나이의 말처럼 사업은 위기의 연속이다. 간신히 하나의 문제를 틀어막으면 바로 두 개의 문제가 발생한다. 그 어느 때보다 세상이 빠르게 변화하기 때문이다. 그래서 사업은 불확실성이 크고 변수가 많다. 확률적으로도 극소수의 도전자만이 승자가 되는 게임. 이러한 리스크가 두렵고 감당이 안 된다면 애초에 시도조차 하지 않는 게 좋다.

> "가장 큰 위험은 어떤 위험도 감수하지 않는 것이다. 정말 빠르게 변화하는 세상에서 무조건 실패로 귀결되는 전략은 위험을 감수하지 않는 것이다(The biggest risk is not taking any risk. In a world that is changing really quickly, the only strategy that is guaranteed to fail is not taking risks)."
>
> — 마크 저커버그Mark Zuckerberg

문제는 세상이 기다려주지 않는다는 것. 비단 사업만이 아니다. 가만히 현실에 적응만 하겠다는 마인드를 가졌다가는 직장에서든 어디에서든 순식간에 도태되기 마련이다. 변화와 흐름에 발맞추려는 노력을 하지 않는 행위 자체가 문제다. 제미나이는 문제 해결 능력을 키우기 위한 수단으로 "'창의적'인 사고력과 분석력, 그리고 실행력"을 제시하는데, 이는 클로바의 답변으로 이어진다.

CLOVA ☞

성공한 사업가가 되기 위해서는 다양한 능력이 필요합니다. 하지만 그중에서도 가장 중요한 능력은 창의성입니다.

창의성은 새로운 아이디어를 창출하고, 이를 바탕으로 제품이나 서비스를 개발하는 데 중요한 역할을 합니다. 창의성이 뛰어난 사업가는 기존의 시장에서 새로운 수요를 창출하고, 경쟁자들과 차별화된 제품이나 서비스를 제공할 수 있습니다.

창의성을 키우기 위해서는 다양한 경험을 쌓고, 새로운 지식을 습득하는 것이 중요합니다. 또한, 다른 사람들과 의견을 나누고, 이를 바탕으로 새로운 아이디어를 도출하는 것도 중요합니다.

(하략)

물리학자라고 하면 어떤 이미지가 떠오르는가? 적지 않은 이들이 돋보기안경이 어울리는, 준엄하고 고리타분해 보이는, 유머라고는 모르시는 교수님을 떠올릴 터이다. 그런데 우주를 연구하는 천체물리학자 닐 디그래스 타이슨Neil deGrasse Tyson은 좀, 아니, 많이 다르다. 그는 저명한 학자이자 작가이며, 과학 커뮤니케이터라는 독특한 명함을 가지고 있다.

부자 되는 법 책에 소개될 만큼 대단하냐고 생각할지 모르겠지만 트위터에 1,440만 명이 넘는 팔로워를 거느린 인플루언서(2025년 1월 기준이며 인스타그램은 215만이 넘고 페이스북은 550만이 넘는다)이자, 한 해에 수십억 원씩 벌어들이는 '진짜 부자'다. 숨 막힐 듯한 연구실에서 뛰쳐나와 각종 방송과 SNS를 통해 과학 문화 대중화에 앞장서는 모습은 그 자체만으로도 (과)학자 본연의 모습이라는 틀에서 벗어난 '독창적' 행보라 평가할 수 있다(워낙 솔직하게 발언하는 스타일이라 논란을 일으키기도 하지만 실력만큼은 출중하여 그 유명한 칼 세이건Carl Sagan의 후계자로 불릴 정도다. 명왕성의 행성 지위를 박탈시킨 장본인이기도 하다). 몇 년 전부터 우리나라에서도 많은 학자들이 유튜브에 방송에서 활발하게 활동하고 있는데 바로 타이슨이 선구자라 할 수 있다. 그는 창의성에 대해 다음과 같이 이야기한다.

> "가장 창의적인 사람들은 그들 앞에 야기된 가장 큰 문제들로부터 동기부여를 받는다(The most creative people are motivated by the grandest of problems that are presented before them)."
>
> — 닐 디그래스 타이슨Neil deGrasse Tyson

사업을 할 때는 예상치 못한 수많은 변수變數와 맞닥뜨린다. 그 변수들은 대개 골치 아픈 문제를 불러일으킨다. 하지만 더 큰 문제는 변수가 아닌 상수常數다. 바로 '필연적 경쟁'이라는 상수. 그 경쟁에서 승리하기 위해 꼭 필요한 능력이 창의성이다. 늘 기발한 아이디어를 창출하고 다양한 관점에서 시장을 분석하고 새로운 제품이나 서비스를 개발하여 경쟁에서 승리할 확률을 높여야만 한다.

그런데 막상 사업을 시작해 놓고서는 이 경쟁 자체를 회피하려는 이들이 적지 않다. 안 그래도 이것저것 신경 쓸 게 많고 지치는데 경쟁자들 목록을 살피고 승리할 방안을 만들어내라니? 도저히 그 부담과 압박을 이겨낼 자신이 없어 내가 갈 길만 가겠단다. 저커버그 말대로 아무것도 하지 않는 게 가장 위험하다면 경쟁에서 승리하기 위해 아무것도 하지 않는 것은 곧 패배 선언을 의미한다. 죽이 되든 밥이 되든 우선 나서서 부딪쳐 보는 게 순리. 경쟁이라는 가장 큰 문제에서 동기부여를 얻고, 승자가 되기 위해 노력하는 과정에서 자연스럽게 창의력은 발생하고 발휘된다고 할 수 있다.

클로바 또한 "창의성을 키우기 위해서는 다양한 경험을 쌓고, 새로운 지식을 습득하는 것이 중요"하다고 이야기했다. 경쟁을 비롯하여 다양한 문제들에 대해 막연한 생각이나 단순한 고민만 하고 있을 게 아니라, 몸소 해결 노하우를 체득하고 새로운 문제가 속속 발생하는 환경에 발 빠르게 적응해야 한다는 것으로 해석할 수 있다. 이는 뒤에 이어질 지피티의 답변과 일맥상통하는 면이 있다.

ChatGPT ▶

지속적인 학습과 적응 능력:

돈을 많이 벌고 성공한 사업가가 되기 위해서는 지속적인 학습과 빠르게 변화하는 비즈니스 환경에 대한 적응 능력이 필요합니다. 산업, 기술, 경제 등 여러 측면에서의 변화는 빠르게 일어나고 있습니다. 새로운 트렌드를 파악하고, 기술의 발전을 이해하며, 시장의 동향을 예측하는 능력은 핵심적입니다.

지속적인 학습은 자기계발의 일환으로, 독서, 교육, 경험 등을 통해 지식을 확장하고 새로운 아이디어를 습득하는 것을 의미합니다. 또한, 변화에 빠르게 대응할 수 있는 적응 능력은 새로운 환경에서도 성공적으로 경영할 수 있는 데 중요합니다. 적응 능력은 현재의 비즈니스 전략을 바로잡거나 새로운 기회를 최대한 활용하는 데 도움이 됩니다.

지속적인 학습과 적응 능력이 있으면 새로운 아이디어를 발견하고, 변화하는 환경에서도 성공적으로 사업을 이끌어 나갈 수 있을 것입니다.

클로바가 창의성을 키우는 데 필요하다고 한 "다양한 경험"과 "새로운 지식"은 지피티가 이야기한 "지속적인 학습"과 유사해 보인다. 이렇게 "독서, 교육, 경험 등을 통해 지식을 확장하고 새로운 아이디어를 습득"함과 동시에 "새로운 환경에서도 성공적으로 경영할 수 있는 데 중요"한 "적응 능력"을 키워야만 사업가로서 성공할 수 있다는 게 지피티의 의견이다.

세 가지 인공지능의 의견을 종합하자면 대략 다음과 같다.

- 현대사회는 아주 빠르게 변화함
- 경쟁을 비롯하여 새로운 문제가 발생
- 문제 해결을 위해서 창의성을 발휘함
- 창의성을 키우기 위해 지속적으로 학습

'사업할 때 발생하는 여러 문제들의 해결을 위해, 지속적인 학습을 바탕으로 창의성을 키워라' 정도로 요약할 수 있겠다.

사업을 할 때 필요한 능력이 무엇인지는 대략 파악이 된다. 뭐 사실 정리만 했을 뿐이지, 조금이라도 공부를 해 본 사람이라면 다들 알고 있는 사항들이 아닌가? 물론 머리로는 이해하는데 막상 해 보면 잘 안 돼서 문제일 뿐. 운이 좋아 잠깐 사업이 잘되어 깜짝 놀란 만한 성과를 얻었더라도 언제 그랬냐는 듯 금세 제자리로 돌아가거나 오히려 손해를 보는 케이스는 널리고 널렸다. 앞서 펫 록의 사례에서 확인한 것처럼 말이다.

어떤 사람들은 아무리 봐도 사업이랑은 전혀 어울려 보이지 않음에도 사업에 도전했다가 큰 낭패를 본다. 누구에게나 사업에 도전했다가 시원하게 말아먹은 사례가 주변에 있을 것이다. 성공하려면 어떻게 해야 하는지 알지만 절대로 생각대로 되지 않는 사업. 어쩌면 절대로 사업에 손을 못 대게 해야 할 사람들도 존재할 것이다. 인공지능조차 뜯어말리는, 사업하면 안 되는 사람들은 어떤 이들일까?

체크리스트, “나는 사업을 하면 안 되는 사람일까?”

평범한 사람이 갑자기 사업을 한다고 하면 주변의 반응은 보통 둘로 나뉜다.

“아, 그래? 너라면 할 수 있을 거야. 한번 잘해 봐!”

라는 격려 담뿍 담긴 긍정적 답변이거나

“사업? 네가 무슨 사업을 해. 그냥 하던 거나 잘해!”

라는 핀잔 가득한 부정적 답변일 것이다.

대다수의 사람들이 사업을 한다고 고백을 했다가 들었을 답변은, 강도의 차이는 있겠지만 후자에 가깝다. 그만큼 힘들고, 경쟁도 치열하고, 성공할 확률이 낮기 때문이다. 상대방의 입장에서는 걱정이 앞설 수밖에 없기에 으레 부정적 의견이 뒤따른다.

그런데 만일 그 상대방이 나에 대해 아주 잘 아는 사람이라면, 실제로 내가 사업을 할 역량이 모자라다고 판단하고 솔직하게 의견을 전했다고도 할 수 있다. 나름 굳은 각오로 사업을 시작하겠다는데 그런 소리를 들으면 몹시 자존심이 상할 테지만, 분명 귀 기울여 볼 필요는 있다. 성공을 보장하는 건 자존심이 아니다. 바로 치밀한 준비다.

아마 독자들 중에도 이미 사업을 하고 있거나, 했었거나, 할 예정인 사람이 한 트럭일 테고, 또 그중에는 사업을 하면 백전백패할 사람 역시 한 트럭일 테다. 지금 진행하는 사업이 뭔가 잘 안 되고 있다면, 이제 막 시작할 참인데 주변에서는 부정적 의견만 내놓고 당사자 역시 내심 불안에 떨고 있다면, 냉철하게 스스로를 평가해 볼 필요가 있다. 과연 나는 사업을 할 준비가 돼 있는지, 아니면 (아직은) 절대로 사업을 하면 안 되는 사람인지를 말이다.

다행히도 다른 사람의 의견 때문에 맘 상할 필요 없이, 인공지능한테 물어보면 되는 세상이 왔다. 다음은 지피티가 만든 체크리스트다. 리스트에는 '사업을 하면 큰 손해를 보기 때문에 사업을 해서는 안 되는 사람들의 특성'들이 담겨 있다. 관심이 있다면 질문에 대한 YES or NO를 확인하여 체크해 보자. 체크가 늘어나면 늘어날수록 당신은 사업을 하면 안 되는 사람에 가까워진다.[36]

36 전체 리스트는 지피티가 작성하였으나 Yes 혹은 No 여부 확인 관련 괄호는 저자가 추가한 것이다.

ChatGPT ▶

아래는 사업을 하면 큰 손해를 볼 수 있는 사람들의 특성에 대한 체크리스트입니다. 이 체크리스트를 통해 자신의 상황을 평가하고 사업을 시작하기 전에 필요한 조치를 취할 수 있습니다.

1. 급한 이익 추구자:

 □ 나는 빠른 돈벌이만을 목표로 하는가? (Yes면 체크)

 □ 장기적인 비전 및 계획이 부족한가? (Yes면 체크)

2. 계획 없이 시작하는 사람:

 □ 사업에 대한 충분한 조사와 계획이 이루어졌는가? (No면 체크)

 □ 비즈니스 모델 및 전략이 명확한가? (No면 체크)

3. 자금 관리 미숙자:

 □ 자금 흐름에 대한 계획 및 예산이 수립되었는가? (No면 체크)

 □ 급박한 자금 부족 시나리오에 대비한 비상 계획이 있는가? (No면 체크)

4. 비현실적인 기대를 가진 사람:

 □ 목표 및 기대치가 현실적이며 실현 가능한가? (No면 체크)

 □ 위험 요소에 대한 계획이 수립되었는가? (No면 체크)

5. 팀원과의 불화를 일으키는 사람:

 □ 효과적인 팀 빌딩 및 소통 능력이 있는가? (No면 체크)

 □ 팀원들과의 관계를 중시하고 유지할 의지가 있는가? (No면 체크)

6. 학습과 적응 불가능한 사람:

□ 변화에 대한 학습 및 적응 능력이 있는가? (No면 체크)

□ 시장 동향을 지속적으로 모니터링하고 적응할 의지가 있는가? (No면 체크)

7.포기하기 쉬운 성향:

□ 어려움에 부딪혔을 때 쉽게 포기하는 경향이 있는가? (Yes면 체크)

□ 문제에 대한 해결책을 찾고, 인내심을 가지고 문제에 대응할 수 있는가? (No면 체크)

8. 자기투자 부족:

□ 개인적으로 성장하고 발전하기 위해 자기투자를 소홀히 하는 경향이 있는가? (Yes면 체크)

□ 계속해서 실력 향상 및 전문성 강화에 투자할 의지가 있는가? (No면 체크)

이러한 항목들을 체크하여 자신의 상황을 신중하게 평가하면, 사업을 시작하면서 발생할 수 있는 위험을 줄일 수 있습니다. 필요하다면 전문가의 조언을 듣고, 부족한 부분을 보완하며 출발하는 것이 중요합니다.

세상에 절대적인 기준은 없다. 이 체크리스트는 말 그대로 참고자료일 뿐이다. 여기저기 체크가 많이 되었더라도 좌절할 까닭은 없다. 다만 사업을 포함하여 그 어떤 프로젝트가 되었든, 내가 지닌 약점이 무엇인지 알고 시작하는 것과 아닌 것 사이에는 큰 차이가 있다. 그 약점을 개선하려는 의지와 노력이 부족하면 운 좋게 부자가 되었더라도 펫 록으로 끝이 나고, 결국 보완에 성공한다면 다마고치가 된다.

나는 이 지점이 우리가 사업을 할 때, 부자가 되기 위해 노력할 때 인공지능을 활용하는 노하우 중 부분 중 하나라고 생각한다. 계속 실패가 거듭된다면 솔직하고 자세하게 상황을 설명하여 인공지능에게 문제점을 파악하게 하는 것이다. 반대로 나의 강점은 무엇이며 그 강점을 어떻게 하면 십분 살릴 수 있는지 역시 인공지능과 문답을 주고받는 과정을 통해, 정답까지는 아니어도 적어도 '힌트'는 얻을 수 있지 않을까 생각한다.

이번에는 조금 더 구체적인 사례를 제시하고 인공지능에게 조언을 구하려 한다. 호기롭게 사업에 나섰다가 위기를 겪은 지인의 실제 사례를 들려주고 무엇이 문제였는지를 파악해 보자.

정말 열심히 했음에도 사업에 실패하는 이유는 무엇인가?

Q: 다음은 어떠한 사람이 겪은 일을 적은 것이다. 이 사람은 부자가 되기 위해 회사에 다니면서 사업에 도전했는데 결국 실패하고 말았다. 무엇이 문제였는지 지적을 해주고, 이 사람이 다시 새로운 도전에 나서기 위해 어떠한 점을 개선하고 어떤 능력을 갖춰야 하는지 알려줘.

"나는 대학교를 졸업하자마자 중견 유통기업에서 영업사원으로 일해왔다. 평균 연봉은 세금을 포함하여 3,500만 원 정도였다. 하지만 이렇게 해서는 부자가 될 수 없다는 걱정이 들어 사업에 도전하기로 마음을 먹고 실제로 시도했다.

5년 전인 2018년 5월, 내가 사는 집 근처에 작은 프라이드치킨 가게를 차렸다. 회사는 계속 다니면서 나와 뜻이 맞는 친구와 자본금 5,000만 원을 모아 차린 가게였다. 유명한 프랜차이즈 업체의 가게는 아니었지만 초반에는 제법 사업이 잘되었다. 여름에는 맥주를 찾는 손님들이 몰려들었다. 첫 6개월간 나는 월급보다 많은 돈을 벌 수 있었다. 하지만 겨울이 되니 문제가 생겼다. 손님이 많이 줄었고, 같이 사업을 하는 친구와 트러블이 생겼다. 나는 회사를 다니면서 가게에 나오는 상황이었고, 그 친구는 가게에만 나오기 때문에 나보다 2, 3시간 일찍 나와 장사를 준비했다. 그러한 까닭에 나와 똑같이 수익을 나누는 것에 불만이 많았고 두세 차례 커다란 다툼이 있었다. 서로 갈라서기로 했지만 그 친구는 자신이 지금껏 더 일을 많이 했기 때문에 초기 투자비보다 더 많은 돈을 돌려줘야 한다고 강력하게 주장했고 결국 나는 그 요구를 들어주고 말았다.

비록 혼자가 되었지만 나름대로의 노하우도 쌓였겠다, 나는 가게를 유지하기 위해 추가 대출을 받아 보증금을 충당하였고 직원을 채용하게 되었다. 전만큼은 아니어도 한 달에 200만 원 정도만 더 벌 수 있다면 충분하다고 생각했다. 하지만 새로 온 직원에게 월급을 주고 나니 생각만큼 수익이 크지 않았다. 또한 그 직원은 일이 너무 서툴러 장사에 피해를 끼치는 일이 많았다. 다시 새로운 직원을 구했으나 이러한 일이 여러 번 반복되었다.

무언가 터닝포인트가 필요하다고 생각하여 더 자리가 좋고 넓은 매장으로 옮기게 되었다. 사촌형에게 일을 도와달라고 하고 직원도 2명 두게 되었다. 가게를 옮기며 '이번이 마지막이다.'라는 절박한 심정으로 대출을 하게 되어 걱정이 컸지만 바로 지하철역 앞에 위치한 가게라 조만간

만회할 수 있을 거라 생각했다.

그런데 막 문을 연 시점에서 코로나19 사태가 발생했다. 배달을 제외하고는 전혀 매출을 올릴 수 없었다. 머지않아 코로나19 사태가 끝날 거라는 생각에 계속 버텼으나 쉽지 않았다. 회사에서 버는 월급을 가게 유지비용에 쏟아부었으나 역부족이었고 다시 대출을 받았다. 그렇게 2년간 비슷한 상황이 지속되었으나 결국 문을 닫아야만 했고 이미 빚만 8,000만 원 정도 남은 상황이다. 회사에 다니고는 있지만 대출 이자와 원금을 갚느라 남는 게 없고 너무 힘이 든다."

ChatGPT ▶

이 사람이 겪은 일을 살펴보면 몇 가지 문제점이 도드라지게 나타납니다. 다음은 이 사람이 실패한 이유와 개선해야 할 점에 대한 지적입니다.

1. 비효율적인 파트너십 및 경영 구조:

   초기에 사업을 시작할 때, 사업 파트너와의 의사소통 및 역할 분담이 명확하지 않았습니다. 사업 도중 파트너와의 갈등으로 사업이 어려움을 겪었습니다. 파트너 선택 시 신중하게 검토하고, 합의된 역할 분담과 의사소통 체계를 마련해야 합니다.

2. 인력 관리와 교육의 부족:

   새로운 직원 채용 시에 훈련 및 교육이 충분하지 않았습니다. 서툴러서 장사에 피해를 끼치는 직원이 여러 번 나타나면서 사업에 부정적인 영향을 미쳤습니다. 적절한 교육 및 훈련 프로그램을 도입하여 직원의 능력을 향상시키고, 업무 효율성을 높여야 합니다.

3. 금융 계획 및 위험 관리의 부족:

   대출을 통한 자금 조달은 재무 상태를 개선하기 위한 일시적인 해결책일 뿐이었습니다. 예상치 못한 상황(코로나19)에 대한 대비가 부족하여 사업에 큰 타격을 받았습니다. 적절한 금융 계획 및 위험 관리 전략을 수립하여 예상치 못한 상황에 대비해야 합니다.

4. 적절한 타이밍의 결정:

   사업을 확장하고 가게를 옮긴 결정이 코로나19와 같은 예상치 못한 사태로 인해 뒤집히게 되었습니다. 사업 확장이나 변화를 고려할 때에는 시장 동향과 예상치 못한 리스크를 신중하게 평가해야 합니다.

5. 다양한 수익원의 부재:

   사업이 특정 시기나 환경에 의존하고 있었습니다. 다양한 수익원을 개발하지 않아 취약했습니다. 예를 들어, 배달 서비스나 온라인 판매 등 다양한 수익 모델을 고려하여 사업을 다각화해야 합니다.

(하략)

질문이 장황해서인가 대답도 꽤 장황한 편이었다(뒷부분은 '부족한 ○○을 보완하고 강화하라'와 같은 내용이라 삭제). '뭐, 평범한 수준의 분석인데?'라는 생각이 드는 이가 있다면, 비슷한 작업을 직접 해보기를 권한다. 자신의 실패 사례를 솔직하고 정확하게 나열하고 한번 객관적으로 분석해 보면 절대 쉽지 않은 작업임을 깨닫게 될 것이다.

사람들이 가장 많이 하는 착각 중 하나가 '나는 나에 대해 잘 알고 있다.'다. '나도 알아, 내 약점이 뭔지.' '그거? 조금만 노력하면 얼마든 극복할 수 있어.' '봐라, 내가 조만간 멋지게 극복하고 성공을 거머쥘 테니깐 말이야.'라는 식이다.

그렇다면 나 자신에 대해 그렇게 잘 알고 있는데, 왜 내가 간절히 원하는 목표가 눈앞에 어른거리는데 여전히 제자리걸음인가? 시간은 계속 가고 있는데 왜 전혀 소기의 성과를 보여주지 못하고 있는가? 이러한 질문 앞에서 왜 나는 우물쭈물하며 아무런 답도 못하는가? 실패가 거듭되는 이유는 자명하다. 내가 어떤 사람인지 잘 안다고 자부하지만 사실은 아전인수 격으로 멋대로 스스로를 해석하거나 아예 모르고 있을 가능성이 크다.

소크라테스는 "자기가 알지도 못하는 것을 안다고 생각하는 것이야말로 가장 비난받아야 할 무지[37]"라고 했다. 단순하게 과제나 업무를 인공지능에 맡기는 것도 일상을 편하게 만드는 방법이겠지만, 부자라는 궁극의 목표를 달성하고자 한다면 '삶은 불편한 질문을 던지고 힘겹게 답을 구하는 과정의 연속'이어야 한다.

2,500년 가까운 과거, 소크라테스는 산파술[38]을 통해 대중의 무지를

37 『소크라테스의 변명』(현대지성, 2019년 출간)에서 인용.

38 소크라테스의 진리 탐구 방법. 상대편에게 '질문'을 던져 스스로 무지(無知)를 깨닫게 함으로써 사물에 대한 올바른 개념에 도달하게 하는 방법이다(표준국어대사전에서 인용).

깨우치고 진리에 다가서고자 노력했다. 플라톤과 같은 제자들은 그러한 가르침을 토대로 서양 사회의 철학적 근간을 만들어 내었고, 이는 우리가 살아가는 현대사회로까지 이어졌다.

이제 소크라테스는 없지만, 지금 우리에게는 인공지능이 있다. 진리까지는 아니어도 현대사회를 살아가면서 어떠한 목표를 이루기 위해 꼭 알아야 할 정답 혹은 해결책이 있다면, 인공지능은 충분히 문답을 주고받을 만한 파트너가 되어 줄 수 있다. 묻고 답을 구하고, 그렇게 한 걸음씩 무지를 깨우치는 여정을 이어나가다 보면 어느덧 나는 부자가 되어 있을지도 모른다.

중요한 점은 걸음을 멈추지 않는 것. 그렇다면 이어서 물어보자. 지피티가 내놓은 첫 번째 사업 실패 요인. "비효율적 파트너십"이라고 명명된 '잘못된 만남'. 사업을 할 때 '동업'을 해야만 한다면, 실패하지 않기 위해 어떠한 요소를 반드시 고려하고 또 되새겨야 하는가?

32

'동업'을 할 때는 어떠한 점을 반드시 명심해야 하는가?

한 번도 경험해 본 적이 없는 입장에서 사업은 미지의 영역이다. 책이나 영상을 통해 공부를 했든 회사생활을 하며 곁눈질로 배웠든 가업으로 물려받았든, 경험이 일천하다면 조금이라도 걱정이 들 수밖에 없다. 그래서 자신과 입장과 목표가 비슷하고 친하고 죽이 잘 맞는 파트너의 존재는 더없이 든든하다.

'백지장도 맞들면 낫다고 그 어렵다는 사업, 함께 힘을 합치면 당연히 혼자일 때보다 더 수월하게 이끌 수 있을 거야.' 이러한 기대와 함께 많은 이들이, 특히 처음 사업을 시도하는 이들이 동업을 선택한다. 그렇게 돈도 잃고 사람도 잃는다.

사업을 망치고 떠난 그 동업자만 생각하면 저절로 욕이 튀어나온다. 그런데 자신의 잘못은 없는가? 동업을 선택한 사람도, 사업 파트너로 그 동업자를 택한 사람도, 동업자 때문에 문제가 생겼을 때 슬기롭게 해결하지 못한 사람도 자신이다. 어쩌면 그 문제란 상대방이 아니라 자기 자신한테 더 많았을지도 모른다. 사업 실패에 대한 책임 소지素地 공방은 우선 미뤄두고 왜 생각과 달리 동업은 십중팔구 실패하는가?

CLOVA

동업에 실패하는 가장 큰 이유는 돈 문제입니다. 돈 문제는 동업에서 가장 민감한 문제 중 하나입니다. 초기 자본금을 어떻게 분배할 것인지, 수익을 어떻게 나눌 것인지, 비용을 어떻게 부담할 것인지 등에 대한 명확한 기준이 없으면 갈등이 발생할 수 있습니다.

돈을 많이 벌기 위해 힘을 합쳐 사업을 시작했건만, 얼마 안 되는 돈 때문에 친밀했던 관계가 완전히 틀어지는 일이 많다. 정말 액수를 입에 담기조차 민망한 푼돈 때문에 하루아침에 갈라서는 이들도 있다. 사업 초기에야 그 정도 액수 혹은 그에 상응하는 노동력은 내가 부담해도 그만 상대가 부담해도 그만이었지만 혹여나 일이 지지부진할 경우 문제가 생긴다. 여러 가지 불만들이 서로에게 점점 쌓여가고 결국 그 푼돈이 도화선이 되어 갈등이 폭발한다.

반대로 사업이 너무 잘돼서 문제가 발생하기도 한다. 각각의 지분과 수익의 배분 때문에 감정이 상하곤 한다. 아예 한쪽이 사기나 횡령, 배임과 같은 범죄를 일으켜 회사가 좌초하는 사례도 심심치 않게 볼 수 있다. 차라리 혼자서 하는 게 속은 편하겠으나, 동업은 분명 간단히 포기에는 장점도 많고 매력적인 운영 시스템이다. 불가피하게 동업자가 필요한 상황이 발생하기도 한다. 그렇다면 애초에 동업을 수월하게 이끌기 위한 만반의 준비가 필요하다. 이전 에피소드의 연장선상으로 지피티에게 "사업을 처음 해 보려는 사람이 동업을 하고자 할 때 어떠한 점을 유의해야 하고 명심해야 하는가?"라고 물어보았다.

ChatGPT ▶

동업은 많은 장점을 제공할 수 있지만 동시에 잠재적인 위험과 문제를 내포하고 있습니다. 아래는 사업을 처음 시작하는 사람이 동업을 고려할 때 유의해야 할 몇 가지 중요한 점들입니다.

1. 상호 이해와 명확한 의사소통:

· 동업 파트너 간의 목표와 기대치를 명확히 이해하고, 이를 토대로 상호 동의된 계획을 수립해야 합니다. 어떤 일이든 의사소통은 항상 열린 상태를 유지해야 합니다.

2. 역할 및 책임 분담:

· 각 동업 파트너의 역할과 책임을 명확히 정의해야 합니다. 모호한 역할 분담은 나중에 갈등을 일으킬 수 있습니다.

3. 파트너 선택의 중요성:

· 파트너를 선택할 때는 신중하게 검토해야 합니다. 서로의 강점과 약점을 이해

하고, 비즈니스 비전 및 가치관이 일치하는 파트너를 찾아야 합니다.

4. 전문성과 경험:

· 동업 파트너가 각자의 분야에서 전문성과 경험이 있는지 확인해야 합니다. 상호 보완적인 역량은 사업 성공에 도움이 됩니다.

5. 금전적 측면 고려:

· 자금 조달 및 이익 분배 방식에 대한 합의가 필요합니다. 돈에 관한 이슈가 명확하지 않으면 향후 문제의 원인이 될 수 있습니다.

6. 갈등 해결 전략 마련:

· 갈등이 발생했을 때를 대비하여 갈등 해결 전략을 마련해야 합니다. 외부 전문가나 중재인을 활용하는 방안도 고려해 볼 수 있습니다.

7. 계약서 작성:

· 모든 합의사항과 상호 의무사항을 명시한 계약서를 작성해야 합니다. 이는 갈등 방지와 법적 보호를 위해 중요합니다.

8. 정기적인 평가와 수정:

· 사업이 진행되는 동안 정기적으로 파트너십을 평가하고 필요한 경우 전략이나 계획을 수정해야 합니다.

9. 비즈니스 비전의 일치:

· 동업 파트너 간의 비즈니스 비전이 일치해야 합니다. 미래의 목표와 방향성에 대한 공감이 있어야 성공적으로 협력할 수 있습니다.

이러한 지침들을 따르면 동업 파트너와의 협력이 원활하게 이루어질 가능성이 높아지며, 잠재적인 갈등이나 문제를 최소화할 수 있습니다.

몇 가지라고 하고선 9가지나 알려줘서 좀 당황스럽기는 하지만 찬찬히 살펴보면 전부 맞는 말이다. 앞서 '사업에 적합한 유형의 사람인가?'라는 체크리스트를 만들었던 것처럼 이러한 질문과 답변을 동업을 할 때 하나의 참고자료로 활용할 수 있다. 회사를 다니면서 치킨 가게를 차렸다가 큰 손해를 본 지인의 사례를 대입해 보면 시작부터 틀려먹었다는 것을 알 수 있다.

"회사는 계속 다니면서 나와 뜻이 맞는 친구와 자본금 5,000만 원을 모아 차린 가게였다."

"뜻이 맞는 친구". 언뜻 보면 참으로 그럴 듯한 단어다. 그런데 착각하지 말아야 할 점이 있다. '친하다'와 '원활한 소통'은 다른 의미다. 특히 관계가 비즈니스 영역으로 넘어간다면 친교親交는 강점이 될 수도 있지만 치명적인 약점이 될 수도 있다. "비즈니스 파트너니깐, 이 정도까지도 명확하게 처리하자."라는 의사소통 대신 '친한 친구니깐, 이 정도는 괜찮겠지.'라는 안일한 생각이 불통을 불러온다.

'비즈니스 언어에 기반을 둔 소통'으로 뜻을 맞춰야 하는데 이미 뜻이 통하고 있다는 착각으로 인해 "파트너 간의 목표와 기대치를 명확히 이해"하는 과정이 없었고, 마인드 측면에서도 "열린 상태를 유지"하지 못했다. "모호한 역할 분담"이 발단이 되어 갈등이 발생했음에도 "해결 전략"도 "중재자"도 준비돼 있지 않았다. 업무에 대한 불만이 위기를 불러왔다고는 하나 따지고 보면 "자금 조달 및 이익 분배 방식에 대한 합의"의 부재가 더 큰 원인이었다. "전문성과 경험"도 없으면서 그저 서로 친하다는 이유로, "비즈니스 비전의 일치"가 아니라 돈을 많이 벌자는 막연한 생각의 일치로 동업을 시작했지만 결과는 뻔했다. 당연히 "정기적인 평가와 수정"은커녕 "그 흔한 계약서" 한 장 작성하지 않았다. 애초에 "파트너 선택"부터 잘못이었다.

이쯤에서 뭔가 깨달음을 얻어 추후 개선된 방식으로 사업을 진행해야 했지만 변화는 없었다. 더 큰 리스크를 감수하면서까지 사업을 확장했지만 다시 '사촌형'이라는 친숙한 인물을 (대등한 위치는 아니라고 해도) 파트너로 끌어들였다. 많은 이들이 이러한 우愚를 반복하는 이유는 무엇인가?

이는 '편하게 사업을 해 보겠다는 요량'이 심리에 깔려 있어서이다. 좀 더 '편하게' 일하고자 동업은 하고 싶은데 익숙하지 않은 관계라는 '불편함'은 덜고 싶다는 계산이다. 굳이 복잡하게 합의하지 않아도 친교에서 비롯되는 암묵적 이해에 대한 기대 심리도 있다. 하지만 사업으로 맺어진 관계의 울타리는 친목회가 아니다. 그리고 이 세상에는 '편하게 큰돈을 버는 방법'이란 존재하지 않는다.

회사를 다니면서까지 투잡으로 죽을힘을 다해 노력했다고 항변할 수 있겠으나 사업의 완성은 그 정도로는 모자라다. 부자가 되겠다는 목적의식과 열정은 100%였을지 모르나 동업에 대한 사전 공부는 부족했기 때문이다.

중요한 일을 할 때에는 진행 상황을 객관적으로 평가해 줄 수 있는 이의 존재는 더없이 든든하다. 무엇이 부족하고 무엇이 과한지 짚어 주는, 갈림길에서는 어떠한 선택을 하면 좋을지 조언을 해 주는 이의 존재만으로도 두려움은 줄어들고 어깨는 한결 가벼워 질 것이다. 그 어렵고 불편함의 연속이라는 사업이라면 더욱 그렇다. 물론 그만큼 실력 있는 멘토를 구하기란 하늘의 별 따기다. 그렇지만 이제 우리에게는 지피티와 그 친구들이 있지 않은가. 가족이나 진짜 친한 친구에게조차 말 못 할 상황과 고민조차 가만히 들어주는, 어떠한 난관이 닥치더라도 갈 길을 알려주는 인공지능이라는 멘토가 말이다.

직원을 구할 때에는 어떠한 점을 숙고해야 하는가?

앞서 다룬 지인의 사례에서는 동업자만이 문제가 아니었다. 미숙하다 못해 피해까지 끼치는 직원도 말썽이었다. 사실 사업을 해 본 사람들은 다 알겠지만 좋은 직원 구하기가 그렇게 쉬운 일이 아니다.

1인 사업을 하든 동업을 하든 회사가 계속 유지된다면 언젠가 직원을 채용해야 할 날이 온다. 다만 나름대로 이력서를 꼼꼼하게 살펴보고 매의 눈으로 면접을 진행하지만 단번에 맘에 드는, 능력도 갖춘 직원이 선택되는 일은 드물다. 오히려 직원 때문에 속을 썩는 사람들이 허다하다.

2021년 발생한 '오스템임플란트 횡령 사태'[39]는 한 명의 직원이 회사

39 자본금의 100%가 넘는, 무려 2,200억 원 이상의 금액을 한 명의 직원이 빼돌린 초유의 사건이다.

를 어디까지 망가뜨릴 수 있는가를 잘 보여준 사례다. 하물며 그렇게 커다란 기업도 휘청거리는데 자영업을 비롯한 소규모 사업의 경우는 더더욱 인사人事가 만사萬事다.

그렇다면 사장 포함 구성원이 두세 명 이하 정도의 작은 회사에서 새로운 직원을 채용할 때 어떠한 부분에 주안점을 두어야 할까?

ChatGPT ▶

소규모 회사에서 새로운 직원을 채용할 때 주의해야 할 주요한 점은 다음과 같습니다.

1. 문화 적합성과 팀 환경:

   이유: 소규모 회사에서는 팀 간의 조화와 원활한 협업이 더욱 중요합니다. 신입 직원은 회사 문화에 잘 적응하고 팀원들과의 관계를 원활히 형성할 수 있어야 합니다.

   주안점: 지원자의 가치관, 업무 스타일, 팀워크 능력 등을 면접에서 주의 깊게 평가하고, 팀과의 화합성을 고려합니다.

2. 다양한 역할 수행 능력:

   이유: 소규모 회사에서는 직원들이 다양한 역할을 수행하는 것이 일반적입니다. 다양한 업무에 능동적으로 대응할 수 있는 지원자를 선호해야 합니다.

   주안점: 이전 경험 중에서 다양한 업무를 수행하거나, 적응력이 뛰어난 지원자를 찾습니다.

3. 자주 물어보고 학습하는 자세:

이유: 작은 규모의 회사에서는 지속적인 학습과 빠른 적응이 필요합니다. 자주 물어보고 빠르게 학습하는 자세를 가진 지원자가 필요합니다.

주안점: 면접 중에 지원자가 어떻게 새로운 지식을 습득하고 업무에 적용하는지에 대한 경험과 자세를 파악합니다.

4. 자율성과 책임감:

이유: 작은 규모의 회사에서는 개인의 자율성과 책임감이 큰 역할을 합니다. 자율적으로 일을 처리하고 책임을 지는 능력이 있는 직원이 필요합니다.

주안점: 이전 경험 중에서 개인적으로 프로젝트나 업무를 주도적으로 이끈 경험이 있는 지원자를 찾습니다.

5. 소통 능력:

이유: 소규모 회사에서는 효과적인 소통이 더욱 중요합니다. 팀 내외에서 정보를 명확하게 전달하고 이해하는 능력이 필요합니다.

주안점: 면접에서 소통 스타일, 이전 경험 중에서 효과적인 소통이 이루어진 사례를 확인합니다.

6. 비전 및 목표와의 일치:

이유: 작은 회사에서는 모든 직원이 회사의 비전과 목표를 공유해야 합니다. 지원자가 회사의 방향성과 목표에 동의하고 이에 동참할 수 있는지 확인이 필요합니다.

주안점: 면접에서 회사에 대한 관심과 지원자의 비전 및 목표와의 일치 여부를 확인합니다.

이러한 주안점을 통해 소규모 회사에서 효과적이고 적합한 직원을 채용할 수 있습니다.

몇 가지 항목이 제시되었는데 가장 핵심적인 단어 하나로 요약하자면 결국 '소통'이 아닐까 한다. 4번으로 대놓고 "소통 능력"이 언급되었고 "원활한 협업"이나 "비전과 목표를 공유"하는 것 또한 소통과 밀접하게 관련이 있다. 대체로 추상적인 내용인데 3번 "자주 물어보고 학습하는 자세"가 눈에 띈다. 이 역시 명확하게 소통 스킬이라 할 수 있다. 부자가 될 가능성이 높은 MBTI 유형을 알아볼 때도 느꼈지만 결론은 소통이다.

물론 소통 능력을 아랫사람에게만 강요해서는 안 된다. 직원이 아무리 소통 능력이 좋아도 상사가 귀가 막히고 아집이 있는 사람이라면 소통은 아예 성립조차 불가능하다. 직원의 소통 능력을 평가하기 전에 '나는 얼마나 원활한 소통을 위해 노력하는가?'부터 체크하는 게 우선이다. 더군다나 요즘 세상은 세대 차이가 극명하고 그로 인한 문제도 빈번하게 발생한다. 사장 대 직원으로서, 인간 대 인간으로서, 기성세대 대 신세대로서 소통이 잘 이루어지지 않는다면 사업 또한 순탄하게 흐르기는 어렵다. 그리고 그 소통은 평범한 직원이 아닌, 사장이 직접 주도해야 한다.

그래서 사업은 어렵다. 내가 사장이니깐 제일 많이 알아야 하고, 제일 잘해야 하고, 제일 힘들어야 한다. 그중에서도 다양한 사람들과의 관계 맺기가 제일 어렵고 이 책에서 거듭 강조되는 소통이 제일 중요하다. 그런데 어떤 사장들은 앞서 사례에서도 확인했듯이 직원이 일으킨 실수나 손해의 해결책으로 신속한 직원 교체를 선택한다. 직원의 자신이 과오를 깨닫고 단점을 메꾸고 성장할 기회와 시간을 주는 대신에 말이다. 비록 한 명일지라도 어설픈 초보자를 조직의 번듯한 구성원으로 성장시키는 데 들어가는 시간, 노력, 비용이 만만치 않다는 이유에서다.

모로 가도 서울만 가면 된다고 했다. 그렇게 힘겨운 과정 없이, 몇 번의 직원 교체만으로도 실력도 좋고 내 마음에 쏙 드는 직원을 구할 수도 있지 않겠는가. 할 수 있다면 그렇게 하는 게 훨씬 효율적일 테다. 의견이 분분하다면 물어보면 된다. 어느 방법이 더 수월한 방법인지를.

Gemini ▷

사장 입장에서 인성과 실력이 뛰어난 직원을 만나는 것과 만드는 것 중에서 더 쉬운 일은 만드는 것입니다.

인성과 실력이 뛰어난 직원을 만나는 것은 정말로 운이 좋아야 가능한 일입니다. 특히, 규모가 작은 회사의 경우, 채용 인원이 적기 때문에 원하는 조건을 갖춘 직원을 만나기가 더욱 어렵습니다.

반면, 직원을 만드는 것은 회사의 노력과 투자를 통해 가능합니다. 회사의 교육 프로그램과 멘토링 등을 통해 직원의 역량을 향상시킬 수 있습니다. 또한, 회사의 문화와 분위기를 조성하여 직원이 성장하고 발전할 수 있는 환경을 제공할 수 있습니다.

물론, 직원을 만드는 데에도 많은 시간과 노력이 필요합니다. 하지만, 직원을 만나는 것보다 가능성이 더 높다고 할 수 있습니다.

따라서, 사장 입장에서는 인성과 실력이 뛰어난 직원을 만나는 것에만 기대하기보다는, 직원을 만드는 데에도 노력을 기울이는 것이 좋습니다.

(하략)

오랜만에 등장한 제미나이가 간단하게 답을 내려 주었다. 그리고 제미나이의 답변에 나의 의견을 좀 보태 한 문장으로 축약하자면 이렇다.

"좋은 직원은 만나는 게 아니라, 만드는 것이다."

본인이 직접 면접을 진행해서 채용한 직원이 성에 차지 않는다면 그 잘못은 직원에게 있는가, 사장 본인에게 있는가? 그렇게 직원을 거듭 바꿔도 결과가 여전하다면 사람 보는 안목이 부족한 사장의 능력 미달이라 해야 옳지 않을까? 그 짧은 만남들 속에서 과연 제대로 된 소통은 존재했는가? 적극적으로 소통을 시도하지 않은 직원들의 잘못으로 전부 떠넘길 텐가?

리더십 분야 최고의 전문가이자 세계적인 베스트셀러 작가 존 맥스웰John Maxwell은 좋은 리더에 대해 다음과 같이 말했다.

"리더란 길을 알고, 길을 가고, 길을 보여주는 사람이다(A leader is one who knows the way, goes the way, and shows the way)."

호기롭게 다니던 회사를 때려치우고 사업을 시작하지만 결국 실패하게 되는 이유 중 하나는, 자신이 여전히 누군가의 밑에서 일하고 있다는 착각 때문이다. 답을 알고 있는 사람은 직원이 아니고 직원이 뭔가를 물을 때까지 기다릴 이유도 없다. 사장이 먼저 알고 가르쳐야 한다. 문제가 발생하면 당연하게 사장이 앞장서서 해결하고 자신을 따르는 이들에게 기업의 비전과 목표를 보여주어야 한다. 그리고 직원 개개인에게 이 회사와 오래도록 같이해야 이유, 즉 '꿈'을 심어주어야 한다. 그게 바로 사장의 자격이다.

인류 역사상 '사업의 신'에 가장 가까웠던 사업가는?

뛰어난 사업가를 꿈꾼다면 마음속에 롤모델로 삼은 사업가가 한둘은 존재하기 마련이다. 개개인에 따라 각양각색이겠으나 명확하게 롤모델 삼고 싶은 사업가로 몰표를 받는 이들도 있다. 누가 보더라도 혀를 내두를 만한, 뛰어난 사업가라고 하면 '아, 이 사람이지!'라고 단번에 떠올릴 만한 인물들. 그렇다면 당신이 생각하는 '사업의 신'은 누구인가? 그리고 인공지능이 선정한, 인류 역사상 가장 '사업의 신'에 가까웠던 인물은 누구일가?

ChatGPT ▶

"사업의 신"이라 불릴 만큼 뛰어났던 사업가를 결정하는 것은 주관적이며 의견에 따라 다를 수 있습니다. 그러나 스티브 잡스(Steve Jobs)는 인류 역사에서 가장 뛰어

난 사업가 중 한 명으로 꼽힙니다. 다음은 그 이유 중 일부입니다:

1. 혁신과 창의성
2. 비전과 리더십
3. 고객 중심의 디자인
4. 상품화 전략
5. 실패와 성공의 교훈

스티브 잡스는 그의 비전, 혁신, 디자인, 리더십, 비즈니스 전략 등으로 많은 사람들에게 사업가로서의 모범이 되었으며, 이러한 이유들로 "사업의 신"으로 칭송받고 있습니다.

아마 적지 않은 이들이 스티브 잡스를 떠올렸을 테고 지피티의 생각도 별반 다르지는 않았다. 생전에도 가장 뛰어난 사업가로 수없이 언급되었고 사후 10년이 훌쩍 지났지만 여전히 가장 자주 회자되는 사람이 스티브 잡스다.

각각의 이유들은 핵심 단어들만 봐도 쉽게 이해가 가기에 삭제했는데 4번의 "상품화 전략"은 "높은 가격을 지불할 수 있는 소비자들에게 프리미엄 제품을 제공함으로써 수익을 극대화"하는 것으로 아직도 애플(Apple)의 핵심 마케팅 전략이다. 애플이 세계 최고 기업의 자리를 쉬이 내주지 않는 이유는 스티브 잡스가 남긴 유산을 잘 지키고 있기 때문이라고 볼 수 있다. 사실 애플의 천문학적인 매출과 지금의 드높고 견고한 위상은 현 CEO 팀 쿡Tim Cook의 공적이라고 할 수 있는데, 그럼에도 애플이라고 하면 대다수 사람들이 스티브 잡스를 먼저 떠올리는 이유는 그가 사업가로서 이 세상에 남긴 인상이 인류사를 다 통틀어 보아도 독보적이기 때문이다.

이쯤 되니 왜인지 다른 인공지능들도 스티브 잡스를 첫손으로 꼽았을 것만 같다. 아니나 다를까. 클로바 역시 스티브 잡스를 사업의 신으로 선정했다.

CLOVA ☞

사업의 신이라 불릴 만큼 가장 뛰어났던 사업가를 한 명 정하는 것은 매우 어려운 일입니다. 사업은 시대와 지역, 문화 등 다양한 요인에 영향을 받기 때문에, 어떤 시대와 지역에서는 성공적인 사업가가 다른 시대와 지역에서는 그렇지 않을 수 있습니다.

하지만, 전 세계적으로 인정받는 사업가 중 한 명은 '스티브 잡스(Steve Jobs)'입니다. 스티브 잡스는 애플 컴퓨터(Apple Computer)와 픽사 애니메이션 스튜디오(Pixar Animation Studios)를 창업하여, 컴퓨터와 애니메이션 산업에서 큰 성공을 거두었습니다.

그가 사업의 신이라 불리는 이유는 다음과 같습니다.

1. 혁신적인 제품 개발

2. 마케팅 전략

3. 조직 관리 능력

4. 비전 제시 능력

5. 실패를 두려워하지 않는 도전 정신

(하략)

지피티의 의견과 놀랍도록 유사한 부분이 있다. "혁신" "비전" "리더십(조직 관리)" "마케팅(상품화) 전략" "실패와 성공의 교훈(실패를 두려워하지 않는 도전 정신)" 등이다.

위 키워드들은 이번 파트에서 가장 자주 언급되는 단어들이다. 한두 가지 갖추기도 어렵다는, 사업으로 성공하기 위해 필요한 능력들을 스티브 잡스는 거의 섭렵했고 사업의 신이 된 채 세상을 떠났다.

이야기를 진행하다 보니 세 가지 인공지능 모두 첫 번째로 『부자 아빠 가난한 아빠』를 지목했던 「부자가 되기 위해 꼭 읽어야 할 '경제, 금융, 투자' 분야의 책 5권은?」 에피소드의 대참사(?)가 떠오른다. 과연 제미나이의 선택 또한 스티브 잡스일까?

‘사업의 신’이 되기 위한 자격은 무엇인가?

Gemini ▷

인류 역사 전체에서 “사업의 신”이라 불릴 만큼 뛰어났던 사업가는 헨리 포드라고 생각합니다. 헨리 포드는 미국의 자동차 산업을 일으킨 인물로, 대량생산 방식으로 자동차를 생산하여 자동차를 대중화시킨 공로로 “자동차 왕”이라고 불립니다. 포드는 다음과 같은 점에서 사업의 신이라 불릴 만한 뛰어난 점을 보여주었습니다.

· 혁신적인 비즈니스 모델

포드는 대량생산 방식을 자동차 산업에 도입하여 자동차를 대중화시켰습니다. 대량생산 방식은 기존의 수공업 방식에 비해 생산 효율이 높고, 생산 비용이 낮아 자동차 가격을 낮출 수 있었습니다.

· 강력한 리더십

포드는 뛰어난 리더십으로 직원들을 하나로 결집시켰습니다. 그는 직원들에게 높은 수준의 업무 능력을 요구하면서도, 직원들을 존중하고 배려하는 모습을 보였습니다.

· 탁월한 경영 능력

포드는 탁월한 경영 능력으로 포드 자동차 회사를 세계 최대의 자동차 회사로 성장시켰습니다. 그는 시장의 수요를 정확하게 파악하고, 이에 맞는 제품을 생산하는 데 주력했습니다. 또한, 효율적인 경영 방식을 도입하여 회사의 수익성을 높였습니다.

포드의 이러한 성과는 인류 역사에 큰 영향을 미쳤습니다. 자동차는 이제 우리 생활에서 없어서는 안 될 필수품이 되었으며, 포드의 대량생산 방식은 현대 산업의 발전에 큰 기여를 했습니다.

물론, 포드 외에도 뛰어난 사업가는 많습니다. 하지만, 포드는 사업의 혁신성, 리더십, 경영 능력 등 다양한 측면에서 뛰어난 성과를 거두었기 때문에 "사업의 신"이라 불릴 만하다고 생각합니다.

다행히도 다른 인물이 나왔다. 제미나이의 선택은 '자동차 왕' 헨리 포드Henry Ford다. 개인적으로도 제미나이의 생각(?)에 동의하는 바다. 위에 설명에도 잘 나와 있지만 (더 나으면 나았지) 스티브 잡스에 견주어도 전혀 뒤질 게 없는, 현대 문명 발전에 지대한 공헌을 한 인물이다. "혁신" "리더십" "탁월한 경영" 등 스티브 잡스와 비슷하게 유능한 사업자로서의 능력을 골고루 갖추었다.

사업을 이야기할 때 '경쟁'이라는 단어는 꼬리표처럼 따라붙는다. 경쟁에 대한, 사업의 신 헨리 포드의 의견은 꽤 의미심장하다.

"경쟁은 계속되어야 한다. 하지만 경쟁이 진정으로 어떤 의미인지 또한 배워야 한다. 최고가 되기 위한 고군분투가 경쟁이다. 경쟁 없이는 어떠한 발전도 존재하지 않는다. 그럼에도 어떤 사람들에게는 경쟁이 필요 없다. 바로 선구자들이다("As far as competition is concerned, that must continue. But we must learn what competition really is. It is a striving to attain the best. To throttle it would mean to stop all progress. Certain men do not need to compete. They are pioneers)."

— 헨리 포드Henry Ford

"사업에 성공하여 큰돈을 벌고 싶다면 당연히 치열한 경쟁을 감내하라. 하지만 '선구자'가 될 수 있다면 부자의 지위에 무혈입성할 수 있다." 라는 말씀. 참으로 간결하고 명료한 이 말이 더 와닿는 이유는 본인이 스스로가 선구자의 행보를 보여주었고 그 발자취를 따라 현대 문명이 비약적으로 발전했기 때문이다(물론 선구자가 되기가 전쟁터 속에서 피 흘리며 싸워 뭔가를 쟁취하는 것보다 어렵다). 그만큼 헨리 포드는 인류사에서 손꼽히는 기업가다.

"대중들에게 거의 알려져 있지 않지만, 스티브 잡스만큼이나 뛰어났던" 사업의 신으로 또 누가 있느냐는 질문에 클로바가 택한 인물 또한 헨리 포드였다('거의 알려져 있지 않은'의 기준이 무엇이었는지는 잘 모르겠으나 이는 명백한 오류라 할 수 있다. 그렇다고 클로바의 성능을 의심할 필요는 없다. 같은 질문에 지피티는 무려 '일론 머스크'라고 답했다. 질문을 제대로 못 한 본인의 잘못이다).

의문인 점은 지피티의 대답이었다. 스티브 잡스 말고 다른 사업의 신을 정해달라고 두세 차례 더 물어보았을 때 헨리 포드의 이름은 언급되지 않았다. 그날그날의 기분(?) 혹은 컨디션(?)에 따라 답변이 달라질 수는 있겠으나 좀 의외였다. 아예 사업의 신으로서 헨리 포드를 평가해달라고 요청하기에 이르렀는데 지피티는 업적을 쭉 나열한 후 다음과 같이 말을 맺었다.

ChatGPT ▶

헨리 포드는 인간과의 관계에서는 복잡한 인식을 받기도 했습니다. 예를 들어 노동 조건, 노동자 간 관계, 환경 문제 등에 대한 그의 접근 방식은 몇몇에서는 비판을 받았습니다. 이러한 측면을 종합적으로 고려할 때, 헨리 포드를 "사업의 신"으로 평가할 때는 그의 업적뿐만 아니라 그의 비즈니스와 인간관계에 대한 윤리적 측면도 함께 고려해야 합니다.

왜 헨리 포드를 사업의 신으로 꼽는 데 주저했는지 이해가 되었다. "노동자의 기술적 기술이나 창의성을 배제하고 일상적인 작업만을 수행하는 데 초점을 맞추었"다든가(헨리 포드의 노동자 대우 부분은 업적과 논란이 동시에 존재한다), 특히 "1920년대 중반에 독일의 나치 정권을 지지하고, '포드상'은 나치의 인종 이념과 관련된 텍스트를 발표"했다는 점에 지피티는 비판적 시각으로 헨리 포드를 바라보았다. 부자가 되는 방식을 택할 때도 '윤리'적 측면을 우선적으로 반영하는 지피티답다고 해야 할까?

사실 시대적 배경을 고려했을 때 헨리 포드 입장에서는 그럴 수도 있었다고 본다. 그리고 세상에 논란 하나 없이 큰돈을 벌고 명성을 쌓은 사업가가 몇이나 되겠는가? 과연 스티브 잡스라고 해서 흠결이 없었겠는가? 헨리 포드 또한 당연히 사업의 신으로 평가받아야 마땅할 터이다.

그럼에도 지피티의 의견에 귀를 기울여야 하는 이유는 다수가 따르고 누가 봐도 정답으로 보이는 의견이라도 비판적 견지로 바라볼 필요가 있다는 점이다. 많은 이들이 헨리 포드가 쌓아올린 업적이 그가 일으킨 논란을 덮고도 한참 남는다고 생각하지만 그렇다고 논란이 완전히 사라지는 것은 아니다. 그때는 괜찮았더라도 지금 노동 인권 침해, 인종 차별 같은 문제가 발생한다면 기업 이미지에 큰 타격이 가고, 경영에 직간접적으로 제약을 받기도 한다. 가볍게 넘어갈 문제가 아니다.

단적인 예로 전 세계에 불고 있는 ESG Environmental, Social, Governance 광풍을 들 수 있다. 난다 긴다 하는 거대 글로벌 기업들이 ESG를 경영 화두로 천명하고, ESG가 기업 평가의 척도로 자리매김한 이유 역시 그러한 측면에서 바라봐야 한다. 적지 않은 비판과 반발도 뒤따르지만 ESG는 경제 분야에서 가장 핫한 키워드이며 향후에도 역시 그러할 전망이다.

그렇다면 '나'라는 일개 개인이 부자가 되는 것과, 국제기구와 각국 정부 그리고 글로벌 대기업들이 주도하는 ESG 경영 사이에는 어떠한 관련이 있을까? 그리고 부자가 되기 위해서는 그런 것까지 꼭 알아야 하는 걸까?

한 명의 개인이 부자가 되는 것과, 한 시대를 주도하는 패러다임 사이에는 어떠한 관련이 있는가?

ChatGPT ▶

ESG는 "환경(Environment)" "사회(Social)" "지배구조(Governance)"를 나타내는 약어로, 기업이 지속 가능한 경영 및 사회적 책임을 어떻게 수행하고 있는지를 평가하는 데 사용됩니다. ESG 경영은 기업이 이러한 측면들을 고려하여 사업 활동을 수행하고 투자하는 방식에 대한 개념입니다. 각각의 요소들은 다음과 같은 의미를 가지고 있습니다:

1. 환경 (Environment):

환경 측면은 기업이 자연환경에 미치는 영향을 나타냅니다. 이는 기업의 탄소 배출량, 에너지 사용, 자원 소비, 환경 친화적 제품 및 서비스 제공 등을 포함합니다. 환경적 측면에서 강조되는 목표로는 기후변화 대응, 친환경 기술 채택,

자원 효율성 향상 등이 있습니다.

2. 사회 (Social):

사회 측면은 기업이 사회에 미치는 영향을 나타냅니다. 이는 노동 관계, 고객 관리, 사회적 기부 및 지원, 인권 존중, 다양성 및 포용성 등을 포함합니다. 사회적 측면에서 강조되는 목표로는 노동관계 개선, 사회적 책임 프로그램 수행, 다양성 증진 등이 있습니다.

3. 지배구조 (Governance):

지배구조 측면은 기업의 경영 및 의사 결정 구조에 대한 투명성과 책임성을 나타냅니다. 이는 기업의 경영진의 역할과 책임, 주주 권리 보호, 거래 투명성, 감사 보고서 작성 등을 포함합니다. 지배구조적 측면에서 강조되는 목표로는 기업의 투명성 증진, 윤리적 경영, 이해관계자들과의 효과적 소통 등이 있습니다.

ESG 경영은 기업이 환경, 사회, 지배구조 측면에서 지속 가능성을 고려함으로써 장기적인 경영 성과와 지속 가능한 발전을 추구하는 데에 중점을 둡니다. 이는 기업의 평가 및 투자 결정에 영향을 미치고, 더 나아가 사회적 가치 및 지속 가능한 경제 발전에 기여할 수 있습니다.

이 골치 아프고 거창한 개념과 개인이 부자가 되는 것 사이에는 어떠한 관련이 있는가? 그리고 내가 부자가 되기 위해서 ESG가 무엇인지 꼭 알아야만 하는가? 하나 부정할 수 없는 사실은 당신이 부자가 되든 말든 당신의 삶은 ESG라는 패러다임에 지배받고 있다는 점이다.

'그래서 뭐가 어쨌다는 거야? 나는 그저 동네에서 작은 가게 하나 차려서 돈 좀 벌어볼 요량인데, 안 그래도 바빠 죽겠는데 내가 이런 것까지 알아야 해?'라고 한다면 굳이 할 말은 없다. 당신의 꿈이 거기까지라면 말리고 싶지도 않다. 하지만 그 작은 가게가 너무 잘돼서 여유 자금을 굴지의 글로벌 기업에게 투자하려고 한다면, 아니면 아예 대대적으로 프랜차이즈 사업을 벌일 요량이라면 이야기는 달라진다.

20년 전 ESG 개념이 등장한 이래 서구에서는 '지속 가능 경영' '책임 경영'이 경제 분야의 주요 화두로 자리매김해 왔다. 뒤늦은 감은 있지만 우리나라도 ESG 광풍에 동참하는 모양새다. "국내에서도 ESG 제도가 본격 시행된다. 올해(2024년)부터는 자산총액 5,000억 원 이상, 2026년부터는 모든 코스피 상장사들은 기업지배구조보고서를 공시해야 한다. 그리고 지속가능경영보고서의 경우 2025년부터 자산 2조 원 이상인 코스피 상장사, 2030년부터는 모든 코스피 상장사가 공시해야 한다."[40] 상황이 이러하듯 이름만 대면 알 만한 대기업들은 몇 년 전부터 앞다퉈 ESG 경영에 열을 올리고 있다.

중소기업도 예외는 아니다. "중소기업중앙회와 한국환경산업기술원이 (2024년 1월) 15일부터 중소기업 임직원을 위해 '중소기업 ESG 대응전

40 『전자신문』, 「ESG경영, 이제는 적자생존이다」, 오지헌 변호사(2024. 1. 15), https://www.etnews.com/20240112000193

략 2.0' 온라인 무료교육 심화과정을 제공"[41]하는 등 정부 차원에서 ESG 경영 지원에 힘을 쏟고 있다. 역시 ESG의 주된 가치 중 하나인 '상생相生'의 기치 아래, 어려운 시기를 보내고 있는 소상공인들을 위한 구제책 역시 쏟아지고 있다. 이렇듯 내가 신경을 쓰든 말든 ESG라는 개념은 현 시대를 대표하는 화두이며, 개인의 삶에, 특히 사업가의 삶에 지대한 영향력을 미치고 있다.

하지만 앞서 이야기했듯 ESG에 대한 회의론이 고개를 들고 갑론을박이 벌어지면서, 일견 한계에 직면한 상황이다. 최대 이슈인 '환경' 분야에서 그린워싱Greenwashing[42]과 같은 잡음이 끊이지 않고, 투자자들과의 예상과는 달리 화석연료 기업들이 더욱 승승장구하는 등 김이 새는 모양새다. 2024년 벌어질 미국 대선을 앞두고서는 미 공화당이 ESG 무드에 반기를 들면서 혼란은 가중되다 못해, 트럼프가 대통령에 당선되면서 간신히 구축된 ESG 질서가 크게 위협받는 것 아니냐는 우려까지 나온다.

그렇다고 해서 "ESG 리스크에 대한 기업들의 대응력이 향후 브랜드 가치는 물론 수익성, 영업 기반을 좌우하는 중요한 요인이라는 사실은

41 『디지털타임스』, 「중기중앙회, '中企 ESG 대응전략' 무료교육」, 최상현 기자(2024. 1. 14), https://www.dt.co.kr/contents.html?article_no=2024011402109958054005

42 (사업을 포함하여) 어떠한 활동을 할 때, 전면에 '친환경'을 내세우지만 그 취지와 의미가 과대 포장돼 있거나, 오히려 환경을 해치는 케이스. 예를 들어 스타벅스는 '종이 빨대' 때문에 대표적인 그린워싱 기업으로 환경단체들에게 지목을 받은 바 있고 논란이 여전하다.

변하지 않을 것이라는 게 전문가들 중론이다."[43] 왜냐하면 "ESG의 역사는 자본주의의 태동과 함께 시작됐다 해도 과언이 아니"[44]기 때문이다.

시작이 있으면 끝이 있다. 자본주의라고 영원할 것 같은가? 인류는 언제까지고 천년만년 살아남을 수 있을까? 현재의 인류가 맞닥뜨린 문제들은 보통 심각한 게 아니다. 환경 분야가 ESG를 대표하는 이유는 그만큼 환경 문제가 돌이킬 수 없는 지경이 다다랐음 의미한다. 산업화로 촉발된 '지구온난화'는 가뭄과 홍수, 폭염과 한파, 산불과 산사태, 해수면 상승 등을 불러왔다. 이미 수많은 인명이 희생되었고 천문학적인 경제적 손실이 거듭되고 있다. 경제적 불평등과 인종, 성별, 지역, 종교, 계층 등 각종 차별로 인한 사회 문제는 어떠한가? 이 때문에 세계 곳곳에서 반목(反目)과 분쟁이 멈출 날이 없고 자본주의의 근간마저 흔들리고 있다. 전문가들은 이제 인류 멸망 카운트다운을 멈출 수 없다고까지 경고한다.

세상이 망하면 돈이 무슨 소용인가? 그 사실을 누구보다 기업이 가장 잘 알고 있다. 그래서 ESG는 거부할 수 없는 흐름이다. ESG가 멈춘다면 둘 중 하나다. 자본주의(혹은 인류)가 망했거나 상기의 문제들이 해결됐거나. 차라리 전자가 더 현실성이 있지 후자는 거의 불가능하기에 ESG는 절대로 멈출 수 없는 흐름이다.

---

43 『조선비즈』, 「미국서 反 ESG 움직임에도… 산업계 투자는 계속」, 권유정 기자(2023. 12. 8), https://biz.chosun.com/industry/company/2023/12/08/VZOC4ITYCREEDDGRKZUT2SIG6E/

44 『나라경제』(2022년 2월호), 「ESG는 자본주의의 태동과 함께 시작됐다」, 김재필 KT 수석연구원, https://eiec.kdi.re.kr/publish/columnView.do?cidx=13688

ESG 관점에서 볼 때 헨리 포드는 "노동관계勞動關係"와 "인권 존중" 측면에서 지피티에게 마이너스 점수를 받았을 가능성이 크다. 그러한 결과가 도출되는 알고리즘을 알 수는 없지만 '윤리'적 가치를 중시하는 지피티의 입장을 고려한다면 당연한 결과다.

내가 하고 싶은 이야기 역시 크게 다르지 않다. 어떠한 규모로, 어떠한 환경에서, 어떠한 사업을 하든 현재의 세계 경제 질서를 주도하는 ESG에 대한 이해가 필요하고 우리도 거기에 따라야 한다는 점이다. 인류의 위기는 애플이나 아마존과 같은 글로벌 기업만의 문제가 아니다. 인간의 탐욕 때문에 인류 멸망이 목전에 다가왔다는 경고음이 여기저기서 울려대는 이상, 개개인의 노력이 함께 더해져야만 그나마 유의미한 성과를 얻을 수 있을 것이다.

이제 사업 파트를 끝내려 한다. 그런데 끝내기 전에 도저히 이 인물을 언급하지 않고서는 그냥 넘어갈 수가 없다. 20세기 자동차 왕 헨리 포드의 아성을 뛰어넘으려는 21세기의 자동차 왕. 잠시 내줬던 세계 최고의 부자 자리를 1년도 안 돼 보란 듯이 되찾은, 트럼프 당선에 혁혁한 공을 세워 전 세계 정치판에서도 막강한 영향력을 발휘하고 있는, 일론 머스크Elon Musk다.

일론 머스크는 어떻게 세계 최고의 부자가 되었는가?

1년 전, 머스크는 세계 1위 부자 자리를 베르나르 아르노 루이비통 회장에게 내주었지만 금방 제자리에 복귀했다. 그것도 트럼트 당선의 가장 큰 주역이라는 훈장과 함께. 명성과 영향력만 따지자면 이미 스티브 잡스는 넘어선 상태이며, 거침없는 언행으로 늘 논란을 몰고 다닌다. 차치하고 그를 현존 세계 최고의 사업가로 꼽는 데 반기를 들 사람은 거의 없을 것이다.

그렇다면 무엇이 일론 머스크를 세계 최고로 성공한 사업가, 세계 최고의 부자를 만들었는가?

CLOVA ☞

머스크는 혁신적인 아이디어와 추진력으로 다양한 분야에서 성공을 거두었습니다. 그는 전기 자동차, 우주 탐사, 태양광 발전 등의 분야에서 기존의 기술과 산업을 혁신적으로 개선하고, 새로운 기술과 산업을 개척했습니다.
머스크는 단순히 아이디어를 내는 것에 그치지 않고, 이를 실제로 구현하기 위해 노력했습니다. 이를 위해 대규모 투자를 단행하고, 경영을 주도하여 회사의 성장을 이끌어냈습니다.

Gemini ▷

머스크는 항상 미래를 내다보고 혁신적인 비전을 제시하는 것으로 유명합니다. 그는 전기 자동차, 우주 탐사, 인공지능 등 기존에 없던 새로운 분야에 도전하여 큰 성공을 거두었습니다. 특히, 테슬라는 머스크의 비전과 도전 정신이 가장 잘 드러난 기업입니다. 테슬라는 전기 자동차의 상용화에 성공하여 자동차 산업을 혁신하고, 시가총액 1조 달러 이상의 기업으로 성장했습니다.
머스크는 자신의 비전을 실현하기 위해 끊임없이 도전합니다. 그는 실패를 두려워하지 않고, 어려움을 극복하며 목표를 향해 나아갑니다. 이러한 머스크의 도전 정신은 그를 세계 최고의 부자로 만들었습니다.

클로바와 제미나이의 의견을 종합하자면, 일론 머스크가 성공하는 데 있어 가장 중요하게 작용한 요인은 '혁신과 도전'으로 보인다. 제미나이는 "혁신적인 비전과 도전 정신", 클로바는 "혁신적인 아이디어와 추진력"으로 요약했다. 혁신의 경우 이 책에서 이미 하나의 장으로 다룰 수밖에 없을 만큼, 인공지능들에게 사랑을 받는 성공 요인이며 고인이 된 21세기 최고의 사업가 스티브 잡스와 현존하는 21세기 최고의 사업가 일론 머스크 모두 혁신이라는 키워드를 가장 잘 구현해 낸 인물들이다.

지금의 일론 머스크를 만든 것은 두말할 나위 없이 '테슬라'의 성공이다. 잡스의 애플이 그랬듯이 머스크의 테슬라 역시 현 시대를 대표하는 혁신의 아이콘이다. 그런데 머스크의 일생을 거꾸로 톺아보면 시작부터 혁신의 연속이었다. 대표적으로 'X.com'을 꼽을 수 있다. 일론 머스크가 인수해서 X로 이름을 바꾼 트위터Twitter가 아닌, 아주 오래전 일론 머스크 표 혁신의 진정한 시발점이다.

ChatGPT ▶

X.com은 일론 머스크가 1999년에 창업한 온라인 금융 서비스 회사로, 현재의 페이팔(PayPal)로 이어지는 기업입니다. X.com은 초기에 온라인 결제 및 전자 송금 서비스를 제공하려는 목적으로 설립되었습니다. 이 회사의 창립은 머스크가 기술을 통해 금융 분야를 혁신하고자 하는 강력한 의지를 나타냈습니다.

사실 X.com 창업 당시 일론 머스크는 더 이상 아무 일도 하지 않아도 될 만큼 큰 부자였다. 자신이 처음으로 설립했던 회사 'Zip2'에서 쫓겨나면서(스티브 잡스 역시 자신이 세운 회사에서 쫓겨난 바 있다) 받았던 돈이 이미 세금 제하고도 (현재 환율 환산) 200억 원이 훌쩍 넘기는 상황이었다. 그럼에도 당시 서른 살이 채 안 된, 여전히 앳된 청년 부자의 선택은 또 다른

‘도전’이었다.

머스크는 인터넷 환경과 문화가 급속도로 발달하던 시대 배경을 바탕으로 온라인·디지털 금융 분야의 ‘혁명’을 일으키고자 했다. 비록 또다시 자신이 만든 회사에서 쫓겨나는 바람에 완수되지는 못했지만 X.com은 페이팔을 거쳐 이베이eBAY에 15억 달러에 인수되었으니 어느 정도(?) 그 혁명의 가치는 인정을 받은 셈이다(그리고 2023년 트위터를 인수하여 X로 기업명을 바꾸면서 그 혁명은 다시 현재진행형이 되었다).

15억 달러(무려 20년 전의 일이다)라는 천문학적 거래가 성사된 만큼 머스크에게 쥐어진 돈 역시 천문학적 액수였다. 이번에는 Zip2에서 나올 때의 10배가 넘는, 대대손손 놀고먹어도 될 정도의 돈이 수중에 들어왔는데 머스크의 선택은 다시 한번 ‘도전’이었다. 우리가 익히 알고 있는 테슬라, 스페이스XSpaceX에는 그때 받은 돈이 고스란히 투자되었고, 이를 발판으로 일론 머스크는 명실상부 세계 최고의 부자이자 기업가가 되었다.

그의 행보는 혁신의 연속이었다. 단지 창조적, 독보적인 아이디어만을 말하는 게 아니다. 누가 봐도 걸음을 멈추어도 될 순간에 다시 택한 도전, 누가 봐도 뜯어말릴 만큼 무모해 보이는 일에 뛰어드는 결단은 일반인들에게서는 찾기 힘든 ‘파격’적 행보다. 수중에 돈이 얼마가 있든 자신이 하고 싶은 일이라면 탈탈 털어 투자부터 하는 일론 머스크의 모습들은, 부자가 되기를 열망하는 우리들의 모습과는 사뭇 다르다. (푼돈이 중요하지 않다는 건 아니지만) 부자가 되겠다면서 돈 몇 푼에 일희일비하는 우리들 말이다.

단적인 예로 남녀노소 안 가리고 뛰어든다는 주식이나 코인 투자가 그렇다. 요동치는 그래프 때문에 밤잠 못 이루고 노심초사했던 (혹은 하고 있는) 사람들이 한둘이 아닐 것이다. 누군가는 일확천금을 꿈꾸었을 테고 누군가는 용돈이나 벌어 보자는 심산이었겠지만 목적이 무엇이 되었든 자기 맘대로 되던가?

일론 머스크는 테슬라의 주가가 언제 또다시 폭락을 하여 세계 1위 부호 자리를 내줄지 모른다. 그렇다고 해서 머스크가 불안감에 잠 못 자는 일은 당연하게 없다. 잠 못 드는 이들은 테슬라 주식을 사들인 투자자들이다. 사업보다 훨씬 접근과 실행이 용이하지만 투자라는 게 절대 만만한 영역이 아니다. 코로나19 기간 주식과 코인 투자로 벼락부자가 된 이들이 분명 존재하지만 극소수의 이야기일 뿐이다.

그렇지만 부자가 되기 위해서 투자는 필수불가결의 영역이다. 지금 어디에도 투자하고 있지 않더라도 부자가 되기 위해 맘먹었다면 언젠가, 반드시, 어디에든 투자하게 될 수밖에 없다. 특히 요즘과 같은 시대에 돈 벌 생각이 있다면서 주식 계좌 하나 안 가지고 있고, 암호화폐 거래소 한 번 안 들어가 본 사람은 드물 것이다.

그렇다면 투자에 대해 짚고 넘어가지 않을 수 없다. 어떻게 하면 좋은 투자자가 될 수 있을까? 어떻게 투자해야만 부자가 될 수 있느냐는 말이다.

"사기를 당하지 않는 법과
투자자로서 갖춰야 할 태도 사이의 공통점"

1. 장기적 관점
2. 분산 투자
3. 지속적(꾸준한) 학습
4. 사전 조사(투자 전 객관적 분석)
5. 비상금 유지(손실 시 감당 가능한 범위 내에서의 투자)

- ChatGPT, Gemini, ClovaX

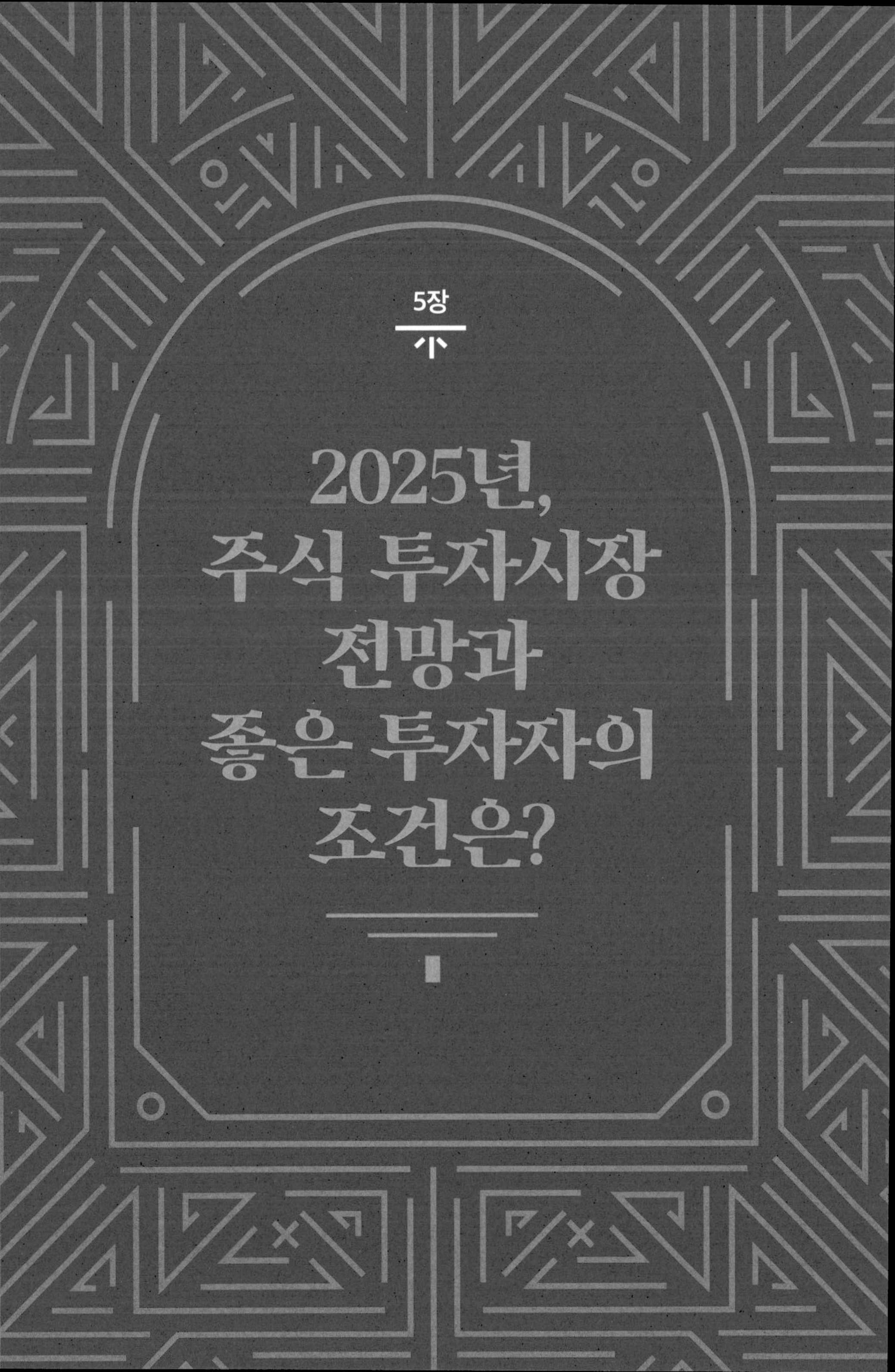

5장

2025년, 주식 투자시장 전망과 좋은 투자자의 조건은?

인공지능이 예측했던 2024년 말의 테슬라 주가는 얼마나 정확했을까?

※ 필독: 누차 언급했지만 이 책의 원고를 완성하는 데 1년 반 이상의 시간이 흘렀다. 이번 에피소드는 2024년 초, 인공지능들을 사용해 주가 예측을 해본 결과를 다루고 있다. 현재(2025년 1월) 시점에서 다시 원고를 고칠 수도 있겠으나 그보다는 당시의 예측을 있는 그대로 보여주는 게 옳다고 판단하여 그대로 싣는다. 그리고 2025년 주가 예측은 바로 다음 에피소드에 소개하겠다.

여전히 팬데믹 상황이 진정되지 않던 3년 전(2021년 초), 맹위를 떨치는 건 코로나19만이 아니었다. 주식, 부동산, 코인 등 종류를 가리지 않고 전 세계의 투자 시장 역시 뜨겁다 못해 폭주하고 있었다. 특히 우리나라에서조차 서학개미 붐을 일으켰던 나스닥, 그중에서도 테슬라는 주가도 인기도 하늘을 찔렀다.

그렇다고 모두가 테슬라에 환호를 보내고 일론 머스크를 찬양했던 건 아니다. 대표적인 인물이 '숏'의 대가, 마이클 버리다. 그는 2021년 2월, 자신의 트위터에 테슬라에 대해 몹시 부정적인 글을 남긴다. 당시 300달러에 육박하던 테슬라의 주가가 그해 말까지 100달러 밑으로 폭락할 수 있음을 시사하며, 그렇다고 해서 금융 시스템이 충격을 받지는 않을 거라고 이야기한다. 또한 이러한 폭락에는 별다른 반등reflexivity이 없다고까지 못을 박으며 일론 머스크와 테슬라 추종자들의 속을 뒤집어 놓는다.[45] 실제로 같은 해 5월, 자신의 스타일대로 테슬라에 5억3천만 달러 이상의 풋옵션을 계약하며 자신감을 한껏 드러낸다.

결과는 어떻게 되었을까? 2021년 연말(11월), 테슬라의 주가는 100달러 밑으로 떨어지기는커녕 100달러 이상이 더 올라 무려 400달러를 돌파하며 차트 천장을 뚫어버린다. 한마디로 마이클 버리의 완패였다. 심지어 일론 머스크에게 "버리는 고장 난 시계야(Burry is a broken clock)."라는 조롱을 들어야만 했다.

비단 이때만이 아니었다. 코로나19 사태와 함께 테슬라의 주가가 큰 폭으로 오르기 시작하면서 마이클 버리는 테슬라와 일론 머스크를 공공연하게 공격했고, 일론 머스크 역시 거친 언사로 마이클 버리를 비난했다. 그렇게 지금까지 견원지간犬猿之間으로 서로에게 으르렁대고 있다.

---

45 마이클 버리의 발언 내용 원문은 다음과 같다. "$TSLA below $100/share by later this year will not crash the system. There is no reflexivity in such a fall. But it would trigger the end of an era for a certain type of investing."

사실 마이클 버리만이 아니다. 테슬라는 테슬라의 주가가 폭락하기만을 바라는 공매도 세력들에게 끊임없이 시달림을 당해 왔다. 마이클 버리만큼이나 집요하게 테슬라를 공격했던 짐 차노스Jim Chanos가 대표적이다. 테슬라 본격적으로 성장하기 훨씬 전인 2015년 "테슬라는 그저 자동차를 만드는 회사일 뿐이지, 세상을 뒤집어 놓을 만한 기업은 아니다(It's a manufacturing company. It's an auto company. It's not a change-the-world company)."[46]라는 발언부터 시작해서 틈만 나면 테슬라를 평가절하하고 마이클 버리처럼 테슬라 공매도에 직접 나섰다. 하지만 한때는 자신이 소유한 헤지펀드Kynikos Associates의 자산이 10조에 달했던 '공매도의 제왕' 짐 차노스 역시 테슬라 공략에 실패하고 막대한 손해를 보게 되었다(테슬라를 비롯하여 거듭되는 투자 실패에 2023년 말에는 헤지펀드 문을 닫고 만다).

테슬라는 태생부터 온갖 기대를 한 몸에 받는 기업이었다. 괴짜였지만 성과만큼은 확실히 내는 일론 머스크가 리더였고 또 그에 걸맞은, 아니 (운이든 실력이든) 기대를 훨씬 뛰어넘는 성과를 투자자들에게 선사했다. 그러한 기대와 인기는 일반 투자자들만의 몫이 아니었다. 테슬라의 몰락을 확신하던 (혹은 바라던) 마이클 버리와 짐 차노스를 비롯한 공매도 꾼들에게도 인기가 가장 높았고 지금도 여전하다.

2023년에도 테슬라는 공매도 세력들에게 커다란 사랑과 막대한 투자(?)를 받았는데 결과는 '처참'했다. 2023년에 "테슬라 주식에 공매도를 한

46 2015년 1월, 〈CNBC〉와의 인터뷰 중에서

투자자들의 손실액은 총 122억 달리를 기록했다."[47] 물론 공매도를 한 투자자들이 바보는 아닐 터이다. 주가 폭등으로 마이클 버리에게 큰 손해를 안겼던 2021년과는 달리, 2022년 들어 테슬라 주가는 내내 곤두박질쳤고 공매도 세력들은 입에서 웃음이 떠날 날이 없었다. 코로나19도 거의 끝난 마당이니 2023년에는 팬데믹과 함께 성장했던 테슬라와 같은 기술주들이 고전할 거라는 예상 또한 지배적이었다. 하지만 어디 뜻대로 주가가 움직여 주겠는가. 다시 테슬라는 반등을 이뤄내면서 공매도 세력들에게 2023년은 말 그대로 지옥이었다.

스코어로 따지자면 테슬라 기준 2021년과 2023년 승리를 거두며 공매도 투자자들에게 2승 1패로 앞서가고 있다. 그렇다면 이제 막 시작된 2024년에는 어떻게 될까? 콜? 풋? 2024년 마지막 장날 테슬라의 주가는 어디에 머물러 있을까? 만일 당신이 주식 좀 한다면 어떤 생각을 가지고 있는가? 결론을 내리기 전에 한번 참고해 보자. 인공지능의 의견들을.

Gemini ▷

2024년 12월 테슬라 주가 예측: 상승 가능성이 높지만 불확실성 존재

2024년 12월 테슬라 주가는 2024년 1월보다 높을 가능성이 높지만, 확실하지

47 『한국경제』, 「美 공매도 투자자들 손실 '256조 원'… 가장 크게 날린 종목은?」, 오현우 기자 (2024. 1. 5), https://www.hankyung.com/article/202401054254i

는 않습니다.

주요 상승 요인:

전 세계 전기차 시장 성장: 2024년에도 전 세계 전기차 시장은 빠르게 성장할 것으로 예상됩니다. 테슬라는 이 시장에서 선두적인 위치를 차지하고 있으며, 이는 주가 상승의 긍정적인 요인이 될 것입니다.

생산량 증가: 테슬라는 2024년 생산량을 크게 증가시킬 계획입니다. 생산량 증가는 매출 증가로 이어지고, 이는 주가 상승의 긍정적인 요인이 될 것입니다.

새로운 모델 출시: 테슬라는 2024년에 새로운 모델들을 출시할 계획입니다. 새로운 모델 출시는 고객들의 관심을 끌고 매출 증가로 이어질 수 있으며, 이는 주가 상승의 긍정적인 요인이 될 것입니다.

(중략)

결론:

2024년 12월 테슬라 주가는 여러 요인에 따라 상승 또는 하락할 수 있습니다. 상승 가능성이 높지만, 확실하지는 않습니다. 투자자들은 2024년 테슬라 주가의 변동성을 고려하여 신중하게 투자 결정을 내려야 합니다.

2024년 말, 1월에 대비하여 테슬라의 주가가 어떻게 될지 알려달라는 질문에 제미나이의 답은 (가능성이 높다는 식으로 돌려 말했지만) '상승'이었다(만족할 만한 답을 찾느라 질문을 몇 번 바꿔야 했다).

문제는 제미나이의 답변이 얼마나 신빙성을 갖추고 있느냐는 점이다.

실제로 기사를 찾아보니 "올해 세계 전기차 시장이 전년 대비 21% 성장할 것으로 예측됐다. 최근 전기차 시장이 둔화됐지만, 각국의 탄소 저감 정책과 지원, 완성차 제조업체들의 전동화 추진 전략 등을 감안하면 여전히 성장 산업이라는 분석이 나온다."[48]와 같은 내용의 언론 기사를 어렵지 않게 찾아볼 수 있었다. 상반기에는 조금 고전하더라도 하반기에는 이를 충분히 상쇄하고도 남을 '상저하고' 시즌이라는 설명이었다.

반대로 틀린 예측도 있었다. 질문 시기의 차이 때문이었는지는 모르겠으나 2024년 "테슬라의 새로운 모델" 출시에 관한 내용은 "최근 테슬라는 모델Y와 관련해 모든 영업소에 내부 커뮤니케이션을 보냈다. 이어 '2024년에는 북미에서 새로운 모델Y 출시는 하지 않음을 고객에게 명확히 설명하라'고 강조한 것으로 알려졌다."[49]와 같은 언론 기사를 볼 때 (아직까지는) 틀린 것으로 보인다.

※ 바로 위에까지가 2024년 초 작성된 원고, 아래는 2025년 1월 작성된 원고다.

두루뭉술하게 답하긴 했지만 아예 답변을 피했던 여타 인공지능들과는 달리 제미나이는 마지못해 테슬라의 '상승'을 예상했었다. 그리고 결

48 『세계일보』, 「2024년 세계 전기차 시장 21% 성장…전문가들 '상저하고' 전망」, 김기환 기자(2024. 2. 12), https://www.segye.com/newsView/20240212507910

49 『디지털타임즈』, 「테슬라 "2024년엔 모델Y 신차는 없다"… 루머도 잠잠」, AI리포터(2024. 2. 13), https://www.digitaltoday.co.kr/news/articleView.html?idxno=505677

과는 여러분도 아시다시피 그냥 상승도 아니고 대폭등이었다. 특히 트럼프라는 세계 최고 권력자를 등에 업으며 자기 자신과 테슬라의 주가를 한껏 높여놓았다. 따지고 보면 비트코인 때에 마찬가지로 제미나이의 예측이 맞기는 맞았다. 하지만 이 정도로는 아쉽다. 1년 전보다 인공지능들은 더욱 발달했고, 지피티의 경우도 더 이상 민감한 질문을 피하지 않는다.

2024년 주식 투자 키워드는 사실 테슬라가 아니었다. 바로 '인공지능'이다. 엔비디아의 경우 인공지능 투자 열풍과 함께 테슬라 못지않게 주가가 폭등했다. 지난 한 해, 옆 나라 일본이나 중국 주식 시장이 호황기였던 반면 국내 주식시장은 정신을 못 차렸는데 코로나19 이후 다시 서학개미운동이 우리나라를 집어삼킨 상황이다. 이 와중에 인공지능 시장에 지각변동을 일으킨 딥시크DeepSeek의 등장까지 2025년 투자 시장은 시작부터 혼란스럽다.

투자자 입장에서는 한 명의 조력자라도 더 필요한 시점. 그렇다면 1년 전보다 한층 업그레이드된 인공지능에 물어보자. 2025년 주가의 향방을.

지피티가 예상한 나스닥의 미래는? (테슬라와 엔비디아를 중심으로)

예상대로 지피티는 비트코인 가치 예측 때와 마찬가지로 인간 전문가들의 의견에 기대어 의견을 전했다. 그래서 다시 전문가들의 의견을 배제하고 자체 분석한 결론을 내달라 했고 다음과 같은 의견이 나왔다.

ChatGPT ▶

1. 나스닥 지수 전망 (NASDAQ-100)

<주요 요인 분석>

· 미국 경제 성장률: 미국 경제가 침체 없이 성장한다면 나스닥 지수는 상승할 가능성이 큽니다. 하지만 경제 성장 속도가 둔화되거나 경기 침체가 온다면 반대로 하락할 수도 있습니다. 연준(Fed) 금리 정책: 2024~2025년 동안 금리가 인하될 가능성이 높은데, 금리 인하는 기술주(특히 성장주)에게 유리합니다.

· AI 및 반도체 산업 성장: AI와 클라우드 컴퓨팅의 성장으로 기술주에 대한 수요가 계속될 것입니다.

· 거시경제 리스크: 지정학적 리스크(예: 미·중 갈등, 러시아·우크라이나 전쟁, 중동 분쟁 등), 유가 변동, 미국 대선 결과 등이 영향을 줄 수 있습니다.

<예측>

- 2025년 말 나스닥 지수는 현재보다 10~20% 상승할 가능성이 높음.

- 금리 인하가 빠르게 이루어진다면, 상승 폭이 더욱 커질 수 있음.

- 그러나 경기 침체가 현실화되면, 반대로 현재보다 10% 이상 하락할 가능성도 있음.

2. 테슬라(TSLA) 전망

<주요 요인 분석>

· 자율주행 기술: 테슬라는 완전자율주행(FSD)과 로보택시 모델을 추진 중입니다. 만약 FSD가 규제 승인과 함께 대중화된다면 주가는 폭등할 가능성이 있습니다.

· 전기차 판매량: 글로벌 EV(전기차) 시장이 정체기에 접어들었지만, 테슬라는 가격 인하와 새로운 배터리 기술을 통해 경쟁력을 유지할 가능성이 있습니다.

· 로봇 및 AI 비즈니스: 테슬라의 옵티머스(휴머노이드 로봇) 프로젝트가 가시적인 성과를 내면, 회사 가치는 급등할 수 있습니다.

· 중국 시장: 중국의 경제 상황과 BYD와의 경쟁이 변수로 작용할 가능성이 큽니다.

<예측>

- 2025년 말 테슬라 주가는 450~600달러 사이일 가능성이 높음.

- FSD 상용화 성공 & AI 기술 성장 시 800달러 이상 가능성도 존재.

- 전기차 시장 둔화, 기술 개발 실패 시 300달러 이하 하락 가능성.

3. 엔비디아(NVDA) 전망

<주요 요인 분석>

· AI 반도체 시장: 2023~2024년 동안 엔비디아의 AI 칩(H100, B100 등)은 엄청난 수요를 받았습니다. 2025년에도 클라우드 기업과 데이터센터의 AI 투자 증가로 인해 지속적으로 매출이 증가할 것으로 예상됩니다.

· 경쟁사 리스크: AMD, 인텔, 애플 등이 AI 반도체 시장에 진입하면서 경쟁 심화 가능성 있습니다.

· 중국 규제 이슈: 미국 정부가 중국에 대한 AI 반도체 수출을 계속 제한할 경우, 엔비디아의 성장성이 둔화될 수 있습니다.

· 데이터센터 및 클라우드 기업의 투자 규모: 마이크로소프트, 아마존, 구글 등 빅테크 기업들의 AI 인프라 투자 여부가 중요한 변수입니다.

<예측>

- 2025년 말 엔비디아 주가는 현재 대비 20~50% 상승할 가능성이 높음.

- AI 반도체 시장이 계속 강세를 보이면, 250~300달러 가능성도 있음.

- 반면, AI 투자 둔화 및 경쟁 심화 시 100달러 이하로 하락할 위험도 존재.

⊙ 최종 결론

나스닥 지수: 현재보다 10~20% 상승 가능성이 높음. 하지만 경제 불확실성이 크므로 하락

가능성도 배제할 수 없음.

테슬라(TSLA): 450~600달러 예상. AI & 자율주행 혁신 성공 시 800달러 이상도 가능.

엔비디아(NVDA): 현재 대비 20~50% 상승 가능. AI 붐 지속 시 300달러도 가능하지만, 경쟁 심화 시 100달러 이하로 하락할 위험도 있음.

◆ 투자 전략 (GPT 추천)

나스닥 투자: 금리 인하 확정 후 투자하는 것이 안전함.

테슬라 투자: AI & 자율주행 뉴스에 따라 변동성이 클 것으로 보이므로, 적절한 분할 매수 전략이 필요함.

엔비디아 투자: AI 반도체 시장이 여전히 성장 중이므로, 중장기적으로 매력적인 투자처가 될 가능성이 높음. 하지만 경쟁 심화 가능성을 감안해야 함.

이 예측은 단순 참고용이며, 시장은 예측 불가능한 변수들이 많으므로 신중한 투자 결정을 하길 바랍니다!

다 읽고 나니 박수가 절로 나왔다. 이만하면 훌륭하지 않은가? 예전과는 달리 당당하게 "GTP 추천"이라는 부제까지 더하여 투자 전략을 제시하는 모습에서 감탄하지 않을 수 없었다. 지피티의 결론은 '우상향'이었다. 증시의 등락을 한두 가지 요인으로 예측할 수는 없는 노릇이지만, 지피티는 그마저도 간단하게 정리하여 제시했다.

면면을 살펴봐도 그럴 듯하다. 트럼프는 대선 후보 시절부터 줄기차게 금리 인하를 외쳐 왔고, 트럼프의 당선과 함께 나스닥은 천장을 뚫어버렸다. 그런데 상황이 좀 묘해졌다. 여전히 금리를 인하하겠다고 호언장담하고 있지만 실업률, 인플레이션이 트럼프의 생각대로 움직여주지 않으면서 금리 인하 가능성이 점점 떨어지고 나스닥 지수 역시 함께 주춤한 상태다.

테슬라는 어떤가. 2024년은 테슬라 주주들에게는 더없이 행복한 해였지만, 2025년은 그렇게 만만치가 않다. 미국, 유럽에 이어 최대 시장인 중국에서마저 전기차 판매량이 저조한 성적을 나타내면서 위기감이 고조되는 상황이다. 사상 최고 주가를 찍었던 2024년 12월 중순에 비해 2개월도 안 돼 무려 30%가량 주가가 하락하면서 서학개미들의 속을 태우고 있다. 한창 정치 쪽으로 외도(?)를 하던 머스크도 더 이상 안 되겠던지 테슬라는 여전히 세계 최고의 회사임을 강조하면서 그 강점을 내민 것들이 혁신적인 '완전자율주행(FSD), AI, 로보택시' 등이다. 지피티의 의견과 정확히 일치하는 부분이다. 다만 기사를 찾아보면 알겠지만 이는 순전히 머스크의 주장일 뿐이고, 정부의 공식 허가를 받아내지 어떤 후폭풍이 닥칠지는 알 수 없는 일이다. 지피티는 테슬라의 성장 가능성을 예측하면서도 이러한 위험성을 반드시 체크하라고 강조한 것이다.

다음은 엔비디아다. 2025년 1월 말, 하루 만에 나스닥 지수가 3% 급락하고 엔비디아 시총에서 6,000억 달러가 증발되며 전 세계 투자 시장에 큰 충격에 빠졌다. 대혼란의 주인공은 바로 중국 스타트업에서 개발한

AI '딥시크'였다. 딥시크가 성능 면에서는 OpenAI에서 개발한 지피티와 필적하면서도 터무니없는 가성비를 자랑한다는 점에서 세계 최대 반도체 기업인 엔비디아가 큰 타격을 받은 것이다. 이후 충격의 여파에서 벗어나 주가를 회복했지만 근시일 내에 제2, 제3의 딥시크가 등장하지 말란 법이 없다. 다행히도 유수의 소프트웨어 기업들이 인공지능 개발에 더욱 박차를 가할 것으로 기대되며 2025년 주가는 호조가 예상되지만 투자자들은 지피티의 예상에도 없는, 저비용 고성능 인공지능 등장에 신경을 써야 할 것으로 보인다.

제미나이가 예상한 나스닥의 미래는? (테슬라와 엔비디아를 중심으로)

지피티가 인간 전문가의 의견을 먼저 정리하여 보여줬다면 제미나이는 긍정적, 부정적 시나리오 모두를 제시했다. 내가 원한 답이 아니므로 자체적으로 분석하여, 좀 더 가능성이 높은 한 가지 경우만을 선택하여 다시 답변을 요구했고 다음과 같은 결과가 나왔다.

Gemini ▷

2025년 말 나스닥 주가에 대한 명확한 방향성을 가지고 분석을 원하시는군요. 그렇다면 긍정적인 시나리오에 초점을 맞춰서 분석을 진행해 보겠습니다. 즉, 기술 혁신과 금리 인하, 경제 성장이 2025년에 현실화된다는 가정하에 나스닥 주가가 어떻게 움직일 수 있는지 살펴보겠습니다.

<긍정적인 시나리오 분석>

1. 기술 혁신

- 인공지능: 2025년에는 더욱 발전된 인공지능 기술이 다양한 분야에 적용될 것으로 예상됩니다. 특히 테슬라의 자율주행 기술, 엔비디아의 GPU 칩은 인공지능 시대의 핵심적인 역할을 수행하며 나스닥 상승을 이끌 수 있습니다.
- 자율주행: 테슬라를 중심으로 자율주행 기술이 상용화 단계에 접어들면서 관련 산업이 급성장할 가능성이 높습니다. 이는 테슬라 주가 상승뿐만 아니라 관련 부품, 소프트웨어 기업들의 주가 상승에도 긍정적인 영향을 미칠 수 있습니다.
- 신재생 에너지: 친환경 에너지에 대한 수요가 증가하면서 신재생 에너지 관련 기술이 더욱 발전할 것입니다. 이는 관련 기업들의 실적 개선으로 이어져 나스닥 상승에 기여할 수 있습니다.

2. 금리 인하

- 투자 심리 개선: 미국 연준의 금리 인하가 본격화되면 투자자들의 심리가 개선되고, 주식 시장에 대한 투자 매력이 높아질 수 있습니다. 이는 나스닥 지수 상승으로 이어질 가능성이 높습니다.
- 자금 유입: 금리 인하는 기업의 자금 조달 비용을 낮춰 투자 확대를 유도하고, 이는 주식 시장으로의 자금 유입을 촉진할 수 있습니다. 이는 나스닥 상승에 긍정적인 영향을 미칠 수 있습니다.

3. 경제 성장

- 글로벌 경제 회복: 2025년에는 글로벌 경제가 회복세를 보일 것으로 예상됩니다. 이는 기업 실적 개선으로 이어져 나스닥 지수 상승에 기여할 수 있습니다.

- 소비 증가: 경제 성장은 소비 심리를 개선시키고, 이는 기업 매출 증가로 이어질 수 있습니다. 이는 나스닥에 상장된 기업들의 실적 개선으로 이어져 주가 상승을 이끌 수 있습니다.
- 테슬라와 엔비디아

  테슬라: 긍정적인 시나리오가 현실화될 경우 테슬라 주가는 급등할 가능성이 높습니다. 자율주행 기술 발전, 신규 모델 출시, 생산 확대 등이 주가 상승 요인으로 작용할 수 있습니다.

  엔비디아: 엔비디아 역시 긍정적인 시나리오 속에서 높은 성장세를 보일 것으로 예상됩니다. 인공지능 반도체 수요 증가, 메타버스 플랫폼 확장 등이 주가 상승 요인으로 작용할 수 있습니다.

<결론>

긍정적인 시나리오가 현실화될 경우 2025년 말 나스닥 주가는 현재보다 훨씬 높은 수준을 기록할 수 있습니다. 테슬라와 엔비디아 역시 높은 성장세를 보이며 나스닥 상승을 이끌 것으로 예상됩니다. 하지만 긍정적인 시나리오 외에도 다양한 변수가 존재하므로 투자에는 신중한 접근이 필요합니다.

Disclaimer: 이 정보는 투자 조언이 아니며, 투자 결정에 대한 책임은 본인에게 있습니다.

2025년 나스닥 시장을 향한 제미나이의 시선 역시 지피티와 마찬가지

로 '긍정'적이었다. 자율주행(테슬라), 생산 확대(엔비디아) 이슈 등을 주가 상승 요인으로 바라보는 점도 비슷했다. 특히 '금리 인하'에 따른 파급 효과(투자 심리 개선, 자금 유입) 나스닥 지수가 상승할 수 있다고 전했다. 지피티가 명확한 금리 인하 시그널을 확인하고 투자에 나설 것을 주문한 만큼 투자자들은 미국의 금리 동향을 면밀하게 주시하고 있어야 하겠다.

그리고 노파심에서 하는 말이지만, 이런 식의 정보를 무턱대로 믿고 투자에 나서는 독자는 없으리라고 생각하겠다. 본인이 직접 인공지능을 활용했다 해도 다르지 않다. 해당 분야의 전문가가 아니라면 인공지능의 정보와 수급과 정리, 조언을 분석하고 간접적으로 활용하는 데 그쳐야지, 바로 "콜!"을 외치며 무작정 투자에 나서는 '비전문가'는 없으리라고 본다.

왜 이런 소리가 나오느냐면 투자 붐과 더불어 사기꾼들 역시 활개를 치고, 또 실제로 피해 금액이 상상을 초월하기 때문이다. 상식적으로 도무지 이해가 가지 않는 사기 사건이 매일매일 벌어지는 곳이 바로 대한민국이다. 그렇다면 그 이유는 무엇인가.

우리는 급한 성격으로는 세계에서 둘째가라면 서러운 한국인들이다. 피땀 흘려 힘들게 모은 돈을 투자한다면서 당연히 해야 할 검증을 거르고 더욱 당연하게 해야 할 투자 공부 따위는 하지 않는다. 그나마 검증된 전문가들의 의견을 참고라도 하면 낫다. 투자전문가들이 무당이라면 선무당의 발끝에도 못 미치는, 정체불명의 자칭 노스트라다무스들의 말을 홀랑 믿고 투자를 하고 '사기'를 당한다.

앞서도 다뤘지만 우리나라는 사기와 공갈이 판을 치는 국가다. 작심하고 속이는 놈들이 가장 나쁜 놈들이지만 사기에 아무런 대비도 하지 않았다가 허무하게 당하는 사람들 또한 비판을 면할 수 없다. 특히 큰돈이 오가는, 투자의 세계에서는 더욱 그렇다. 이쯤 되면 사기를 당하지 않는 것 역시 가장 기본적으로 갖춰야 할 투자 능력이라고 봐야 옳다. 그렇다면 짚고 넘어가야겠다. 어떻게 사면 사기 범죄의 피해자가 되지 않을 수 있는지를.

41

어떤 사람이 사기를 잘 당하는가?

ChatGPT ▶

한국에서 사기 범죄가 유독 많은 이유는 다양한 사회적, 경제적, 기술적 요인이 복합적으로 작용하기 때문입니다. 여기 몇 가지 주요 요인들을 소개합니다:

1. 기술 발달: 한국은 세계에서 가장 빠른 인터넷 속도와 높은 스마트폰 보급률을 자랑합니다. 이러한 기술적 환경은 온라인 거래와 소통을 촉진하지만, 동시에 사기범들에게 더 많은 기회를 제공합니다. 특히, 온라인상에서의 익명성은 사기 범죄를 저지르기 쉽게 만듭니다.
2. 사회적 신뢰: 한국 사회는 높은 수준의 사회적 신뢰를 바탕으로 운영되며, 이는 대부분의 경우 긍정적인 사회적 자산입니다. 그러나 이러한 신뢰를 악용하여 사기를 치는 경우도 있습니다.

3. 경제적 압박: 경제적 압박이나 불안정성은 사람들이 빠른 돈을 벌기 위한 불법적인 방법을 모색하게 만들 수 있습니다. 특히, 청년 실업률이 높거나 사회적 경쟁이 치열한 환경에서는 이러한 경향이 더욱 강해질 수 있습니다.
4. 법적, 제도적 문제: 법적 제재가 충분히 엄격하지 않거나, 사기 범죄를 단속하고 예방하기 위한 제도적 장치가 미흡할 경우 사기 범죄가 증가할 수 있습니다. 또한, 사기 범죄에 대한 인식이나 신고율이 낮은 것도 문제를 악화시킬 수 있습니다.
5. 문화적 요인: 사회적 지위나 부에 대한 강한 욕망이 사기와 같은 범죄를 정당화하거나 유인하는 문화적 요인이 될 수 있습니다. 또한, '빨리빨리' 문화로 인해 신중한 판단보다는 빠른 결정을 선호하는 경향이 이러한 범죄의 표적이 되기 쉽습니다.

이러한 요인들은 한국에서 사기 범죄가 많은 이유를 이해하는 데 도움을 줄 수 있지만, 각 사례마다 구체적인 상황과 원인이 다를 수 있으므로 주의가 필요합니다.

원고를 쓰면 쓸수록 느끼지만 지피티는 참 잘 만들어진 인공지능 같다. 미제美製임에도 한국 사정에 대해 빠삭하게 안다고 생각될 정도다(물론 틀리는 것도 많다). 막연하게 떠올랐던, 우리나라에 사기꾼이 판을 치는 이유를 말끔하게 정리해 주었다.

2번 "사회적 신뢰" 부분은 공감하지 않는 이도 있겠으나 한국인 특유의 끈끈한 정情 문화를 생각하면 충분히 이해할 만하다. 근래 들어 보이스피싱과 마약 범죄의 가해자, 피해자로 청년층이 급증하는 문제는 3번과 깊은 연관이 있다. 5번의 "'빨리빨리' 문화"의 경우 가장 공감하는 내용이다. 육이오전쟁 이후 재건을 넘어 세계에서 가장 '빨리' 경제적 성장을 이룩한 국가가 되었지만 그 과정에서 생겨나고 굳어진 빨리빨리 문화는, 사전 공부와 점검이 없는 '묻지 마 투자' 풍조에 한몫하고 있다. 특히 코로나19 기간 주식과 코인으로 벼락부자가 된 이들의 사례가 자극적인 워딩wording과 함께 퍼져나가면서 더욱 심화되었다.

나도 한번 최대한 빨리, 최대한 많이 벌어 보겠다는 결심은 좋게 보면 열의겠지만 솔직히 말하자면 그냥 조급증 그 이상도 이하도 아니다. 그 조급증이 사기꾼들에게 가장 손쉬운 먹잇감을 만든다. 요즘처럼 하루가 다르게 변하는 세상에서는 적응을 위해서라도, 효율을 위해서라도 '빨리, 많이' 해내는 능력은 중요하다. 그렇다고 필수불가결의 과정을 생략하라는 게 아니다. 반드시 선행되어야 할 검토가 생략된다면 그건 단지 도박이자 '빨리, 많이 망하는 지름길'일 뿐이다.

안타까운 케이스는 자신의 의지와 노력과는 별개로 타인에게 잘 속는 기질을 가진 이들이다. 여기서 반쯤 가벼운 마음으로 인공지능들에게 "남에게 속기 쉬운 사람인지 아닌지를 테스트하는 설문"을 만들어 달라고 했고 그중 하나를 소개한다.

Gemini ▷

속기 쉬운 성향 테스트 설문조사

이 설문조사는 당신이 남에게 속기 쉬운 성향을 가지고 있는지 파악하는 데 도움을 드립니다. 각 질문에 대해 솔직하게 답변해주세요.

1. 새로운 사람들을 만났을 때:
   (a) 쉽게 친해지고 털어놓는 편이다.
   (b) 조심스럽게 접근하고 관찰하는 편이다.
2. 누군가에게 칭찬을 받았을 때:
   (a) 기분이 좋아지고 믿게 되는 편이다.
   (b) 칭찬의 진위를 살펴보는 편이다.
3. 누군가가 도움을 요청했을 때:
   (a) 거절하기 어렵고 도와주는 편이다.
   (b) 도움을 주기 전에 신중하게 생각하는 편이다.
4. 누군가가 슬픈 이야기를 해주었을 때:
   (a) 쉽게 공감하고 동정하게 된다.
   (b) 이야기의 진위를 확인하려고 노력한다.
5. 누군가가 약속을 어겼을 때:
   (a) 쉽게 용서해주는 편이다.
   (b) 약속을 어긴 이유를 묻고 책임을 묻는 편이다.
6. 인터넷이나 뉴스에서 정보를 접했을 때:
   (a) 정보의 출처를 확인하지 않고 믿는 편이다.
   (b) 정보의 출처를 확인하고 비판적으로 생각하는 편이다.

7. 경품이나 할인 행사를 보았을 때:

(a) 쉽게 유혹에 넘어가는 편이다.

(b) 행사의 조건을 꼼꼼하게 확인하는 편이다.

8. 누군가가 자신을 특별하게 대하는 것 같을 때:

(a) 기분이 좋아지고 믿게 되는 편이다.

(b) 그 사람의 의도를 살펴보는 편이다.

9. 누군가가 자신에게 거짓말을 한 것을 알았을 때:

(a) 쉽게 용서해주는 편이다.

(b) 다시는 믿지 않고 거리를 두는 편이다.

10. 중요한 결정을 내려야 할 때:

(a) 충동적으로 결정하는 편이다.

(b) 여러 가지 가능성을 고려하여 신중하게 결정하는 편이다.

결과 분석:

(a) 답변이 많은 경우: 당신은 남에게 속기 쉬운 성향을 가지고 있을 가능성이 높습니다. 주변 사람들의 말이나 행동을 맹신하지 않고, 비판적인 시각을 유지하는 것이 중요합니다.

(b) 답변이 많은 경우: 당신은 남에게 속기 쉬운 성향이 낮습니다. 주변 사람들의 말이나 행동을 꼼꼼하게 살펴보고 판단하는 습관이 있는 것으로 보입니다.

참고: 이 설문조사는 간단한 테스트이며, 정확한 진단을 위해서는 전문가의 도움

이 필요합니다.

추가 조언:

주변 사람들의 말이나 행동을 맹신하지 마세요.

정보의 출처를 확인하고 비판적으로 생각하세요.

중요한 결정을 내려야 할 때는 충동적으로 판단하지 마세요.

자신의 감정에 휩쓸리지 않고 이성적으로 생각하세요.

경험이 부족한 분야에서는 다른 사람에게 조언을 구하세요.

제미나이가 만든 설문은 제법 그럴싸해 보인다. 개인적으로 그렇게 생각하는 이유는 이 질문에 대하여 지피티와 클로바의 답변 역시 각자의 개성이 있으면서도 비슷한 수준을 유지하고 있었기 때문이다. 각각의 답변 내용의 골자는 크게 다르지 않았다는 점도 신뢰를 주었다. 특히 인상 깊었던 구절이 있었는데 지피티의 마지막 언급이었다.

"설문조사는 자기반성의 도구로 사용될 수 있으며, 개인이 자신의 신뢰성과 판단력을 개선하기 위한 첫걸음이 될 수 있습니다."

누군가는 인공지능에게 단도직입적으로 "지금 테슬라 사면 돼?"와 같은 질문을 할지 모른다. 하지만 이 질문에는 어떠한 결심도, 성찰도, 열정도, 통찰도 없다. 그저 자신의 게으름과 무지함을 만천하에 드러낼 뿐이다. 우리가 해야 할 일은 저 어리석은 질문에 기꺼이 대답할 수 있는 전문가가 되는 것. 꿈을 이루기에는 자신이 턱없이 부족한 존재임을 인정("자기반성")하고, 인공지능과의 문답("도구")을 통해 전문가가 되기 위한 역량을 '차근차근' 쌓아 나가야 한다("자신의 신뢰성과 판단력을 개선").

내가 잘 속는 사람인지에 관한 설문을 해 보니 그렇다고 판단이 되었다면 '차근차근' 다음 질문으로 넘어가 보자.

"투자를 할 때 사기를 당하지 않으려면 어떻게 사고하고 행동해야 하는지 알려줘."

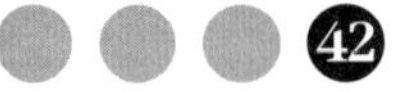

투자자는 '기본적'으로 어떻게 사고하고 행동해야 할까?

혹시 재테크에 관심이 많아 곧 시작할 생각이거나 이제 막 발을 들여 놓은 초보 투자자들을 위한 설문을 제시한다. 아래는 지피티가 만든 '투자를 할 때 사기당하지 않기 위해 가져야 할 사고방식과 행동 양식'이다. 스스로를 제대로 된 투자자라고 믿고 있다면 과연 저 항목 중 몇 가지나 지키면서 투자를 하고 있는지 (혹은 할 예정인지) 한번 체크해 보자.

ChatGPT ▶

주식, 부동산, 암호화폐 등 다양한 투자 영역에서 사기를 당하지 않으려면 주의 깊은 사고방식과 신중한 행동이 필요합니다. 여기 몇 가지 중요한 원칙을 소개합니다:

<사고방식>

1. 비판적 사고 유지: 제공된 모든 정보에 대해 비판적으로 사고하며, 너무 좋아 보이는 제안에는 특히 신중해야 합니다.
2. 지속적인 교육과 연구: 투자 분야에 대한 지식과 이해를 깊게 하기 위해 지속적으로 학습하고 연구합니다. 이는 합리적인 투자 결정을 내리는 데 필수적입니다.
3. 현실적 기대: 모든 투자에는 위험이 따릅니다. 비현실적인 수익 기대는 오히려 위험을 증가시킬 수 있습니다.
4. 장기적 관점: 단기적인 수익에 집중하기보다는 장기적인 가치와 수익성에 초점을 맞춥니다.

<행동 지침>

1. 공인된 플랫폼과 중개인 사용: 정부 또는 관련 기관에서 인정하거나 규제하는 플랫폼과 중개인을 통해 투자합니다.
2. 투자 전 충분한 조사: 투자 결정을 내리기 전에 충분한 시간을 들여 조사하고 분석합니다. 부동산의 경우, 위치, 법적 상태, 시장 가치 등을 확인하고, 암호화폐는 프로젝트의 신뢰성, 개발팀, 백서 등을 검토합니다.
3. 투자 다양화: 위험을 분산하기 위해 여러 투자 옵션에 분산 투자합니다. 한 분야에 모든 자본을 집중하지 않습니다.
4. 속도를 내라는 압박에 굴복하지 않기: 급하게 결정을 내리라는 압박이나 한정된 기회를 주장하는 제안에는 신중을 기합니다.

5. 개인 정보 보호: 개인 및 금융 정보를 보호하고, 안전한 통신 채널을 사용합니다. 투자 과정에서 요구되는 정보의 범위와 목적을 정확히 이해합니다.
6. 사기 경보와 주의사항 숙지: 금융 당국이나 관련 기관에서 제공하는 사기 경보와 주의사항에 주의를 기울입니다.
7. 계약서와 문서 검토: 투자와 관련된 모든 문서와 계약서를 신중하게 검토하고, 필요한 경우 법적 조언을 구합니다.
8. 비상금 유지: 투자 손실을 견딜 수 있는 비상금을 유지하여 전체 재정에 미치는 영향을 최소화합니다.

이러한 사고방식과 행동 지침을 통해 투자 시 사기를 당할 위험을 줄일 수 있습니다. 항상 신중하게 행동하고, 충분한 정보에 기반하여 합리적인 결정을 내리는 것이 중요합니다.

'나? 이런 거 잘 모르고 안 지켜도 사기 안 당하는데?'라고 생각한다면, 좋은 투자자가 되기 위해 가장 '기본'적으로 갖춰야 할 사고방식과 행동 양식 항목은 잘 따르고 있는지 다시 체크해 보라.

Gemini ▷

<개인 투자자의 성공을 위한 기본 사고방식과 행동 양식>

개인 투자자의 성공은 단순히 운이나 감에 의존하는 것이 아니라, 견고한 사고방식과 훈련된 행동 양식에 기반해야 합니다. 성공적인 투자를 위한 핵심적인 사고

방식과 행동 양식을 5가지로 나누어 설명하고, 각각에 대한 구체적인 실천 방법을 제시합니다.

1. 장기적인 관점:

· 단기적인 시장 변동에 흔들리지 않고 기업의 장기적인 성장 가능성에 투자하는 태도를 유지합니다.

· 단기적인 수익 추구보다는 기업의 내재가치와 성장 잠재력을 분석하는 데 집중합니다.

· 5년 이상의 장기적인 투자 기간을 설정하고, 일시적인 시장 하락에 대한 흔들림 없이 투자 전략을 유지합니다.

2. 객관적인 분석:

· 개인적인 감정이나 선입견에 휩쓸리지 않고 객관적인 데이터와 정보를 기반으로 투자 결정을 내립니다.

· 기업의 재무제표, 사업 모델, 경쟁 환경 등을 꼼꼼하게 분석하고, 투자 위험 요소를 정확하게 파악합니다.

· 다양한 투자 정보 및 전문가 의견을 참고하고, 객관적인 분석을 바탕으로 최종 투자 결정을 내립니다.

3. 분산 투자:

· 모든 투자를 한 곳에 집중하지 않고, 여러 자산과 기업에 분산 투자하여 위험을 최소화합니다.

· 국내외 주식, 채권, 부동산, 금 등 다양한 자산 클래스에 투자를 분산합니다.

· 개별 기업의 경우, 업종, 규모, 성장 단계 등을 고려하여 분산 투자합니다.

4. 꾸준한 학습:

· 투자 관련 지식과 경험을 꾸준히 학습하고, 새로운 투자 정보와 트렌드를 파악합니다.

· 투자 관련 서적, 기사, 블로그, 강연 등을 통해 지식을 쌓고, 투자 전략을 개선합니다.

· 투자 경험을 기록하고 분석하여, 자신의 투자 성향과 약점을 파악하고 개선합니다.

5. 감정 조절:

· 투자 과정에서 발생하는 두려움, 욕심, 후회 등의 감정을 효과적으로 조절합니다.

· 투자 계획을 세우고, 계획에 따라 객관적으로 투자 결정을 내리고 실행합니다.

· 감정에 휩쓸려 섣부른 매매를 하지 않도록 주의하고, 투자 손실을 최소화합니다.

이 외에도 성공적인 투자를 위한 몇 가지 추가적인 팁:

· 투자 목표를 명확하게 설정하고, 목표 달성을 위한 투자 계획을 세웁니다.

· 자신의 투자 성향과 위험 감수 능력을 정확하게 파악합니다.

· 투자 자금은 생활비와 분리하여 관리하고, 투자 손실을 감당할 수 있는 범위 내에서 투자합니다.

· 꾸준히 투자 기록을 관리하고, 투자 결과를 분석하여 투자 전략을 개선합니다.

성공적인 투자는 단기간에 이루어지는 것이 아니며, 꾸준한 노력과 훈련을 통해 이루어낼 수 있습니다. 위에 제시된 사고방식과 행동 양식을 꾸준히 실천하며, 자신만의 투자 철학을 구축하는 것이 중요합니다.

어떤가? 사기를 당하지 않는 법과 투자자로서 갖춰야 할 태도 사이에는 유사한 부분이 여럿 보인다.

- 장기적 관점
- 분산 투자
- 지속적(꾸준한) 학습
- 사전 조사(투자 전 객관적 분석)
- 비상금 유지(손실 시 감당 가능한 범위 내에서의 투자)

사기꾼들이 가장 많이 하는 말이 있다.

"이거 진짜 고급 정보예요. 눈 딱 감고 제가 하라는 대로 한번 해 보세요. 금방 큰돈 버십니다. 제 수익 내역 보시라니까요? 진짜죠? 그러니 우선 다 끌어다가 여기에 투자하세요. 조금만 지나면 주변에서 눈치채고 달려들어서 얼마 못 먹습니다. 바로 지금 하셔야 해요."

그렇게 바로 지금 하셨다가는 '사기'를 당하는 것이다. 저 사기꾼의 감언이설甘言利說에는 바로 위 다섯 가지 '투자자가 갖춰야 할 사고방식과 행동 양식 혹은 사기 당하지 않는 법'이 전부 무시되어 있다.

"조금 지나면" 수익률이 떨어지니 '장기적 관점'이 아니고 남이 "하라는 대로"만 하니깐 '사전 조사'와 '지속적 학습'이 생략된다. "다 끌어다가 여기에"만 투자를 해야 하니 '분산 투자'는커녕 '비상금 유지'마저 불가능하다. 투자의 기본적인 원칙들을 알고도 무시해서 사기를 당했다면 당한 사람에게 역시 책임이 있다. 투자 원칙의 '습득(학문이나 기술 따위를 배워서 자기 것으로 함)'을 게을리한 자의 말로다.

부자가 되기 위한 방법에 대해 파면 팔수록, 돈을 많이 벌기 위해 우리가 해야 할 일은 '학습'으로 귀결된다. 투자의 세계에서는 더욱 그렇다. 아무 근거 없이 즉흥적으로 매수해 놓고 차트만 들여다보고 있다고 해서 돈이 생기는 게 아니다. 투자자가 자신의 투자 행위에 대해 얼마나 잘 알고 있느냐에 따라 수익률은 크게 달라진다. 하물며 전문성이 보장된 투자 매니저에게 일임하더라도 그 투자 결과는 고스란히 본인이 지게 된다. 이것이 우리가 공부를 손에서 놓으면 안 되는 이유이다. 그렇다면 수익을 잘 내는, 좋은 투자자가 되기 위해 무엇을 어떻게 공부해야 하는지를 살펴보자.

수익을 잘 내는 투자자가 되기 위해서는 무엇을 공부해야 하는가?

아래는 주식이나 암호화폐 투자로 부자가 되고 싶다면 무엇을 공부해야 하느냐는 질문에 대한 인공지능들의 답변 내용이다.[50]

ChatGPT	GEMINI	CLOVA X[51]
1. 기본적 분석(재무제표 분석, 산업 및 경제지표 분석, 미래 성장성 평가 등) 2. 기술적 분석 3. 포트폴리오 관리 4. 리스크 관리 5. 심리학 6. 시장 및 금융 뉴스	1. 투자 기초 지식(투자 개념, 재무 분석, 기술 분석) 2. 투자 대상 관련 지식 3. 리스크 관리 4. 추가적 공부하면 도움이 되는 것들: 경제 및 금융 지식, 심리학, 프로그래밍	1. 경제 및 시장에 대한 이해 2. 투자 전략 수립 3. 종목 분석 4. 기술적 분석 5. 리스크 관리

50 내용을 좀 더 집중시키기 위해 질문에서 부동산은 언급하지 않았으며 "주식이나 암호화폐"를 대상으로 한 투자로 범위를 한정하였다.

51 클로바의 답변에는 공부해야 할 내용과 투자자로서의 태도 등이 혼재돼 있어, 나머지는 삭제하고 공부의 대상만을 나열하였다.

가장 먼저 눈에 띄는 부분은 "기술적 분석"이다. 기술적 분석이란 "시장 데이터와 통계를 기반으로 주식이나 암호화폐의 미래 가격 움직임을 예측하는 방법입니다. 차트 패턴, 추세선, 지지선, 저항선, 다양한 지표(예: 이동평균, RSI, MACD) 등을 활용하여 거래 시점을 결정합니다." (ChatGPT)라고 설명할 수 있다. 한마디로 "투자 타이밍을 파악하는 방법" (GEMINI)을 배우고 익히라는 소리다.

다음은 "리스크 관리"다. 세 인공지능 모두 토씨 하나 틀리지 않고 리스크 관리라고 언급했다. '포트폴리오'의 경우 리스크 관리에 포함해도 될 것이다. 언제, 어디에, 얼마만큼 투자를 하든 '감당이 가능한 수준' 내에서 이루어져야 함을 절대 잊어서는 안 된다.

독특한 부분은 "심리학"이다. 제미나이는 "투자 심리학을 이해하면 투자 과정에서 발생하는 감정을 관리하는 데 도움"이 된다고 하였으며 지피티 역시 심리 공부가 "공포와 탐욕, 군중 심리 등을 이해하고, 자신의 감정을 관리하는 방법"이라고 강조했다. 투자는 두 눈 시뻘게져서 달려드는 도박이 아니다. 차트가 조금만 출렁거려도 천당과 지옥을 오가는 사람이 제대로 된 투자를 하면서 정상적으로 일상을 이끌어 갈 리 만무하다. 심리 공부를 통한 마인드 컨드롤 또한 필수다.

그리고 또 눈에 들어오는 게 하나 있는데… 왠지 단어만 봐도 따분해지는, 해 봤자 쓸데없이 시간만 잡아먹을 것 같은, 뭐 그런 게 있다. 바로 '경제'다. 단박에 '이거 꼭 해야 하나?'라는 생각이 먼저 든다. 경제를 공부하면 분명하게 도움이 될 거라는 사실도 명확히 인지하고 있음에도 말이다. 그런데 '좋은 투자자가 되기 위해 경제 공부는 필수다'라는 명제는 무조건 성립하는가? 인공지능들도 당연히 그렇게 생각할까?

주식이나 코인에 투자할 때 경제 공부는 도움이 될까?

"인생은 짧다. 어서 빨리, 아주 많이 돈 벌어서 당당하게 회사도 그만두고, 평생 놀고 즐기면서 남은 생을 살아도 모자랄 판이다. 그런데, 경제 공부까지 하라니? 너무하지 않은가. 경제란 게 공부할 게 한두 가지도 아니고, 내가 뭔 학자도 아닌데 그렇게까지 할 필요는 없지 않을까? 이제서 하는 말이지만 내가 모의 투자 좀 해 봤는데 수익률이 장난이 아니더라고. 사실 차트만 잘 볼 줄 알아도 되는 거 맞잖아? 괜히 경제 공부한다고 설쳤다가는 생각만 많아져서 헷갈리기만 하고 시간만 잡아먹는다고. 제대로 안 배우고 공부 안 했어도 수억, 수십억 번 개미들 많잖아? 인생은 실전이야. 한번 두고 보라고!"

맞는 말이다. 무한 경쟁의 시대. 인생은 실전實戰(실제의 싸움)이다. 그래서 한번 놓은 수는 무를 수가 없다. 아무리 후회해도 소용없다. 책임은 고스란히 자신의 몫이다. 물론 승리를 거두고 큰 성공을 거머쥘 수도 있다. 물론 '극소수'의 이야기다. 거의 대부분은 패배자다. 내 주머니를 탈탈 털어 나와는 전혀 상관도 없는 승자의 계좌만 불려준다. 미치고 팔딱 뛸 노릇이다. 이런 비극을 미연에 방지하고자 한다면 방법은 두 가지다. 아예 승부를 시작하지 말거나, 최후의 승자가 되거나.

기호지세騎虎之勢라고 하지 않았는가? 어차피 시작했다면 끝을 볼 수밖에 없다. 그렇다면 실전에서 살아남기 위해서, 궁극적으로 승자가 되기 위해서는 무엇이 가장 중요한가? 인류사에 남을 걸작 『돈키호테』를 쓴 세르반테스Miguel de Cervantes는 이렇게 말했다.

"준비가 되어 있다면, 이미 절반은 (싸움을) 끝낸 것이다(The man who is prepared has his battle half fought)."

누가 시키지도 않았는데 자원입대한 후 전쟁에 나갔다가 한쪽 팔을 잃고, 해적에게 끌려가 몇 년간 노예 생활을 하는 등 '인생은 실전이다'를 몸소 확실하게 보여줬던 세르반테스의 말이니 100% 신뢰해도 좋다.

실전에서 가장 중요한 건 '준비'다. 투자자에게 준비란 무엇인가? 인공지능들이 언급했던 기술적 분석, 리스크 관리 등등의 투자 관련 공부와 모의 투자다. 메이저 금융사의 전문 매니저에게 전부 맡겨도 공부가 필요하냐고? 그렇게 안일하게 생각했다가는 피해액이 수조 원에 달한 '홍콩H지수 ELS(주가연계증권) 사태'와 같은 초유의 사고(혹은 큰 손해를 본 일부 투자자들의 말에 의하면 '사기')의 희생양이 되지 말란 법도 없다. 그리고 시작도 전에 골치부터 아픈 '경제'다. 경제 공부? 할까? 하지 말까?

ChatGPT ▶

주식, 암호화폐, 부동산 등에 투자하여 부자가 되려는 목표를 가지고 있다면, 경제 관련 지식은 매우 중요합니다. 그러나, 반드시 전문적인 경제학 지식을 갖추어야만 성공적인 투자를 할 수 있는 것은 아닙니다. 다음은 경제 관련 공부의 중요성과 다른 방법으로도 성공할 수 있는 이유를 설명합니다:

경제 공부의 중요성

1. 시장 이해: 경제 지식은 시장의 움직임을 이해하는 데 도움을 줍니다. 경제 지표, 금리 변동, 인플레이션 등은 모두 투자 결정에 영향을 미칩니다.
2. 위험 관리: 경제 사이클과 시장의 변동성을 이해함으로써, 위험을 관리하고 투자 포트폴리오를 다각화하는 데 유리합니다.
3. 장기 전략 수립: 경제적 통찰력은 장기적인 투자 전략을 수립하는 데 도움을 줍니다. 예를 들어, 경제 성장이 예상되는 지역의 부동산에 투자하거나, 기술 발전이 예상되는 분야에 주식 투자를 할 수 있습니다.

경제 공부 없이도 성공할 수 있는 이유

1. 전문가의 조언 활용: 투자에 대한 경제 지식이 부족하다면, 전문가의 조언을 구하거나 금융 상담사의 도움을 받을 수 있습니다. 이들은 투자 결정에 필요한 전문 지식과 경험을 제공할 수 있습니다.
2. 경험과 학습: 실제 투자를 통해 시장을 경험하면서 배우는 것도 가능합니다. 소액으로 시작하여 투자 결정의 결과를 통해 학습할 수 있습니다.

3. 기술적 분석: 특히 주식이나 암호화폐 투자에서는 경제 전반의 이해보다는 기술적 분석이나 시장 분석 기법에 더 중점을 둘 수 있습니다. 차트 패턴, 거래량 분석 등을 통해 투자 결정을 내릴 수 있습니다.

결론적으로, 경제 공부는 투자에 있어 매우 유용하며 위험을 줄이고 성공적인 투자 결정을 내리는 데 도움을 줄 수 있습니다. 그러나, 다양한 자원과 도구를 활용하며 실전 경험을 쌓는 것으로도 충분히 성공적인 투자를 할 수 있습니다.

의외로 지피티는 경제 공부가 반드시 필요한 건 아니라고 의견을 전했다. 분명 중요하긴 하지만 주식이나 코인처럼 "기술적 분석"이 특히 중요한 부문에서는 경제 공부가 필수는 아니라고 판단한 듯하다. 다만 간과하면 안 될 부분이 있다. "경제 공부 없이도 성공할 수 있는 이유"의 1번 "전문가의 조언 활용"을 보면 "투자 결정에 필요한 전문 지식과 경험을 제공"받으라고 했지 투자 결정을 전문가에게 맡기라고 한 게 아니다. 금융사의 매니저들은 당신을 위한 자원봉사자가 아니다. 투자 결정도, 투자 결과도 결국은 개인 투자자 자신의 몫이다.

2번 "경험과 학습"에도 함정이 숨어 있다. "실제 투자를 통해 시장을 경험하면서 배우는 것"이 가능하다고 했지만 (충분히 리스크 관리가 가능한) "소액" 투자라는 단서但書가 달려있다. 결국 이러한 의견들과 "경제 공부의 중요성"을 종합했을 때, 먼 미래를 내다보며 주체적으로 투자하고자 한다면 경제 공부의 당위성은 더욱 견고해진다. 이는 제미나이의 답변에서도 확인할 수 있다.

Gemini ▷

경제 관련 공부를 하는 것이 도움이 되는 경우:

· 가치 투자: 기업의 내재 가치를 분석하여 투자하는 방식입니다. 이 경우 기업의 재무상태, 사업 모델, 경쟁 환경 등에 대한 경제 지식이 필요합니다.

· 장기 투자: 경제 주기와 시장 트렌드를 이해하여 장기적으로 투자하는 방식입니다. 이 경우 경제 지표 분석 능력이 필요합니다.

· 적극적인 투자: 주식 매매, 암호화폐 거래 등 적극적인 투자를 하는 경우입니다. 이 경우 경제 뉴스 및 시장 상황에 대한 빠른 이해가 필요합니다.

경제 관련 공부 없이도 투자할 수 있는 경우:

· 수동 투자: ETF, 뮤추얼펀드 등을 통한 간접 투자 방식입니다. 이 경우 전문가가 운용하는 상품을 선택하기 때문에 직접적인 경제 지식은 덜 필요합니다.

· 단기 투자: 단기적인 뉴스나 기술적 분석에 기반한 투자 방식입니다. 이 경우 경제 지식보다는 빠른 정보 분석 능력이 더 중요합니다.

· 소액 투자: 큰돈을 투자하지 않고 경험을 쌓는 방식입니다. 이 경우 경제 지식보다는 투자 기본 원칙 이해가 더 중요합니다.

제미나이 역시 소액 투자, 단기 투자 그리고 투자 전문가를 통한 수동 투자의 경우에는 경제 공부의 중요성이 덜하지만 "장기적으로" 본인이 주도하는 “적극적” 투자에 관심이 많고 지금 하고 있다면 경제 공부가 도움이 된다는 의견이었다. 또한 “경제 지식을 갖추면 투자 성공 가능성을 높일 수 있으며, 투자 과정에서 발생하는 위험을 줄일 수 있습니다.”라고 이야기했다.

우리나라에 주식 투자 인구만 1,400만이 넘는다고 한다. 암화화폐 투자자까지 합산한다면 남녀노소 누구나 투자에 뛰어드는 시대라 할 수 있다. 2022년 말 폭락했던 주식과 코인 가격이 2023년 하반기부터 다시 슬금슬금 올라오더니 2024년 들어서는 나스닥, 비트코인이 전고점을 돌파하는 등 투자 시장이 크게 요동쳤다. 향후 더 많은 이들이 새로이 투자에 나설 텐데, 초심자일수록 더욱 조심스럽고 신중하게 접근이 필요한 시점이다. 조금은 길게 보면서, 차근차근 미래를 설계해 나가도 전혀 늦지 않다. 경제 공부에 재미를 붙여 가면서 말이다.

이제 투자 파트를 마무리하고자 한다. 그에 앞서 꼭 살펴보고 가야 할 사람이 하나 있다. 인공지능들이 추천해 준 경제, 투자, 금융 서적들 중에서 유일하게 2번 이상 추천을 받은 투자 관련 서적 『이기는 투자』의 저자 ‘피터 린치’다.

피터 린치의 투자법

지피티와 제미나이 모두 똑같이 "전설적인 펀드 매니저"라고 수식어를 붙일 만큼, 피터 린치는 투자 역사에 커다란 족적을 남긴 인물이다. 피터 린치의 핵심 투자 기법을 살펴보자면 다음과 같다.

ChatGPT ▶

1. 자신이 아는 것을 투자하라: 개인 투자자는 일상생활에서 경험하고 이해할 수 있는 기업에 투자해야 합니다. 자신이 잘 알고 있는 산업이나 제품을 기반으로 투자 결정을 내리면 성공 가능성이 높아집니다.
2. 기업의 펀더멘털 분석: 기업의 실적, 수익성, 부채 비율, 현금 흐름 등을 분석하여 투자 결정을 내립니다. 특히, P/E 비율(주가수익비율), PEG 비율(성장률 대비 P/E 비율) 등을 활용해 기업의 가치를 평가합니다.

3. 장기 투자: 단기 시장 변동성에 흔들리지 않고, 장기적인 관점에서 기업의 성장을 믿고 투자합니다. 피터 린치는 최소 3~5년 동안 주식을 보유하는 것을 권장합니다.
4. 다양화: 여러 산업과 기업에 분산 투자하여 리스크를 줄입니다. 특정 산업이나 기업의 부진이 전체 포트폴리오에 미치는 영향을 최소화합니다.
5. 성장주 투자: 성장 잠재력이 큰 기업에 투자합니다. 특히, 성장 초기 단계에 있는 소형주(small-cap)나 중형주(mid-cap)에 관심을 가집니다.
6. 재무 건전성: 부채 비율이 낮고, 꾸준한 현금 흐름을 유지하는 기업에 투자합니다. 재무적으로 건전한 기업은 경제 위기 시에도 살아남을 가능성이 높습니다.

지피티와 제미나이가 내놓은 내용은 거의 유사했다(제미나이 답변: 1. 잘 아는 분야에 투자하라 2. 장기 투자 3. 가치 투자 4. 다양한 종류의 주식에 분산 투자 5. 기업 분석 능력 함양). 잘 아는 분야에 투자하고, 장기적 관점에서 투자하며, 저평가된 주식을 찾아 가치 투자를 하고, 분산 투자(포트폴리오) 원칙을 유념해야 한다. 기업 (펀더멘털) 분석 능력의 함양은 말할 필요도 없다.

가만 보면 피터 린치의 위대함이 고스란히 드러난다. 이 책에서 다루는, 인공지능들이 제시한 개인 투자자의 올바른 태도와 무척 비슷하기 때문이다. 인공지능 말고도 실제로 투자 좀 한다는 사람들이 강조하는 투자 원칙을 찾아보면 피터 린치의 일찍이 책에 써낸 내용과 유사한 점을 곳곳에서 찾을 수 있다. 피터 린치의 『이기는 투자』는 출간된 지 30년이 되었다(1994년 출간). 조금 과장을 보태자면 피터 린치가 일찍이 내세운 투자 기법은 현대에도 여전히 통용되고 칭송을 받는 교범(敎範)이라 할 수 있다.

하지만 맹신만큼 위험한 행위도 없다. 코로나19 펜데믹 시기부터 전 세계 투자 시장은 여전히 혼란스럽다. 나스닥과 비트코인을 예로 들자면 가공할 만한 폭등(2020~2021)과 폭락(2022)을 주고받더니 폭등이라는 말이 모자라 보이는, 폭발(2023~현재) 상승장이 몇 년 사이에 한꺼번에 벌어졌다. 이는 기존의 질서가 무너졌음을 의미한다. 그렇다면 이 난장판에서도 몇 십 년이 된, 피터 린치가 책 『이기는 투자』에서 제시한 투자 원칙을 곧이곧대로 받아들이는 게 과연 맞는 것일까?

다음은 제미나이와 지피티가 공통적으로 지적한 피터 린치 투자 원칙의 약점이다.

1. 급변하는 기술과 장기투자의 한계

ChatGPT ▶ 새로운 기술과 혁신이 등장하면서 기존의 투자 원칙이 빠르게 변화할 수 있습니다. 이는 기존의 펀더멘털 분석을 어렵게 만듭니다. 또한 기술의 발전 속도가 빨라지면서 새로운 산업과 기업이 빠르게 성장하고 사라지는 경우가 많아지면서, 장기 투자 전략은 새로운 도전에 직면하게 되었습니다.

GEMINI ▷ 린치는 장기 투자의 중요성을 강조했지만, 기술 발전 속도가 빨라지면서 기업의 생존 주기가 짧아지고 있습니다. 과거에는 몇십 년 동안 우위를 점하던 기업들이 단기간에 몰락하는 경우가 발생하고 있습니다.

2. 고급 정보의 불충분한 수급과 기관과의 경쟁

ChatGPT ▶ 린치가 활동하던 시기에는 정보 비대칭이 더 컸습니다. 개인 투자자가 잘 모르는 정보나 기업을 찾을 수 있는 기회가 많았지만, 현재는 인터넷과 기술의 발전으로 정보 접근이 더 용이해졌습니다. 이는 '숨겨진 보석'을 찾기 어렵게 만듭니다. 반면 대형 기관 투자자들은 빅데이터와 AI를 활용하여 개인 투자자보다 더 정교한 분석을 수행할 수 있습니다.

GEMINI ▷ 린치는 개인 투자자도 충분한 정보를 통해 전문 투자자와 경쟁할 수 있다고 주장했지만, 알고리즘 트레이딩의 발달로 인해 개인 투자자들은 방대한 양의 데이터와 복잡한 알고리즘을 활용하는 기관 투자자들과 경쟁해야 하는 상황에 놓였습니다.

3. ESG에 대한 고려

ChatGPT ▶ 린치의 원칙은 주로 재무 분석에 중점을 두고 있어, ESG 요인을 충분히 고려하지 못할 수 있습니다. 사회적 책임을 다하는 기업에 대한 투자 수요가 증가하면서 이러한 요인을 고려하지 않은 투자 전략은 시대에 뒤떨어질 수 있습니다.

GEMINI ▷ 린치 시대에는 기업의 재무적 성과에만 초점을 맞추었지만, 현재는 환경, 사회, 지배구조(ESG) 요소를 고려한 투자가 중요해지고 있습니다. ESG 요소를 고려하지 않은 투자는 장기적으로 지속 가능하지 않을 수 있습니다.

4. 투자의 복잡성

ChatGPT ▶ 글로벌화로 인해 개별 기업이 전 세계 경제와 정치적 변화에 더 큰 영향을 받습니다. 다국적 기업의 회계와 재무 분석은 더욱 복잡해졌고, 이는 개인 투자자가 이해하기 어려울 수 있습니다.

GEMINI ▷ 린치 시대에는 주식, 채권 등 단순한 금융 상품이 주를 이루었지만, 현재는 다양한 파생 상품이 개발되면서 투자 환경이 복잡해졌습니다. 개인 투자자들이 이러한 복잡한 금융 상품을 이해하고 투자하기는 어렵습니다.

5. 알고리즘 트레이딩 대응전략 부재

ChatGPT ▶ 알고리즘 트레이딩과 퀀트 투자 전략이 시장에서 저평가된 주식을 빠르게 찾아내고 투자하는 상황에서 개인 투자자가 경쟁하기 어려워졌습니다.

GEMINI ▷ 소셜 미디어의 발달과 알고리즘 트레이딩의 확산으로 인해 시장 변동성이 커지고, 단기적인 시장 움직임에 휩쓸리기 쉽습니다. 린치의 장기 투자 원칙은 이러한 단기적인 변동성에 대한 대응에는 다소 취약할 수 있습니다.

전설적인 펀드 매니저라 칭송하며, 피터 린치의 투자 원칙을 극찬하던 지피티와 제미나이는 장황하게 그 투자 원칙의 약점을 나열했다. 위는 지피티와 제미나이 의견 중 비슷한 내용을 정리한 것이다. 지면상 전문을 싣지는 않았지만 제법 많은 부분에서 겹친다는 점을 감안하면 대충

흘려버릴 만한 내용은 아니라고 생각한다.

일례로 알고리즘 트레이딩에 관한 의견을 들 수 있다. 2024년 8월 5일, 블랙 먼데이를 재현하며 전 세계를 공포로 몰아넣었던 대폭락 사태가 벌어졌다(코스피지수 8.77% 하락, 니케이지수 12.4% 하락). 그 원인으로 미국 경기 침체 우려, 엔 캐리 트레이드Yen Carry Trade 등 다양한 의견이 쏟아져 나오고 있지만 월가에서조차 뚜렷하게 '이것이다!'라고 말하지 못하는 상황인데, 용의자 중 하나로 알고리즘 트레이딩이 지목되고 있다. 다음의 언론 보도는 당시의 분위기를 잘 드러내고 있다.

"일각에서 이 미스터리한 사태 주범으로 '알고리즘 트레이딩'을 지목하는 움직임이 있습니다. 쉽게 말해 기계가 자동으로 사고파는 프로그램 매매가 어떤 트리거를 계기로 대량의 변동성을 촉발하고 '스노우볼(작은 행동이 점점 쌓이면서 눈덩이처럼 커지는 것)' 효과를 만들었다는 겁니다. 최근 AI 기술이 놀라운 속도로 진화하면서 이번 대폭락 사태가 일종의 'AI 반격' 같은 게 아니겠느냐는 두려움이 사람들 마음속에 번지고 있습니다."[52]

이번 사태의 범인이 아니더라도 미국 등 해외 주식 시장에서는 대세가 된 알고리즘 트레이딩의 위력과 위상을 잘 드러내는 기사라고 할 수 있다. 이미 몇 년 전부터 비상식적인 급등락을 만들어내는 주범으로 지목

52 『SBS뉴스』, 「알고리즘이 대폭락 사태 범인일까?」, 임태우 기자(2024. 8. 9), https://news.sbs.co.kr/news/endPage.do?news_id=N1007755939

받아 온 알고리즘 트레이딩은 AI의 비약적인 발전과 함께 더욱 세를 넓힐 것으로 예상된다. 역설적으로 AI 기술의 발전에 힘입어 투자전문가, 기관, 거대 헤지펀드의 전유물로만 여겨졌던 알고리즘 트레이딩에 개인투자자가 직접 도전하고, 실제로 큰 수익을 내는 기회를 제공하기도 한다. 하지만 AI를 활용한 투자 또한 데이터 분석 능력, 프로그래밍 능력, 금융지식 등 다양한 역량이 필요하다는 점을 감안한다면 이 역시 쉬운 일은 아니다. 적지 않은 시간과 노력을 들여 공부를 하고 실행에 옮기고 경험을 쌓아야 하는데 본업이 따로 있다면 더더욱 어려울 수밖에 없다.

피터 린치가 전성기를 누리던 시절에 비해 평범한 개인이 투자에 나설 수 있는 환경이 한층 업그레이드된 것은 분명한데, 좀 더 쉽고 편하게 투자에 나설 수 있고 투자 대상도 훨씬 많아졌는데, 그때만큼 빠르게 (혹은 그때와 비슷한 속도로라도) 그리고 반드시 부자가 될 가능성이 높아졌느냐라고 묻는다면 그건 의문이 든다. 피터 린치가 운용하던 마젤란펀드의 연평균 수익률이 30%에 육박했던 1980년대와 좀 더 범위를 넓혀 1990년대까지 포함한 20세기 말과 비교해야 현재 주식 투자에 나서는 이들이 부자가 될 가능성이 높은가 혹은 낮은가라는 질문에 인공지능은 다음과 같이 결론을 내렸다.

Gemini ▷

"2024년 주식 투자, 더 나은 기회일까?"

<긍정적인 측면>

정보 접근성: 누구나 쉽게 투자 정보에 접근할 수 있어 투자에 대한 진입 장벽이 낮아졌습니다.

다양한 투자 상품: 개인의 투자 성향과 목표에 맞는 다양한 투자 상품을 선택할 수 있습니다.

자동화된 투자: 로보어드바이저 등을 활용하여 전문가의 도움 없이도 효율적인 투자가 가능합니다.

<부정적인 측면>

시장 변동성: 글로벌 경제 상황이 불안정하여 시장 변동성이 커졌습니다.

정보 과잉: 너무 많은 정보에 노출되어 오히려 투자 판단이 어려워질 수 있습니다.

경쟁 심화: 많은 사람들이 투자에 참여하면서 경쟁이 심화되어 수익률을 내기가 어려워졌습니다.

<결론>

피터 린치 시대와 비교했을 때, 2024년 주식 투자를 통해 부자가 될 가능성은 단정적으로 말하기 어렵습니다. 시대가 변하면서 투자 환경도 크게 달라졌기 때문입니다.

하지만, 긍정적인 마음으로 장기적인 안목을 가지고 투자한다면 충분히 좋은 결과를 얻을 수 있습니다. 중요한 것은 자신에게 맞는 투자 전략을 수립하고 꾸준히 실천하는 것입니다.

지피티의 의견도 크게 다르지 않았다.

ChatGPT ▶

결론적으로, 2024년 현재 주식 투자자들이 부자가 될 가능성은 과거에 비해 일부 측면에서는 높아졌지만, 다른 측면에서는 낮아졌다고 볼 수 있습니다. 개인 투자자는 더 많은 정보와 도구를 활용할 수 있게 되었지만, 더 높은 경쟁과 변동성, 불확실성에 직면하고 있습니다. 따라서 성공적인 투자를 위해서는 더욱 정교한 전략과 리스크 관리가 필요합니다.

상황이 이러함에도 주식을 하면 큰돈까지는 아니어도 반드시 수익을 올릴 수 있다는 기대감에 젖어 무작정 투자에 나서는 이들이 많다. 코로나19 팬데믹 시기, 그리고 2024년 두 번의 대상승장을 겪으며 전 세계에 들불처럼 번진 포모FOMO, Fear Of Missing Out 증후군[53]도 한몫했다. 유행에 민감한 MZ세대의 경우는 더욱 그러한데, 다른 세대와 비교했을 때 수익률이 신통하지도 않을 뿐만 아니라 별다른 준비가 없이 뛰어들었다가 손해만 보는 경우가 허다하다. 더욱 안타까운 것은 날린 돈이 아니라 헛된 투자로 날린, 황금보다 더 귀한 '청춘'이라는 시간일 것이다. 재무 전문가인 로버트 존슨Robert R. Johnson 크레이턴 대학교 교수는 한 언론사와의 인터뷰에서 부자가 되고 싶어 하고, 빠른 은퇴를 꿈꾸는 한국 청년들에게 다음

53 ChatGPT ▶ 포모 증후군(FOMO, Fear of Missing Out)은 다른 사람들이 자신이 놓치고 있는 기회나 경험을 하고 있을지 모른다는 불안감을 말합니다. 경제와 관련해서는, 투자자들이 포모 증후군을 느끼면, 중요한 정보를 놓칠까 봐 두려워 무리하게 투자하거나 유행하는 자산에 뒤늦게 뛰어드는 경향이 있습니다. 이는 비트코인, 주식, 부동산 등에서 버블을 형성하거나, 불안정한 시장 상황에서 과도한 리스크를 감수하게 만드는 요인이 될 수 있습니다.

과 같은 조언을 건넸다.

"1985년 워런 버핏 버크셔해서웨이 회장은 회사 주주들에게 보내는 서신에서 이렇게 이야기했다. '아무리 대단한 재능과 노력이 있어도 어떤 것들은 반드시 시간이 걸린다. 당신이 무슨 짓을 해도 한 달 만에 아이를 낳을 순 없다'라고 말이다. 부를 구축하는 가장 좋은 수단은 시간이다. 단순히 저축으론 안 된다. 저축과 투자를 병행해야 한다. 복리 효과를 고려하면 시간은 투자할 때 가장 큰 우군이 된다. 시간이 지남에 따라 가치가 상승할 만한 자산을 골라 투자하는 게 중요하다."[54]

모든 일에서는 순서가 있고 시간이 걸린다. 성과를 내는 게 목표라면 더더욱 그렇다. 그게 바로 '순리順理'다. 순리를 거스르는 일이 심심찮게 벌어지는 시대라지만 일확천금은 말 그대로 기적과도 같다. 물론 일순간에 천문학적인 돈을 벌어 벼락부자가 된 케이스도 있겠으나 그건 정말 벼락을 맞을 확률과 다름없다. 그런 극소수의 케이스를 수단으로 삼아 "당신도 순식간에 부자가 될 수 있다!"라는 식으로 과대광고를 하며 순진한 사람을 꾀어내는 장사치(혹은 양아치)들이 넘쳐나는 세상. 과대광고만 하면 다행이다. 버젓이 사기를 쳐서 부자를 꿈꾸던 이들을 순식간에 알거지로 만들어 버리는 범죄자들이 횡행한다.

투자에 관심은 있지만 관련 지식이 부족한 이들이 주된 범죄 대상이

54 『조선일보』, 「존슨 크레이턴대 교수 "게임스톱 투자자는 투자자 아닌 투기꾼"」, 홍준기 기자(2024. 5. 15), https://www.chosun.com/economy/weeklybiz/2024/05/15/H5S2Z5MSPVFS5GVINQZU2SXO6E/

다. 예를 들어 이런 식이다. "월스트리트 역사상 가장 성공한, 전설적 투자자 피터 린치가 직접 추천해 주는 미국 주식 정보를 알려드립니다. 상담을 신청해 주시면 메시지를 보내드려요."[55] 이렇게 당당하게 광고를 (무려 유튜브를 통해) 내보낸 후 오픈채팅방 등 SNS 메신저에서 먹잇감이 걸려들기를 기다린다.

"채팅방에는 A씨도 들어본 적 있는 전설적 펀드 매니저 '피터 린치'나 골드만삭스 수석 이코노미스트 '얀 하치우스' 등의 대화명을 사용하는 참여자도 있었다. 이들은 마치 통역 애플리케이션(앱)을 쓰듯 어눌하게 한국말을 사용하면서 일부 종목을 언급했고, 실제로 한동안 해당 종목으로 A씨는 수익을 낼 수 있었다. 이들은 '투자금을 늘려야 수익도 크다'며 A씨를 끈질기게 설득했고, A씨는 홀린 듯 가진 자본금을 모두 털어 넣었다. 그러나 직후 해당 종목 주가는 80% 이상 하락했으며 채팅방은 사라졌다. 모두 사기였던 것이다."[56]

'대체 이 말도 안 되는 사기에 누가 걸려든다는 말인가?'라고 반문하고 싶겠지만 "경찰청에 따르면 올(2024년) 상반기(에만) 접수된 유명인 사칭 피싱 등을 포함한 리딩방 사기 접수 건수는 3,937건에 피해액은 약 3,492억 원인 것으로 집계됐다. 이는 같은 기간 전화금융사기(보이스피싱) 피해

55 『한국일보』, 「'월가 영웅' 피터 린치가 찍어 준 종목? "'몰빵'하자 80% 하락"」, 곽주현 기자 (2024. 6. 16), https://www.hankookilbo.com/News/Read/A2024061611270002150

56 50)과 동일한 기사

액(3,242억 원)을 넘어선 규모다."[57] 신고가 안 된 사건들까지 합친다면 피해 규모가 어느 수준일지 가늠하기 어렵다. 사태의 심각성을 뒤늦게 파악한 정부와 기업들이 부랴부랴 대책 마련에 나서고 있지만 피해자들을 구제할 방법은 거의 없어 보인다. 대책을 세우더라도 점점 더 교묘해져 가는 리딩방 사기를 근절할 수 있는지 또한 의문이다. 현재로는 사기에 걸려들지 않게 투자자 입장에서 조심 또 조심하는 수밖에 없어 보인다.

피터 린치는 투자를 할 때 "자신이 무엇을 소유했고, 왜 그것을 소유했는지 알아야 한다(Know what you own, and know why you own it)."라고 강조했다. 이를 위해 우리는 투자할 기업의 펀더멘털을 분석하고, 그 기업의 성장 여력을 체크하고, 투자에 실패했을 시에 대비하여 포트폴리오를 구상한다. 하지만 이러한 과정을 싹 다 무시했기에 사달이 벌어진다. 반드시 거쳐야 할 마일스톤milestone(프로젝트의 중요한 이정표로서, 프로젝트의 진척 상황을 측정하고 관리하는 데 사용)을 뒤로한 채, 멋대로 존재하지도 않는 지름길을 찾아 나선 대가가 바로 사기 피해다.

금융사기를 저지른 범죄자들이 물론 나쁜 놈들이기는 하지만 피해자들에게 (많이도 아니고 약간의) '통찰력'만 있었더라도 저런 비극이 벌어지지는 않았을 것이다. "무보수로 진료하는 의사의 처방전은 가치가 없다(The doctor who prescribes gratuitously gives a worthless prescription)."라는 『탈

57 『파이낸셜뉴스』, 「"언론사 기사에 유명인이라 믿었죠"… 판치는 온라인 투자 사기」, 주원규 기자(2024. 8. 1), https://www.fnnews.com/news/202408011400020164

무드』의 격언을, 그 너무나도 당연한 세상살이의 이치를 이해하고만 있었어도 말이다(심지어 그 사기꾼들은 의사처럼 전문가도 아닌, 전문가 흉내만 냈을 뿐이다).

부자가 되는 길이든, 그 외에 다른 방식으로 사회적 성공을 꿈꾸든, 다 필요 없고 오직 소소한 개인적 행복을 추구하든 그 목적을 이루기 위해서는 통찰이 필요하다. 그렇다면 통찰이란 무엇인가? 통찰력을 키우기 위해 우리는 무엇을 해야 하는가?

"세상을 바라보는 자는 꿈을 꾸고,
내면을 들여다보는 자는 깨어난다."

- 칼 구스타프 융(Carl Gustav Jung)

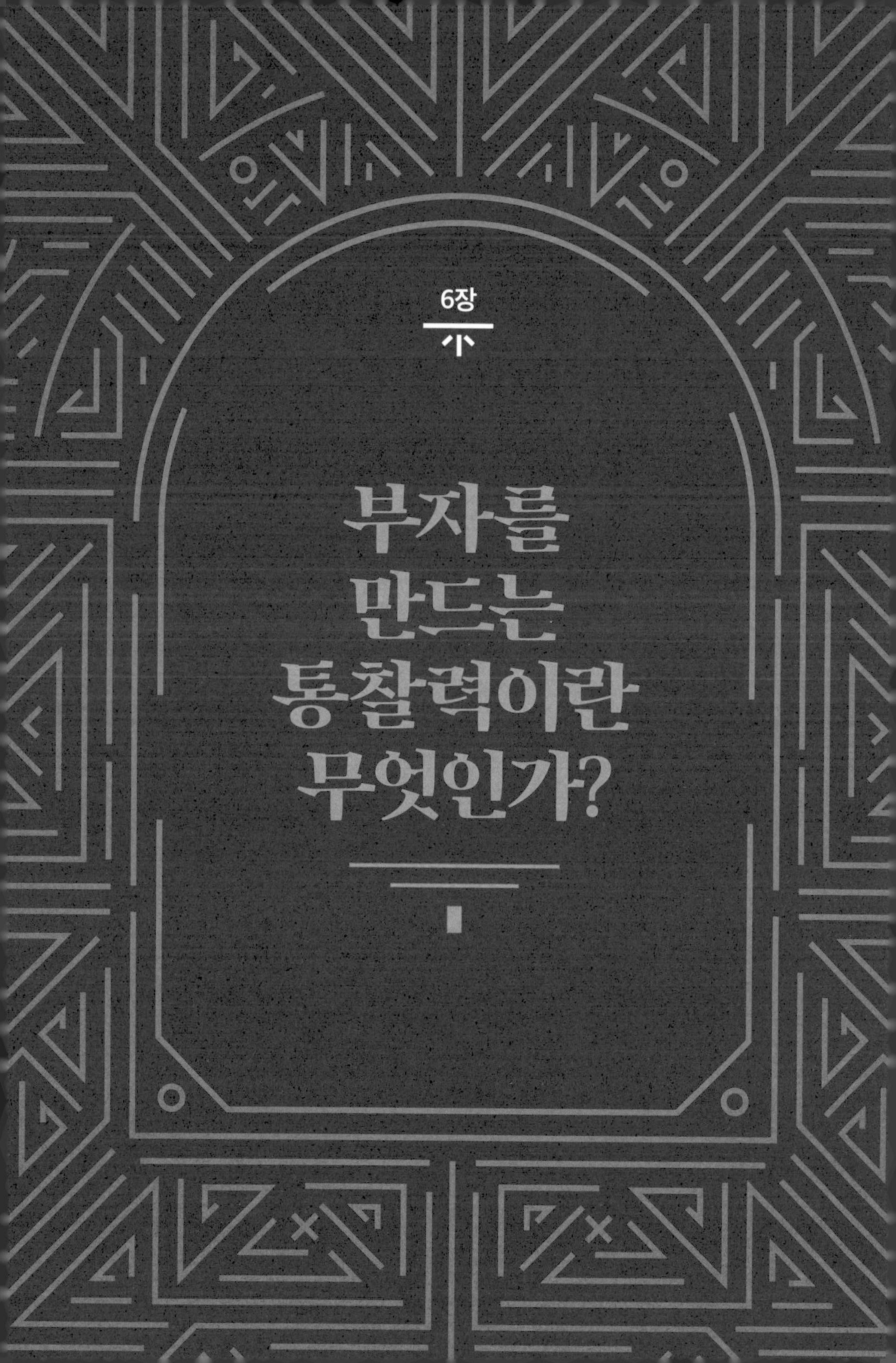
6장
부자를
만드는
통찰력이란
무엇인가?

통찰이란 무엇인가?

부자가 되고자 한다면 수많은 문제와 직면하고 이를 능히 해결해 내야만 한다. 크고 작은 프로젝트의 끊임없는 완수는 덤이다. 그 과정은 무척 지난至難하며, 또한 지루하다. 무엇보다도 요즘같이 세상이 획획 변하는 시대에는 돌아가는 상황을 면밀하게 파악해야 한다. 매의 눈으로 '관찰'하면서.

관찰觀察은 "사물이나 현상을 주의하여 자세히 살펴봄."을 의미한다. 멍하니 보고만 있는 게 아니다. 시퍼렇게 두 눈 뜨고 있어도 코 베어 가는 세상이니깐. 가만있으면 당한다. '주의'를 기울여야 한다.

그런데 부자가 되고자 하면 관찰로도 부족하다. 돈이, 그냥 돈도 아니고 큰돈이 달려 있기 때문이다. 관찰만 잘하면 사기는 안 당하겠지만 그 정도로 부자가 되는 데 필요한 경쟁력을 갖췄다고 할 수는 없다. 비범하고 신묘한 나만의 경쟁력, 관찰력보다 훨씬 특출한 능력, "예리한 관찰력으로 사물을 꿰뚫어 보는" 힘, 바로 '통찰洞察'력을 갖춰야 한다.

그렇다면 통찰insight이란 무엇인가?

Gemini ▷

insight라는 단어는 영어로 '통찰력', '깊은 이해'라는 의미를 가지고 있습니다. 이 단어의 어원을 살펴보면, 흥미로운 이야기가 숨겨져 있습니다.

In- + sight:

In-: '안쪽으로, 내부로'라는 의미를 가진 접두사입니다.

Sight: 시각, 시야라는 의미를 가진 단어입니다.

따라서 insight는 직역하면 '안쪽을 보는 것', 즉 사물의 내면을 깊이 들여다보아 핵심을 파악하는 것을 의미합니다. 마치 어두운 동굴 안쪽을 횃불로 비추어 보듯이, 사물의 표면을 넘어 그 이면에 숨겨진 진실을 꿰뚫어 보는 것을 의미하는 것이죠.

앞서 우리는 피터 린치라는 이름에 혹해 사기를 당한 이들에 대해 이야기했다. 물론 사기꾼들에게 1차적 책임이 있지만 피해자들이 거래 대상자의 정체와 의도, 그리고 내가 지금 하고 있는 행위의 타당성을 '파악'하기 위해 통찰력을 발휘했더라면 그러한 일은 벌어지지 않았을 것이다. 누구나 부자를 꿈꾸고 누구에게나 부자가 될 기회가 열려 있는 자유주의경제에는 사기라는 함정이 항시 도사리고 있음을 통찰했더라도 그런 일은 벌어지지 않았을 것이다. 따지고 보면 지금껏 우리가 부자가 되기 위해 갖춰야 할 태도와 능력이라고 알게 된 것들을 하나의 단어로 집약하자면 통찰에 가장 가까워 보인다.

CLOVA ☞

통찰(洞察)은 예리한 관찰력으로 사물을 꿰뚫어 보는 것을 의미합니다. 이는 단순히 표면적인 현상을 관찰하는 것을 넘어서, 그 안에 숨겨진 본질이나 원리를 이해하고 파악하는 것을 포함합니다. 통찰은 다음과 같은 특징을 가지고 있습니다.

1. 깊은 이해: 통찰은 단순히 정보를 수집하고 분석하는 것을 넘어서, 그 정보가 가지는 의미와 가치를 깊이 이해하는 것을 의미합니다. 이를 위해서는 해당 분야에 대한 전문 지식과 경험이 필요합니다.
2. 새로운 시각: 통찰은 기존의 고정관념이나 편견을 벗어나 새로운 시각으로 사물을 바라보는 것을 의미합니다. 이를 통해 기존에는 생각하지 못했던 새로운 아이디어와 해결책을 찾을 수 있습니다.
3. 문제 해결 능력: 통찰은 문제를 해결하는 데에도 큰 도움이 됩니다. 문제의 원인을 파악하고, 그에 맞는 적절한 해결책을 제시할 수 있기 때문입니다.
4. 미래 예측: 통찰은 미래를 예측하는 데에도 활용됩니다. 현재의 상황과 추세를 분석하여 미래에 일어날 가능성이 높은 일을 예측하고, 그에 대한 대비책을 마련할 수 있습니다.
5. 창의성: 통찰은 창의성을 발휘하는 데에도 큰 도움이 됩니다. 새로운 시각으로 사물을 바라보고, 기존에는 생각하지 못했던 새로운 아이디어를 창출할 수 있

기 때문입니다.

통찰은 인간의 삶에서 매우 중요한 역할을 합니다. 기업에서는 통찰을 통해 시장의 변화를 예측하고, 새로운 제품이나 서비스를 개발합니다. 개인적으로는 자신의 삶을 되돌아보고, 자신의 강점과 약점을 파악하여 발전할 수 있는 기회를 찾을 수 있습니다.

그 어느 하나 부자가 되기 위해 필요하지 않은 것이 없고 이 책에서 내내 다루었던 내용들이다. 우리가 흔하게 내뱉는, 성공하는 법 역시 마찬가지일 터. 만일 사회적으로 큰 성공을 거두고 그에 따른 보상으로 큰 부를 거머쥐고 싶은데 막연하기만 하고 뭘 해야 할지 잘 모르겠다면 통찰력을 키우는 데 우선 집중해 보는 건 어떨까?

통찰과 유사한 단어로는 혜안慧眼이 있다. 혜안의 사전적 의미는 "사인공지능이 예측했던 202물을 꿰뚫어 보는 안목과 식견"으로 불교에서 유래되었다. 불교에는 이 혜안을 포함한 다섯 가지의 눈, 오안五眼이란 것이 있다(산스크리트어로는 pañca caksūjsi). 지피티는 "불교 철학에서 깨달음에 이르는 과정과 수행의 목표를 설명하는 데 중요한 개념"이라고 오안을 정의한다. 또한 "각 눈은 수행자가 점차적으로 높은 차원의 깨달음으로 나아가는 단계를 나타내며, 궁극적으로는 모든 현상의 본질을 이해하고 자비와 지혜로 모든 존재를 이롭게 하는 상태에 도달하는 것을 목표"로 한다고 설명을 덧붙인다.

ChatGPT ▶

· 육안(肉眼, mamsa-caksus): 일반적인 사람의 물리적인 눈을 말합니다. 물질적인 세상을 지각하는 능력을 나타냅니다.

· 천안(天眼, divya-caksus): 천상의 눈 또는 초자연적인 눈으로, 육안으로는 볼 수 없는 먼 거리나 미세한 것들, 미래의 일 등을 볼 수 있는 능력입니다.

· 혜안(慧眼, prajna-caksus): 지혜의 눈으로, 사물의 진정한 본질과 공성(空性)을 통찰하는 능력을 의미합니다.

· 법안(法眼, dharma-caksus): 법의 눈 또는 가르침의 눈으로, 모든 불교 법문(法門)을 이해하고 그것을 바르게 보는 지혜를 나타냅니다.

· 불안(佛眼, buddha-caksus): 부처의 눈 또는 불타의 눈으로, 모든 것을 있는 그대로 보고 이해하는 궁극의 지혜를 의미합니다. 이는 모든 차별과 구분을 넘어서는 절대적인 깨달음의 상태입니다.

각각의 종교마다 궁극적으로 추구하는 목표가 있다. 그 목표를 이루기 위해서는 각고刻苦의 노력이 동반된다. 그것도 아주 긴 시간 동안. 부자가 되는 길 또한 별반 다르지 않다. 부자가 된다는 것은 수행, 그냥 수행도 아닌 고행(몸으로 견디기 어려운 일들을 통하여 수행을 쌓는 일)의 길이다. 다만 그 고행을 액면 그대로 고통으로만 받아들인다면 몸과 정신이 남아날 수 있을까? 그래서 입지전적 성공을 거둔 이들이 하나같이 긍정 마인드를 강조하는지도 모르겠다.

물론 우리의 궁극적 목표는 해탈解脫이 아니다. 바로 혜안을 구해내기만 해도 충분하다. 그렇다면, 큰돈을 버는 데 꼭 필요한 혜안, 즉 통찰력을 어떻게 해야만 기를 수 있는가?

어떻게 해야만 통찰력을 기를 수 있는가?

원고를 써 가면서 나는 부자가 되기 위해 꼭 갖춰야 할 단 하나의 능력을 '통찰력'이라고 결론 내렸다. 이러한 의견이 타당한지 인공지능들에게도 물어보았다. 갑과 을의 관계는 아니지만 다행히도(?) 인공지능들은 대체로 긍정적으로 받아들였다.

지피티는 통찰력을 "성공과 부를 이루는 데 필요한 여러 복합적인 요소들을 한데 묶어주는 중요한 능력"이라고 평했으며, 제미나이는 "단순히 돈을 버는 것을 넘어 지속적인 부를 창출하고 유지하기 위해서는 미래를 예측하고 변화에 빠르게 대응하는 능력이 필수적이며, 이는 통찰력과 직결"된다고 답하였다. 이만하면 극찬이 아닐까 싶다. 그렇다면 통찰력은 어떻게 해야 길러지는가? 지피티에게 답변을 요구했다. 적절한 예시도 함께.

ChatGPT ▶

부자가 되기 위한 "통찰력"을 키우는 것은 단기간에 이루어질 수 있는 것이 아니며, 지속적인 학습, 경험, 자기반성, 관찰을 통해 길러집니다. 다음은 통찰력을 키우는 데 도움이 되는 여러 방법과 실생활에서 적용할 수 있는 예시들입니다.

1. 다양한 지식 습득과 학습

예시: 워런 버핏과 같은 투자자들은 꾸준한 독서를 통해 경제, 산업, 비즈니스 트렌드를 파악하고, 다양한 분야의 지식을 쌓는 데 집중합니다. 매일 책을 읽고, 산업 보고서, 경제 기사, 비즈니스 뉴스 등을 통해 최신 정보를 습득하는 습관을 기르는 것은 통찰력을 키우는 첫걸음입니다.

방법: 매일 일정 시간 독서를 하고, 다른 사람들과 토론하거나 의견을 나누어 다양한 시각을 접하는 것이 중요합니다.

2. 다양한 경험을 통한 학습

예시: 일론 머스크는 다양한 산업(페이팔, 테슬라, 스페이스X, 뉴럴링크 등)에서 경험을 쌓으며 각 산업의 핵심을 파악하고 통찰력을 키워왔습니다. 한 분야에만 국한되지 않고 여러 분야에서 일해 보며, 다양한 문제 해결 방식을 체득하는 것이 중요합니다.

방법: 새로운 도전을 두려워하지 말고, 다양한 프로젝트에 참여하거나 새로운 기술을 배우고, 다른 산업 분야의 사람들과 교류해 보는 것이 도움이 됩니다.

3. 패턴 인식 능력 개발

예시: 피터 린치 같은 유명한 투자자는 시장의 패턴을 인식하고 이를 기반으로 투자 전략을 세우는 것으로 유명합니다. 그는 소매업, 소비자 행동 등의 패턴을

통해 새로운 투자 기회를 포착하곤 했습니다.

방법: 데이터를 분석하고, 과거의 성공과 실패 사례를 연구하여 반복되는 패턴을 찾아내는 연습을 합니다. 이를 위해 특정 주제나 분야에 대해 깊이 있게 공부하고, 역사적 데이터를 활용해 예측 모델을 세워보는 것도 좋습니다.

4. 자기 성찰과 피드백 수용

예시: 레이 달리오는 자기 성찰과 피드백을 통한 학습의 중요성을 강조합니다. 그는 자신의 책 『원칙(Principles)』에서 "겸손한 자세로 자신의 실수와 약점을 파악하고 개선해 나가는 과정이 통찰력을 키우는 핵심"이라고 언급했습니다.

방법: 자신의 행동이나 결정에 대해 꾸준히 피드백을 받는 시스템을 구축하고, 이를 통해 무엇이 효과적이었고 무엇이 그렇지 않았는지 분석합니다. 일기를 쓰거나 멘토와 정기적인 상담을 하는 것도 좋은 방법입니다.

5. 다양한 관점을 받아들이는 개방적 사고

예시: 스티브 잡스는 다양한 분야에서 영감을 얻고, 이를 자신의 창의적 비전으로 발전시키는 데 탁월했습니다. 그는 기술과 예술의 교차점에서 혁신을 만들기 위해 다양한 분야의 사람들과 아이디어를 교환했습니다.

방법: 자신의 관점과 다른 의견을 가진 사람들과 교류하고, 열린 마음으로 다른 사람의 생각을 받아들입니다. 다른 문화, 역사, 철학 등을 배우는 것도 통찰력을 넓히는 데 큰 도움이 됩니다.

6. 리스크 감수와 실패를 통한 학습

예시: 제프 베이조스는 아마존을 시작하면서 큰 리스크를 감수했고, 그 과정에서 다양한 실패를 경험했습니다. 그는 실패를 성공으로 이끄는 학습의 기회로

삼았습니다.

방법: 새로운 아이디어나 프로젝트에 도전할 때 실패를 두려워하지 않고, 실패를 통해 배우고, 그것을 피드백으로 삼아 더 나은 결정을 내리는 과정을 반복합니다.

7. 트렌드와 미래 전망에 대한 깊은 이해

예시: 캐시 우드와 같은 투자자들은 기술 혁신과 미래 트렌드에 대한 깊은 이해를 바탕으로 장기적인 투자 결정을 내립니다. 그녀는 기술, 인구통계, 경제의 미래를 연구하여 고수익을 창출할 수 있는 기회를 찾아냅니다.

방법: 최신 기술, 사회 변화, 경제적 흐름을 이해하고, 이를 바탕으로 장기적인 전략을 수립하는 연습을 합니다. 이 과정에서 미래학이나 경제학을 공부하는 것도 도움이 될 수 있습니다.

8. 인간 행동과 심리에 대한 이해

예시: 찰리 멍거는 인간 심리와 행동 경제학에 대한 깊은 이해를 바탕으로 투자 결정을 내리는 것으로 유명합니다. 그는 투자에서의 감정적 요소를 이해하고 이를 활용하여 더 나은 결과를 만들어 냈습니다.

방법: 심리학, 행동 경제학, 사회학 등을 공부하여 사람들의 행동과 결정을 이해하고 이를 비즈니스와 투자에 적용합니다.

통찰력을 키우기 위해서는 이러한 다양한 방법을 종합적으로 활용하며, 지속적인 학습과 실천을 통해 더 깊은 이해와 지혜를 쌓아가는 과정이 필요합니다.

단순하게 '돈을 많이 버는 데 필요한 기술'과는 결이 좀 달라 보인다.

일부 항목에서 행동을 이끄는 동력은 돈보다는 '인간'에 가까워 보인다. 인문학적 관점에서 '나'의 성장을 도모하거나, '나와 타인' 혹은 '나와 사회'의 관계에 대한 고민과 연구, 개선에 집중하는 모양새다. 그렇다면 다른 인공지능들은 통찰력을 키우는 방법으로 무엇을 제시했을까? 우선 키워드만 나열하자면 이렇다.

GEMINI ▷	CLOVA
1. 끊임없는 학습과 지식 탐구	1. 독서
2. 다양한 사람들과의 교류	2. 경험
3. 창의적인 사고 훈련	3. 타인의 의견 경청
4. 경험을 통한 학습	4. 관찰
5. 꾸준한 자기 성찰	5. 자기계발
6. 뉴스와 시사에 대한 관심	6. 멘토링
7. 실패를 두려워하지 않는 자세	7. 명상

세 가지 인공지능의 의견을 종합하자면 대체로 이렇다. "꾸준하게 지식을 습득하고 창의력을 키우는 데 주력한다. 또한 멘토링과 네트워킹 등 타인과 활발히 교류해 나간다. 경험 쌓기를 주저하지 않고 실패를 두려워하지 않는다. 부단한 자기 성찰에 더하여 약점은 지우고 강점은 강화하는 자기계발 또한 중요하다." 독특한 포인트로는 지피티의 "인간 행동과 심리에 대한 이해", 제미나이의 "창의적 사고 함양을 위한 역발상 훈련", 클로바의 "집중력을 향상 내면을 탐색하는 명상" 또한 추가하고 싶다.

'이 많은 걸 언제 다 해?'라는 걱정이 먼저 들지만 다시 강조하자면 열반에 이르기 위한 고행만큼이나 부자가 되기란 쉽지 않다. 이 당연하고 단순한 전제를 무시하고 돈을 벌겠다 덤비기에 문제가 발생한다. 역으로 자기 자신에게 물어보면 명료해진다. '누군가 내 돈을 날로 먹으려고 하고 있어. 어떻게 해야 하지?' 뭘 어떻게 하겠는가. 사력을 다해 저지하는 수밖에. 다시 반대로 세상은 우리에게 동전 한 닢 가벼이 베풀지 않는다. 인공지능들이 말하는, 부자가 되기 위해 갖춰야 할 능력들은 전혀 과하지 않다. 다만 꼭 부자가 되기 위해 반드시 갖춰야 할 능력 하나가 무엇인지는 알아냈으니 다행이라고 해야 할까?

그 대단하다는 통찰력을 키우기 위해 필요한 항목 중에서 개인적으로 눈에 띄는 것은 (직업이 직업인지라) '독서'였다. 앞서 우리는 부자가 되기 위해 꼭 읽어 보아야 할 '경제·투자 분야의 책'을 인공지능들에게 추천받았다. 이번에도 나는 인공지능에게 책을 추천 받고자 한다. 그런데 질문을 달리해야겠다. 왜냐하면 세 가지 인공지능 모두 '다양한 분야의 책 읽기'를 콕 집어 언급했기 때문이다. 그래서 인공지능에게 묻고자 한다. (경제 관련 도서는 이미 추천을 받았으니) 부자가 되는 데 필요한 통찰력을 키우기 위해 읽어야 할 책, 특히 경제가 아닌 다른 분야의 책이 무엇인지를.

통찰력을 키우기 위해서 꼭 읽어야 할, 비경제 분야의 도서 5권은? 1

ChatGPT ▶

부자가 되기 위한 통찰력을 키우는 데 있어 경제와 관련이 없는 분야의 책을 읽는 것은 매우 유익한 접근입니다. 다양한 분야에서 얻는 통찰은 새로운 관점과 창의적 사고를 가능하게 하며, 더 나은 의사결정을 내리는 데 도움을 줄 수 있습니다. 다음은 경제와 직접적으로 관련이 없는 분야에서 통찰력을 키우는 데 도움이 될 만한 5권의 책 추천입니다.

1. 『생각에 관한 생각』(Thinking, Fast and Slow) - 대니얼 카너먼(Daniel Kahneman) / (2018년 3월 '김영사')

   분야: 심리학, 행동 경제학

   내용: 이 책은 인간의 사고 과정에 대한 깊은 통찰을 제공합니다. 대니얼 카너

먼은 우리의 의사결정이 어떻게 두 가지 다른 시스템(빠른 직관적 사고와 느린 분석적 사고)에 의해 작동하는지를 설명합니다. 이를 통해 사람들의 행동과 선택에 대한 깊은 이해를 얻을 수 있습니다.

통찰력 키우기: 사람들의 행동과 결정 방식을 이해하는 것은 비즈니스와 투자에서도 중요한 자산이 됩니다. 이 책은 왜 사람들이 비합리적인 결정을 내리는지에 대한 통찰을 제공합니다.

2. 『사피엔스』(Sapiens: A Brief History of Humankind) - 유발 하라리(Yuval Noah Harari) / (2015년 11월 '김영사')

분야: 역사, 인류학

내용: 이 책은 인류의 역사와 발전 과정을 통해 인간 사회의 진화와 변화의 동력을 설명합니다. 유발 하라리는 인간의 문화, 종교, 과학 기술, 정치적 구조가 사회를 형성하는 방식에 대해 깊이 있는 통찰을 제공합니다.

통찰력 키우기: 사회의 변화를 이해하고, 그 변화 속에서 새로운 기회를 찾는 데 필요한 역사적, 문화적 맥락을 배울 수 있습니다.

3. 『블랙 스완』(The Black Swan: The Impact of the Highly Improbable) - 나심 니콜라스 탈레브(Nassim Nicholas Taleb) / (2018년 4월 '동녘사이언스')

분야: 철학, 리스크 관리

내용: 나심 탈레브는 예측할 수 없는 사건(블랙 스완)이 우리 삶과 역사에 얼마나 큰 영향을 미치는지를 설명합니다. 그는 예측 불가능성과 리스크를 어떻게 다

루어야 하는지에 대한 새로운 시각을 제공합니다.

통찰력 키우기: 예상치 못한 사건이 발생했을 때 이를 인식하고 대응하는 능력을 키우는 데 도움을 줍니다. 이는 비즈니스와 투자 전략에서도 중요한 통찰입니다.

4. 『슈퍼 예측, 그들은 어떻게 미래를 보았는가』(Superforecasting: The Art and Science of Prediction) - 필립 테틀록(Philip E. Tetlock), 댄 가드너(Dan Gardner) / (2017년 6월 '알키')

분야: 심리학, 예측학

내용: 이 책은 어떻게 사람들이 미래를 예측하고, 예측 능력을 키울 수 있는지에 대한 연구와 사례를 다룹니다. 필립 테틀록은 예측의 정확성을 높이는 방법을 통해 불확실한 세계에서 어떻게 더 나은 결정을 내릴 수 있는지 설명합니다.

통찰력 키우기: 더 나은 의사결정을 위한 예측 능력을 기르고, 이를 바탕으로 미래의 기회를 포착할 수 있는 통찰력을 키우는 데 도움이 됩니다.

5. 『과학혁명의 구조』(The Structure of Scientific Revolutions) - 토머스 쿤(Thomas Samuel Kuhn) / (2013년 9월 '까치')

분야: 과학 철학, 혁신

내용: 이 책은 과학 혁명이 어떻게 발생하고, 패러다임이 어떻게 전환되는지를 설명합니다. 토머스 쿤은 혁신이 어떻게 기존의 사고방식을 깨고 새로운 패러다임을 창출하는지를 탐구합니다.

통찰력 키우기: 새로운 아이디어와 혁신을 통해 기존의 틀을 깨고, 새로운 기회

를 창출하는 데 필요한 통찰을 제공합니다. 비즈니스와 투자에서도 기존의 패러다임을 넘어 새로운 방식을 찾는 데 도움을 줄 수 있습니다.

지티피가 '짠' 하고 다섯 권의 책을 추천했다. 인공지능 활용의 묘미는 바로 이런 데 있다고 본다. 솔직히 말해서 누군가 나에게 "통찰력 키우려면 어떤 책을 읽어야 해?"라고 묻는다면 아마 몇 날 며칠을 고민해도 답을 내지 못할 것 같다. 매일 책이나 원고를 읽고 책을 만드는 일을 한다지만 단숨에, (평소 그러한 질문에 대한 답을 고민한 적이 있지 않고서는) 누구에게나 추천할 만큼 좋은 책을 추천하기란 무척 어렵다.

하지만 인공지능은 거침이 없다. 그리고 그 해답 역시 군더더기가 없으며 여러모로 살펴보아도 납득이 간다. 그냥 통찰력도 아니고 '부자가 되는 데 필요한'이라는 단서를 붙였음에도 말이다. '인간의 심리와 행동의 이해, 돌발 변수 대응 능력, 미래 예측' 등 부자가 되기 위한 행위인 '비즈니스와 투자'에 도움이 되는 항목들을 선별한 후, 그에 걸맞은 책들을 찾아내 주었다. 이미 전문가와 대중들에게 인정과 사랑을 받아 온, 역작이라 평가받는 작품들이다. 특히 제목처럼 혁명적 고전이 된, '패러다임(의 전환)'의 의미를 정립한 『과학혁명의 구조』를 추천한 점은 꽤 놀라웠다.

만일 '부자가 되는 데 필요한'이라는 단서를 달지 않았거나 다른 단서를 달았다면 어떠한 대답이 나왔을지 역시 궁금하다. 그에 앞서 끝낼 건 끝내자. 다른 인공지능들은 통찰력 제고를 위해 어떤 책을 추천했을까?

통찰력을 키우기 위해서 꼭 읽어야 할, 비경제 분야의 도서 5권은? 2

Gemini ▷

경제 분야 책만 읽는다고 해서 반드시 부자가 되는 것은 아닙니다. 오히려 다양한 분야의 책을 읽으며 세상을 넓게 바라보는 시각을 길러야 진정한 통찰력을 얻을 수 있습니다. 다음은 경제와 직접적인 관련은 없지만, 부를 창출하는 데 필요한 통찰력을 키우는 데 도움이 되는 다양한 분야의 책 5권입니다.

1. 『사피엔스』(Sapiens: A Brief History of Humankind) - 유발 하라리(Yuval Noah Harari) / (2015년 11월 '김영사')

   인류 역사를 거시적인 관점에서 조망하며, 인간 사회의 변화와 발전 과정을 탐구합니다. 이 책을 통해 우리는 과거의 성공과 실패 사례를 배우고, 미래 사회를 예측하는 능력을 키울 수 있습니다.

2. 『이성적 낙관주의자』(The Rational Optimist) - 매트 리들리(Matt Ridley) / (2010년 8월 '김영사')

인류의 발전은 이성적인 사고와 협력을 통해 이루어졌으며, 미래 역시 낙관적으로 전망할 수 있다는 내용을 담고 있습니다. 유전학, 경제학 등 다양한 분야를 넘나들며 인류의 진화와 발전에 대한 흥미로운 통찰을 제공합니다.

3. 『예술론』(Codex Atlanticus) - 레오나르도 다빈치(Leonardo da Vinci)

레오나르도 다빈치의 노트북 모음집으로, 다양한 분야에 대한 그의 생각과 아이디어가 담겨 있습니다. '예술론'이라는 단일한 책이라기보다는, 그의 다양한 관심사를 보여주는 자료집이라고 할 수 있습니다. 르네상스 시대 천재 레오나르도 다빈치의 예술론(아이디어 모음집)을 통해 창의성과 문제 해결 능력을 키울 수 있습니다. 예술적인 감각을 키우는 것은 새로운 아이디어를 창출하고, 기존의 틀을 깨는 데 도움이 됩니다.[58]

4. 『소크라테스의 변론』(Apology) - 플라톤(Platon)[59]

58 처음에 제미나이는 다빈치의 저술이라기에는 너무 생소한 '예술론'을 책 이름으로 거론했다. 정확한 저서 이름을 다시 물었고 'Codex Atlanticus'라는 답과 추가 설명을 받았다. 제미나이는 "르네상스 시대 천재 예술가이자 과학자인 레오나르도 다빈치의 방대한 노트 모음집입니다. 다빈치가 40년 동안 기록한 다양한 분야의 연구, 아이디어, 스케치 등이 담겨 있어, 그의 천재적인 재능과 폭넓은 지식을 엿볼 수 있는 귀중한 자료입니다."라고 '코덱스 아틀란티쿠스'를 소개한다. 또한 당연하게 '예술론'이라는 이름의 책은 존재하지 않는다. 대신 레오나르도 다빈치가 남긴 노트를 해석한 책이 다수 나와 있으니 참조하길 바란다.

59 소크라테스의 변론 혹은 변명이라는 제목으로 여러 출판사에서 책이 나와 있으니 각자 맘에 드는 것을 골라 읽으면 된다.

고대 그리스 철학자 소크라테스의 사상을 담은 책으로, 비판적 사고와 논리적 사고 능력을 키울 수 있습니다. 자신의 생각을 명확하게 정리하고, 타인의 주장을 비판적으로 분석하는 능력은 어떤 분야에서든 성공하기 위한 필수적인 요소입니다.

5. 『행복론』(Letter to Menoeceus) - 에피쿠로스(Epicurus)[60]

고대 철학자 에피쿠로스의 행복론을 다룬 책으로, 삶의 목표 설정과 행복을 추구하는 방법을 제시합니다. 돈이 행복의 유일한 조건은 아니며, 진정한 행복을 위해서는 삶의 가치관을 명확히 하고, 균형 잡힌 삶을 살아야 한다는 것을 깨닫게 해줍니다.

(중략)

결론적으로, 부를 창출하는 데 있어 중요한 것은 단순히 경제 지식뿐만 아니라, 세상을 넓게 바라보는 시야와 다양한 분야에 대한 이해입니다. 위에서 소개한 책들을 통해 폭넓은 지식을 쌓고, 통찰력을 키워 진정한 부를 이루시길 바랍니다.

60 제미나이가 다섯 번째로 추천한 책은 에피쿠로스의 '행복론'이었다. 그런데 레오나르도 다빈치를 추천했을 때처럼 출처가 불분명한 제목의 책이었다. 정확한 원서의 제목을 물어보니 'Letter to Menoeceus'을 제시했다. 제미나이의 설명은 이렇다. "에피쿠로스의 제자 메노이케우스에게 보낸 편지로, 에피쿠로스 철학의 핵심 내용을 간략하게 담고 있습니다. 즐거움에 대한 에피쿠로스의 생각을 이해하는 데 가장 중요한 텍스트 중 하나입니다." 에피쿠로스의 저서는 '쾌락'(우리가 흔히 생각하는 그런 쾌락이 아니다)이라는 이름을 달고 여럿 국내에 출간돼 있는데 본인 판단 아래 가장 괜찮아 보이는 책을 고르면 된다.

국내에도 잘 알려지고 인기가 높은 역사학자 유발 하라리의 세계적 베스트셀러 『사피엔스』가 여기서도 등장했다. 아마 21세기에 출간된 책 중 꼭 읽어야 할 한 권의 책을 꼽으라고 하면 가장 많이 지목될 책이 아닐까 싶다(개인적으로는 아니다). 제미나이는 이 책이 "인류 역사를 '거시'적 관점에서 '조망'하며, 우리가 어떻게 지구를 지배하게 되었는지에 대한 흥미로운 통찰을 제공"한다고 설명한다. 왜 이 책이 추천되었는지 알 수 있는 대목이다. 제미나이는 "세상을 넓게 바라보는 시각을 길러야" 진정한 통찰력을 얻을 수 있다고 했기 때문이다. 거시(巨視, 어떤 대상을 전체적으로 크게 봄)와 조망(眺望, 먼 곳을 바라봄). 이게 제미나이의 결론이다. 매트 리들리의 『이성적 낙관주의자』 역시 비슷한 취지에서 추천된 것으로 보인다.

제미나이 추천 목록의 또 하나 특징은 바로 '고전'이다. 인류 역사에서 첫손에 꼽히는 천재 '레오나르도 다빈치'의 창작 노트를 비롯하여 우리나라에서 가장 유명한 철학자 '소크라테스'와 윤리 교과서 단골손님 '에피쿠로스' 등 서양 철학사에 가장 중요한 인물들의 저서를 세 권이나 추천했다. 『사피엔스』가 겹치기는 했지만 지피티가 20세기 이후 출간된 서적만을 추천했다는 점에서는 사뭇 다르다. 물론 인공지능 각각의 '개성' 차이일 뿐, 추천된 책들은 전부 읽어볼 만한 가치가 있다는 점은 부인할 수 없으며 또한 등수를 정할 수도 없다고 본다. 그렇다면 마지막, 클로바는 어떤 답을 내놓았을까?

CLOVA ☞

1. 『철학은 어떻게 삶의 무기가 되는가』(武器になる哲學 人生を生き拔くための哲學) - 야마구치 슈(山口 周) / (2019년 1월 '다산초당')

철학적 사고를 통해 일상의 고민부터 비즈니스 전략까지, 지적 전투력을 극대화하는 50가지 생각 도구를 소개하는 책입니다. 인간의 사고와 행동을 지배하는 철학적 개념을 현실에 적용하는 법을 알려줍니다.

2. 『사피엔스』(Sapiens: A Brief History of Humankind) - 유발 하라리(Yuval Noah Harari) / (2015년 11월 '김영사')

인류의 역사와 미래를 통찰하는 책으로, 인류가 어떻게 발전해 왔는지, 미래에는 어떻게 발전할 것인지를 예측합니다. 또, 인간의 삶과 가치에 대한 깊은 고민을 담고 있습니다.

3. 『총, 균, 쇠』(Guns, Germs, And Steel — The Fates of Human Societies) - 제레드 다이아몬드(Jared Mason Diamond) / (2023년 5월 '김영사')

인류의 역사와 문명을 통찰하는 책으로, 인류가 어떻게 발전해 왔는지, 각 지역의 문명이 어떻게 발전했는지를 분석합니다. 또, 인류의 미래에 대한 고민을 담고 있습니다.

4. 『인간관계론』(How to Win Friends & Influence People) - 데일 카네기(Dale Carnegie) / (2019년 10월 '현대지성')

인간관계를 다루는 책으로, 인간의 심리를 이해하고, 상대방을 설득하는 방법을 알려줍니다. 또, 인간관계를 개선하는 방법을 제시합니다.

5. 『죽음의 수용소에서』(Man's Search for Meaning) - 빅터 프랭클(Viktor Emil Frankl) / (2020년 5월 '청아출판사')
인간의 삶과 죽음을 다루는 책으로, 인간의 의지와 정신력을 강조합니다. 또, 삶의 의미를 찾는 방법을 제시합니다.

이럴 수가. 경제 분야 책 추천 때와 마찬가지로 다시 세 가지 인공지능에게 모두 추천받은 책이 등장했다. 유발 하라리의 『사피엔스』다. 현재 인류가 가장 주목하는 학자이자 가장 유명한 학자이니 당연한 결과일지도 모르겠다. 기왕 읽을 거라면 『호모 데우스』, 『21세기를 위한 21가지 제언』도 함께 읽어볼 것을 권한다. 다만 무작정 읽지 말고 이 책이 가진 약점 또한 인지해 두는 게 좋겠다.

ChatGPT ▶

일부 주장에 대한 논란: 하라리의 주장은 때때로 논란의 여지가 있습니다. 예를 들어, 농업 혁명에 대한 부정적인 평가나 자본주의와 제국주의에 대한 해석 등은 일부 학자들로부터 비판을 받기도 합니다. 이 때문에 그의 주장에 대해 비판적으로 접근할 필요가 있습니다.

단순화된 해석: 복잡한 역사적 사건들을 때로는 지나치게 단순화하거나 일반화하

여 설명할 때도 있습니다. 이는 인류학적, 역사학적 세부사항을 간과할 수 있는 위험이 있습니다.

현 시대를 대표하는 학자라고 해서, 그의 말 한마디에 전 세계 언론이 주목하는 유명인이라고 해서 다 옳을 수는 없다. 권위는 진리가 아님을 잊지 말아야 한다.

차치하고 클로바의 추천 도서들은 나름 흥미로웠다. (지피티와 제미나이 추천 목록에) '왜 안 나오지?' 싶었던 데일 카네기의 『인간관계론』의 등장은 반가웠고, '분명히 명저는 맞지만 부자가 되는 데 필요한 통찰력을 키우는 책이 맞을까?' 싶었던 『죽음의 수용소에서』의 등장은 처음에는 의외였으나 좀 더 그 이유에 고민해 본 후에는 클로바의 안목에 감탄을 했다.

혹자는 '부자가 되려면 몸이 두 개라도 모자랄 지경인데 독서를 그것도, 투자나 경제 분야도 아니고 부자 되는 데 별 상관없어 보이는 분야 책까지 꼭 읽어야 돼?'라고 생각할 것이다. 그렇다면 세계적인 프로게이머이자 대한민국 청년들의 영웅, 대한민국을 대표하는 영앤리치 '페이커 이상혁'이 한 방송[61]에서 이야기한 '내가 독서를 하는 이유'에 대해 들어보면 조금 생각이 달라질지도 모르겠다.

Q: 어떻게 하면 롤(LOL, League of Legends)을 잘할 수 있습니까?

61 〈유 퀴즈 온 더 블럭〉 224회

A: 일단은 공부를 많이 해야 되는 것 같아요. 제가 독서를 시작한 게 사실 게임을 잘하기 위해서 시작한 것도 있어요.

Q: 어떤 분들은 '독서하고 게임하고 무슨 상관이지?' 하실 수 있잖아요.

A: 그런데 게임은 컴퓨터에서 하지만, 게임을 하는 과정에서 (승리를 위해 필요한) 내 생각이나 근거 같은 것들을 책에서 많이 배웠다고 생각해요. 책으로부터 정말 많이 배웠어요.

우리가 게임에 열광하는 이유는 단 하나다. 열심히 한다고만 해서는 얻을 수 없는, 치열한 두뇌 싸움의 존재다. 상대방보다 체급이나 기량이 떨어져도 얼마든지 뒤집을 수 있는, 상대방이 잘 만들어 놓은 전술을 기막히게 완파할 수 있는 '책략'(어떤 일을 꾸미고 이루어 나가는 교묘한 방법)으로 승리를 거머쥐었을 때의 쾌감이 있기 때문이다(전략은 전술보다 상위의 개념이다). 다른 경쟁자들이 종일 컴퓨터 앞에서 연습만 할 때 페이커는 전략을 짜는 능력을 키우기 위해 아낌없이 독서에 시간을 투자했다. 그렇다면 어떤 책을 읽었을까? 『펠로폰네소스 전쟁사』나 『초한지』 같은 책이 그의 독서 목록에 있을까?

"(독서를 통해) 게임을 대하는 태도, 삶을 바라보는 관점이 많이 바뀌었어요. 프로게이머를 즐기면서 할 수 있는 것도 책에서 많이 배운 것 같아요. 제가 기억하기로는 2018년까지는 인문학, 소설, 역사 분야를 많이 읽었어요. 그 이후로 과학이나 심리학 특히 뇌과학을 많이 읽었습니다. 프로게이머로서 어떤 마음가짐으로 게임에 임하는 게 더 좋은 결과를 가져올까, (책을 읽으며) 그런 고민들을 계속했습니다. 그래서 마인드셋mindset이 많이 달라진 것 같아요."

인터뷰에서 알 수 있듯 그를 게임의 대가로 등극시킨 원동력은 모니터 밖의 세상이었다. 특히 책이라는 작은 창窓으로 들여다본, 현실 너머의 신세계에서 그는 맘껏 여행하고 모험하고 배우고 이를 바탕으로 차곡차곡 지식의 탑을 쌓아 가장 높은 곳에 올라섰다.

페이커만이 아니다. 몸이 열 개라도 모자라 보이는 워런 버핏, 일론 머스크, 빌 게이츠, 제프 베이조스, 마크 저커버그와 같은 세계 최고의 부자들도 자신의 취미로, 한 걸음 더 나아가 성공 비결 중 하나로 주저 없이 독서를 꼽곤 한다. 그렇다면 그토록 바쁜 부자들은 대체 어떻게 독서할 시간을 내는 것일까? 고참급 선수가 된 후에도 연습량만큼은 여전히 최고 수준이라는 페이커의 인터뷰에 따르면 이렇다.

"시즌 끝나고나 비시즌 때 많이 읽는 편이고, (훈련) 중간중간 쉬는 시간에도 많이 읽는 편이에요."

"중간중간 쉬는 시간"에도 자기계발을 멈추지 않는 정도가 되어야, 그 시간을 지루하다거나 고통스럽다고 느끼는 게 아닌, 물을 마시듯 자연스럽게 받아들이고 즐길 수 있어야만 최고의 자리에 오르고 부를 거머쥘 수 있다는 말이다.

사회과학, 철학, 역사, 과학 등 세 가지 인공지능이 추천해 준 책들의 장르는 참으로 다양했다. 한 가지 아쉬운 부분은 '문학' 분야가 없었다는 점이다. 개인적으로 이렇게 끝내기 아쉬워 한 가지만 더 물어보고 책 추천 파트를 끝내고자 한다.

"부자가 되기 위한 통찰력을 키우기 위해 꼭 읽어야 할 문학 분야 도서를 딱 한 권만 추천해 줘."

통찰력을 키우기 위해서 꼭 읽어야 할 '문학' 분야의 책은?

CLOVA ☞

* 『그리스인 조르바』(Zorba the Greek) - 니코스 카잔차키스(Nikos Kazantzakis)

그리스인 조르바는 그리스의 작가 니코스 카잔차키스가 쓴 소설로, 자유로운 삶을 추구하는 조르바와 이성적인 삶을 추구하는 주인공의 이야기를 담고 있습니다. 주인공은 조르바를 통해 인간의 삶과 가치에 대해 깊이 고민하고, 자신의 삶을 되돌아보게 됩니다. 또, 조르바의 자유로운 삶과 열정적인 모습을 통해 새로운 시각으로 세상을 바라보게 됩니다.

클로바의 선택은 그리스의 대문호 니코스 카잔차키스의 『그리스인 조르바』였다. 해외만이 아니라 국내에서도 인지도가 높은 소설로, 수상만 못 했을 뿐이지 당대 노벨문학상 수상자들과 나란히 평가를 받는 카잔차키스의 가장 유명한 작품이다. 이 책의 핵심 키워드는 '자유'로운 삶이라고 할 수 있다. 그냥 자유로움이 아닌, 거침과 걱정이 없는, 격정적이면서도 유쾌함을 잃지 않는 삶이다. 이 책이 그토록 사랑을 받아온 이유는 읽는 이로 하여금 가슴을 뛰게 만드는 힘을 가지고 있어서이다.

현대인은 왜 인류 역사상 가장 자유로운 환경에서 살아가면서도 굴레에서 벗어나지 못하는가? 지금 부자가 되겠다고, 경제적 '자유'를 얻겠다고 설치는 우리 자신은 혹시 성취 가능성이 현저히 떨어지는 미래의 목표 때문에 현재의 행복을 담보 잡힌 것은 아닐까? 차치하고 뭔가 열심히, 정말 열심히 살고 있는데 왜 재미는 없고 부질없게만 느껴질까? 다 집어치우고 행복이란 무엇인가? 『그리스인 조르바』를 읽으며 이러한 질문에 스스로 답을 해 보는 건 어떨까?

Gemini ▷

* 『고리오 영감』(Le Pere Goriot) - 오노레 드 발자크(Honore de Balzac)

『고리오 영감』은 돈에 대한 인간의 욕망과 그로 인한 갈등을 생생하게 보여주는 소설입니다. 돈을 위해 가족과 친구를 버리고, 인간성을 잃어가는 사람들의 이야기를 통해 우리는 돈이 인생에서 얼마나 중요한 역할을 하는지, 또한 돈이 가져다주는 부작용은 무엇인지 깊이 생각해 볼 수 있습니다. 즉 단순히 부자가 되는 방법을 알려주는 책이 아니라, 돈과 삶의 의미에 대해 깊이 있게 고민하게 만드는 작품입니다.

보통 프랑스를 대표하는 작가라고 하면 『레 미제라블』을 쓴 빅토르 위고나 노벨문학상 수상작가인 알베르 까뮈를 먼저 떠올리는데 천재성이나 후대에 끼친 영향력으로 따지자면 발자크Honoré de Balzac가 우위에 있다. 다작多作으로 유명한 발자크의 작품들 중에서도 수작으로 꼽히는, 하지만 비극으로 끝을 맺는 『고리오 영감』이 제미나이의 선택이었다.

'부자가 되기 위해 필요한 통찰력'을 키우는 게 목적인데 분야가 문학으로 넘어오니 인공지능들은 "인간의 삶과 가치에 대해 깊이 고민"하거나(클로바), 아예 "돈이 가져다주는 부작용"을 직접 다루는 데 의의를 두고 있다. 이유는 간단해 보인다. 돈, 돈, 오직 돈만 바라보는 이들에 대한 경고장이다. 부자가 될 수 있는 사람의 수는 명확하게 한정돼 있고, 부자가 될 준비가 한참 부족함에도 탐욕을 부리고 그러다가 무리를 하고 시간을 허비하고 급기야 인생을 망치는 사람들을 향한 경고장 말이다. 매년 최대치를 갱신하는 사기 범죄 통계나 돈 때문에 하루에도 수차례 언론에 소개되는 강력 범죄 사례를 굳이 가져오지 않더라도, 돈 때문에 우리 사회에 발생하는 폐해가 얼마나 심각한지는 너도 알고 나도 알고 삼척동자도 다 아는 사실이다. 부자가 되기 위해 통찰력을 키우고자 하면, 부자가 되고자 하는 집착을 버려야 한다는 아이러니는 과연 타당한가? 지피티의 답변까지 들어보고 판단해 보아야겠다.

ChatGPT ▶

* 『위대한 개츠비』(The Great Gatsby) - 스콧 피츠제럴드(Scott Fitzgerald)

『위대한 개츠비』는 부와 성공에 대한 가장 대표적인 문학적 탐구 중 하나로, 현대 사회에서도 여전히 강력한 교훈을 제공합니다. 이 작품은 단순히 1920년대 미국의 이야기가 아니라, 인간의 야망, 욕망, 그리고 그로 인한 결과에 대한 깊은 성찰을 담고 있습니다.

- 부의 한계와 환상: 주인공 제이 개츠비는 거대한 부를 축적하고, 이를 통해 사랑을 되찾고자 하지만, 결국 그가 추구한 꿈은 허상이었음을 깨닫게 됩니다. 이 과정에서 부의 환상이 사람을 어떻게 오도할 수 있는지, 그리고 그것이 행복을 보장하지 않는다는 점을 보여줍니다.
- 사회적 위치와 인정: 개츠비는 막대한 부를 소유하고 있음에도 불구하고 상류 사회에서 진정한 인정을 받지 못합니다. 이는 단순한 부의 축적만으로는 원하는 사회적 위치나 관계를 완전히 얻을 수 없음을 상기시킵니다. 성공을 위한 통찰력은 단순한 경제적 성취를 넘어서, 인간관계와 사회적 구조를 이해하는 능력까지 포함됩니다.
- 목표의 재평가: 개츠비의 비극은 그가 현실적이지 않은 이상을 추구했기 때문입니다. 이 책은 자신의 목표를 정하고 그 목표가 진정으로 의미 있는지 재평가하는 데 큰 도움을 줄 수 있습니다. 부자가 되기 위해서는 실현 가능하고 가치 있는 목표를 설정하는 것이 필수적입니다.

한 권만 꼽아 달라 했음에도 최신 버전 지피티는 질문자에게 최적의 답을 하겠다며 두 자기 책을 추천했다. 그리고 다시 결승전(?)을 거쳐 『위대한 개츠비』가 선정되었다. 우리나라에서도 워낙 잘 알려진 소설이라 제목처럼 얼마나 위대한 작품인지에 대한 설명은 필요 없어 보인다. 중요한 사실은 지피티가 『위대한 개츠비』를 꼽은 이유 또한 부의 추구와 축적만으로는 완전한 행복에 닿을 수 없음을, 행복이 아니라 도리어 불행해질 수도 있음을 명확하게 환기喚起한다는 점이다. 여러 인공지능의 답변이 하나로 귀결된다면 충분히 귀를 기울여볼 만하다. 말로만 "돈이 전부가 아니다." 떠들게 아니라 진정한 행복이 무엇인지를 늘 고민하고 해답을 찾아내야 한다. 설사 지금, 오직 부자가 되기 위해 생각하고 행동하고 있더라도 말이다.

어떻게 행복해질 것인가?

부자 되는 법을 다루면서도 "진정으로 행복해지고 싶다면 돈을 향한 집착과 탐욕을 버려라!"라고 입이 아프게 인공지능들과 떠들고 있다. 그런데 곰곰 생각해 보면 많은 사람들이 행복의 잣대로 부의 소유 정도를 선택하는 것은 자연스러운 현상이다. 나 자신은 전혀 그렇게 생각하지 않더라도, 나를 둘러싼 환경은 "돈이 없으면(이 '돈이 없으면'의 기준조차 모호한데, 마냥 '돈이 없으면'이라고들 떠들어댄다) 인생은 불행해진다."라며 전방위적으로 압박을 가한다. 상황이 이렇다 보니 부의 소유와 상관없이 행복할 수 있는 방법을 찾아내기도, 심지어 찾아내기 위한 시도조차도 쉽지가 않다. "그냥 돈이나 많이 벌자!"라는 목표를 세우는 게 가장 속(이라도) 편한 것이다.

앞서 지피티가 한 권이 아닌 두 권의 책을 추천했다고 했는데 다른 한

권은 (우리나라에서만큼은) 『위대한 개츠비』보다 더욱더 유명한, 헤르만 헤세Hermann Hesse의 『데미안Demian』이었다.[62] 지피티는 『데미안』이 "단순히 외적인 성공이 아닌 자기 인식과 내면의 성숙을 통해 진정한 성취와 자아를 발견하는 과정에 대해 깊이 있는 통찰을 제공"한다고 소개하면서 "성공의 과정에서 자신을 이해하고, 세상의 구조를 통찰하는 능력은 부를 쌓는 데 중요한 자질"이라는 설명을 덧붙였다.

비록 네 권이 전부이지만 인공지능들이 추천한 문학 작품들은 그 전에 추천된 책들과 비교했을 때 깨달음을 주는 지점이 많이 달라 보인다. 경제·투자를 비롯하여 사회과학, 철학 등 일반교양 분야의 책들은 (직간접적으로) 돈을 많이 버는 데 필요한 기술이나 태도를 제시하는 데 중점을 두지만 문학 분야의 책들은 돈 버는 법보다는 '진정한 행복의 추구'에 대해 다루고 있다(제미나이가 추천한 에피쿠로스의 저서 제외). 바로 이 부분이 문학만이 가지는 특별함이 아닐까(물론 특별함을 가졌다고 해서 타 장르보다 문학을 우위에 둘 이유는 없다).

그렇다면 진정한 행복이란 무엇인가. 부자가 되는 것과 진정한 행복을 구하는 것 사이에는 어떠한 관계가 있는가? 일견 지극히 대조적으로 보이는 두 인물을 전면에 내세운 두 작품을 비교하면서 알아보자.

62 작가 또한 지금까지 언급된 네 명의 작가 중 유일한 노벨문학상 수상자다.

ChatGPT ▶

1. 부와 외부적 성공

개츠비는 데이지의 사랑을 얻기 위해 엄청난 부를 쌓았지만, 그의 부는 결국 외적인 성공일 뿐, 내면적 공허를 채우지 못했습니다. 그의 인생은 타인의 인정에 의존했고, 이는 비극으로 끝납니다.

반면, 싱클레어[63]는 부에 큰 관심을 두지 않고, 자신의 내면을 탐구하고 자아를 찾는 데 집중합니다. 그에게 행복은 외부적 성공이 아니라 내면적 성숙에서 나옵니다.

2. 부와 행복의 상관관계

개츠비의 이야기에서 우리는 부가 반드시 행복을 가져다주지 않는다는 교훈을 얻습니다. 물질적 성취는 일시적이지만, 내면의 결핍을 채우지 못하면 진정한 행복에 도달할 수 없습니다.

싱클레어는 진정한 행복이 내면의 성장을 통해 이루어진다는 것을 보여줍니다. 물질적 성공보다 자아 발견과 자기 인식이 더 중요한 요소입니다.

3. 배울 점과 앞으로의 방향

부와 행복의 균형: 부는 행복을 위한 도구일 뿐, 목표가 되어서는 안 됩니다. 내면적 성찰과 외부적 성취를 균형 있게 추구해야 합니다.

내면 탐구: 부를 추구하는 과정에서도 자신의 내면을 이해하고, 진정한 욕망을 파악하는 것이 중요합니다.

63 Emil Sinclairs, 『데미안』의 주인공.

결론적으로, 부를 쌓더라도 내면적 성숙이 동반되지 않으면 진정한 행복을 얻기 어렵다는 교훈을 두 작품을 통해 배울 수 있습니다.

지피티의 결론은 '내면'이었다. 부를 얼마나 쌓았든지 내면에 대한 이해와 그를 바탕으로 한 자아의 성장이 동반되지 못한다면 진정한 행복을 얻기란 힘들다는 이야기다. 풍족한 부는 분명 삶을 행복하게 만드는 조건이다. 하지만 "삶은 행복하다."라는 명제의 필요조건 혹은 필요충분조건이 될 수는 없다. 돈이 아무리 많아도 행복하지 못한 사람들이 개츠비 말고도 현실에서 얼마든 존재하기 때문이다.

우리는 이따금, 상식선에서 전혀 이해하지 못할 선택을 하는 부자들을 종종 마주한다. 더 큰 돈을 벌고자 무리한 투자를 하거나 아예 도박(적 행위)에 손을 댔다가 스스로를 파멸로 모는 이들을 자주 본다. 또 갖은 범죄로 언론과 대중에게 질타를 받고 감옥에 가는 경우도 허다하다. 주체할 수 없을 만큼 많은 돈을 가진 이가 스스로 목숨을 끊는 경우도 더러 있다.

'그건 나중 문제잖아. 우선 부자가 되고 봐야지. 나는 부자가 되면 그렇게 되지 않을 자신이 있어.'라고 혹시 생각했다면 지피티의 의견도 한번 들어보자.

ChatGPT ▶

'나는 부자가 되면 그렇게 되지 않을 자신이 있어.'라는 생각은 본인의 심리적 안정과 준비 상태를 과대평가하는 경향이 있습니다. 돈을 관리하고, 인생의 균형을 유지하며, 윤리적이고 건강하게 살기 위해서는 부자가 되기 전부터 자기 성찰과 성장에 힘써야 합니다.

'과·대·평·가'

일침을 넘어 뼈 때리는 팩폭에 정신이 좀 드는가? 지피티만의 의견일 수 있지 않을까도 싶겠지만 제미나이 역시 "현실과는 다소 동떨어진 낙관적인 시각"이라며 지피티의 의견에 힘을 싣는다. 클로바는 아예 "부자가 되는 것과 그 이후의 삶의 질 사이에는 직접적인 상관관계가 없"다고 못 박는다.

이번 파트를 쓰면서 세 가지 인공지능들의 의견을 종합하자면 다음과 같다.

"부자가 되는 것 자체가 목적이 되어서는 안 됩니다(클로바). 돈은 삶을 더 풍요롭게 만들어주는 수단일 뿐, 행복의 절대적인 기준은 아닙니다(제미나이). 부자가 되는 것은 목표가 아니라 과정의 일부로 보아야 하며, 내적 성장과 성찰 없이 이루어진 부는 오히려 불행의 원인이 될 가능성이 큽니다. 부를 쌓기 위한 노력과 동시에 자기 자신을 이해하고 성장시키는 것이 진정으로 지속 가능한 성공과 행복을 위한 길입니다(지피티)."

부자가 되는 건 부자가 되는 것이고, 행복한 삶을 영위하는 것은 다른 문제다. 지금 내 통장에, 지갑에, 호주머니에 얼마의 돈이 있든 오늘 하루를 행복하게 살아가는 게 먼저다. 당장 돈이 없어서 불행한 거라고? 그건 돈이 없어서가 아니라 마음이 가난해서 생긴 불행이다.

물론 유튜버 활동이나 가상화폐로 큰돈을 번 2030이 강남 아파트나 빌딩을 수집하고 다닌다는 기사들을 보면서 마음이 흔들리지 않을 사람이 몇이나 될까. 그렇다 해도 조급해하지는 말자. 부자가 된다는 건 긴 여정이다(책 처음으로 돌아가 대한민국 부자 기준을 다시 살펴보자). 상상 이상의 노력과 열정, 수많은 실패와 재도전이 '필연적으로' 요구된다. 급하게 가려고 하면 탈이 난다.

수억짜리 고급 외제차를 몰고 다니다 사고를 낸 젊은 부자들이 마약, 불법도박, 보이스피싱과 같은 범죄와 연관돼 있다는 사실이 추가로 밝혀지곤 한다. 이게 우연일까? 실제로 돈을 벌고자 이러한 중범죄에 뛰어드는 청년들이 크게 늘었다. 한편으로는 중장년을 대상으로 한 각종 사기 범죄 역시 폭증하여 그 피해 금액이 상상을 초월할 수준이다. 평생 모은 자산을 순식간에 날린 이들이 적지 않다. 당연히 사기꾼들이 1차적으로 나쁜 놈들이지만, 이러한 현상의 이면에는 빠른 시일 내에 자산을 더 크게 불릴 수 있다는 피해자들의 (망상에 가까운) 과욕이 있다. 점점 병들어 가는 사회. 우리는 부자가 되지 못해 불행한 것이 아니라, 부자가 되려고만 하는 사람들이 만든 사회 속에서 나는 불행하다고 착각하고 있는 것은 아닐까? 진짜 위기는 내가 부자가 되지 못하는 게 아니다. 점점 병들어 가는 사회 속에서 어쩔 도리 없이 같이 병들어 가는 것이다.

"아는 것이 힘"이란 말로 유명한 근대 과학의 아버지 프란시스 베이컨 Francis Bacon은 돈에 대해 이렇게 말한 바 있다.

"돈은 훌륭한 하인이기도 하지만, 사악한 주인이기도 하다."

부자가 되는 것은 좋다. 다만 그 과정에서든, 부자라는 목표를 달성한 이후든 돈의 종노릇을 자처할 이유는 없다. 돈 때문에 사소한 일에도 매번 스트레스를 받고, 무리를 하다가 몸과 정신을 망치고, 심지어 범죄를 저지르는 지경에 이르면서까지 부자가 될 필요가 있을까? 그렇다 해도 꼭 부자가 되고 싶다면, 부자가 되기 위한 노력과 동시에 지피티가 언급한 내면적 성숙 역시 함께 추구하는 것도 한 방법이다. 그렇다면 그 내면적 성숙을 위한 행동에는 무엇이 있을까?

52 내면의 성숙(성장)을 위한 태도와 행동이란 무엇인가?

소설 『위대한 개츠비』와 『데미안』의 비교, 그를 바탕으로 도출해 낸 '부자가 되는 것과 진정한 행복을 추구하는 것 사이의 상관관계'에 대해 세 가지 인공지능들의 답변은 다음과 같다.

지피티: 내면적 성찰과 외부적 성취를 균형 있게 추구
제미나이: 물질적인 성공뿐만 아니라, 내면의 성장과 사회적 기여를 위한 노력을 병행
클로바: 물질적 성공뿐만 아니라, 자기 자신과의 대화와 내면의 탐구를 통해 진정한 행복을 찾아야 할 것

결론은 하나의 단어로 모아진다(이렇게 결론이 하나로 모아질 때마다 봐도

봐도 놀랍다). 바로 '내면'이다. 그렇다면 내면의 탐구와 성숙(성장)을 위해 해야 할 행동, 취해야 할 태도에는 무엇이 있는가? 각각의 인공지능들에게 물어본 결과 제법 많은 내용들이 겹쳤는데 정리하자면 다음과 같다.

1. 일기

지피티는 "매일 자신의 감정, 행동, 경험을 기록하며 스스로를 돌아보는 시간을 가지세요. 이를 통해 자신의 욕망, 두려움, 목표를 명확히 이해할 수 있습니다."라고 의견을 전한다. 클로바는 "매일 감사한 일들을 기록하는 것은 긍정적인 마인드셋을 유지하고, 삶의 작은 기쁨들을 발견하는 데 도움이 됩니다."라며 긍정적 태도 측면에서 일기를 권했다.

2. 감정 관리(명상과 마음 챙김)

세 가지 인공지능 모두 감정 관리의 중요성을 언급했다. 제미나이는 "감정에 휩쓸리지 않고, 자신의 감정을 이해하고 조절하는 능력을 키워야 합니다."라고 전했으며, 지피티는 "순간적인 감정에 휘둘리지 않도록 자신의 감정을 인식하고, 그것을 효과적으로 다루는 연습을 하세요."라고 강조한다.

이 감정 관리를 위해 지피티와 클로바는 정확하게 "명상과 마음 챙김"을 권했다. "명상은 마음을 집중시키고 현재 순간에 몰입하도록 도와줍니다. 마음챙김 명상은 호흡이나 감각에 집중하면서 일어나는 생각이나 감정을 판단하지 않고 관찰하는 것입니다."라는 게 클로바의 의견이다.

3. 긍정과 감사

태도 측면에서는 단연 "긍정"을 먼저 꼽았고 "감사"하는 마음 역시 세 가지 인공지능 모두 언급했다. 삶을 긍정적인 태도로 유지하는 데 감사하는 마음이 큰 도움이 된다는 이야기다.

4. 자기계발(학습)

자기계발 역시 빼놓을 수 없다. "다양한 분야에 대한 호기심"(제미나이)을 유지하고, "정기적으로 새로운 기술을 배우거나, 새로운 도전을 설정"(지피티)하는 것이 "자신감을 높이고, 삶의 목표를 달성하는 데 도움"(클로바)이 된다는 것이다.

5. 관계의 질 개선

건강한 인간관계를 형성하라는 게 인공지능들의 의견이다. 예를 들어 클로바는 "가족, 친구, 동료 등과 좋은 관계를 유지하는 것은 정서적 안정감을 주고, 어려움을 극복하는 데 큰 힘이 됩니다."라고 조언한다. 양질의 관계 유지를 위한 수단으로는 '공감, 경청, 존중과 배려' 등이 꼽혔다.

6. 사회 참여와 기여

인공지능은 개인의 사회적 행동 참여, 특히 봉사와 기부(기여) 활동이 개인의 내면을 성장시키는 데 도움이 된다고 봤다. "자신보다 어려운 사람들을 돕고, 사회에 기여하는 활동을 통해 보람을 느껴야" 한다는 것이 제미나이의 의견이며 지피티 역시 비슷한 답변을 내놓았다.

헤르만 헤세는 분석심리학의 창시자인 칼 구스타프 융Carl Gustav Jung의

사상[64]에 많은 영향을 받았는데 『데미안』 역시 그러한 면모가 잘 드러난 작품이다.

융의 글 중 유명한 문구가 하나 있다.

"세상을 바라보는 자는 꿈을 꾸고, 내면을 들여다보는 자는 깨어난다 (Who looks outside dreams; who looks inside awakes)."[65]

화려함으로 가득 찬 세상을 부러움 가득한 시선으로 바라보며, 멋 훗날의 부자를 꿈꾸고 있는 당신. 그 목표를 진정으로 이루고 싶다면 먼저 내면을 들여다보라. 깨닫고 각성하라. 그러면 몸은 저절로 움직이고, 발은 저절로 성공을 향해 나아가고 있을 것이다. 아직 목표에 도달하지 못했다 하여도 매일매일이 행복할 것이다.

그게 인공지능들이 내린 결론이다.

---

64 그 유명한 MBTI가 바로 칼 융의 사상을 토대로 개발되었다.

65 보통 "Your vision will become clear only when you can look into your own heart. Who looks outside, dreams; who looks inside, awakes."로 널리 알려져 있으며 환자에게 보낸 편지 내용 중 일부다. 전체 글의 진의를 파악하지 않고, 칼 융 사상에 대한 이해는 없이, 위의 문구만 똑 잘라 멋대로 해석을 덧붙이는 이들(지금 이 글을 쓰는 '나' 포함)이 많아 논란이 되곤 하는데 '내면'에 관심이 많은 사람이라면 칼 융의 분석심리학을 공부해도 좋을 듯하다.

왜 더 높이 올라가야 하는가?

통찰 부분을 마무리하고, 이 책을 진짜 끝낼 시간이 왔다. 책을 쓰고 만드는 사람으로서 통찰이란 늘 화두였다. 그래서 통찰이 무엇인지에 대해 늘 고민하고 정리도 해 왔다. 개인적으로는 통찰, 특히 부를 쌓는 데 있어 반드시 필요한 통찰력이란 '내다봄'이라고 생각한다.

통찰력으로 꿰뚫어 볼 대상은 참 다양하다. 사람의 마음이 될 수도 있고, 어떠한 현상의 원인과 본질이 될 수도 있고, 상품의 가치가 될 수도 있다. 그렇다면 '한 치'는 어떨까?

"한 치 앞도 모른다."라는 말이 있다. 치는 길이의 단위로 한 치가 3.03cm 정도인데 그만큼 가까운, 곧 눈앞에 닥칠 일조차 예견하기 힘들다는 의미다. 부를 쌓는 데 있어 그 한 치를 넘어, 더 먼 미래까지 내다보는 능력보다 소중한 능력은 없다. 하지만 눈앞에 드리워진, 시꺼멓고 두

꺼운 장막을 어떻게 꿰뚫을 것인가. 그건 시공간을 마음껏 넘나드는 초능력자가 아니라면 불가능한 일이다. 여기서 잠깐. '내다보다'라는 단어의 사전적 의미를 자세히 살펴보자.

1. 안에서 밖을 보다.
2. 먼 곳을 보다.
3. 앞일을 미리 헤아리다.

우리가 원하는 능력은 바로 3번. 그리고 미래를 예측하는 통찰력은 눈앞의 대상을 꿰뚫는 게 아니라 시선을 돌려서 2번, 먼 곳을 보는 데 있다. 어떻게? 간단하다. 바로 최대한 높이 올라가는 것이다.

산에 올라가서 아래를 내려다보면 내가 정말 큰 사람이 된 기분이 든다. 그렇게 커다란 빌딩이나 조형물, 시설들이 장난감처럼 작게 보인다. 날씨가 좋으면 저 멀리 바다까지 보인다. 아래에 있을 때는 몰랐는데 저기에 저런 게 있었구나 하면서 놀라기도 한다. 저절로 호기심이 발동하고 한번 가 보고자 하는 욕망이 꿈틀거린다. 그뿐만이 아니다. 저 멀리서 이쪽으로 점점 번져 오는 봄꽃의 군락이나 단풍은 그 누구보다 먼저 계절의 변화를 직감하게 한다. 혹은 산불이나 폭풍우와 같은 위험을 가장 빨리 감지할 수도 있다.

부자가 되는 버는 법도 별반 다르지 않다. 가장 높은 곳에서 가장 멀리까지 내다보는 자에게는 저절로 호연지기浩然之氣가 생긴다. 마음에 여유가 생기면서 왜 저런 난장판 속에서 아등바등했나 회한도 들 것이다. 주변의 꽉 막힌 환경이나 눈앞에 닥친 위기에 연연하지 않아도 된다는 말이다. 눈가리개를 한 채 앞만 보며 달리는 경주마처럼 좁은 시야에 갇혀 무작정 돌진할 필요도 없고 (낭떠러지에서 뛰어내리고 싶은 게 아니라면) 그럴 수도 없다. 원하면 얼마든지 360도 넓은 시야로 사방을 살피고 가장 안전한 루트를 파악할 수 있다. 그 힘겨운 오르막을 이겨내고 결국 정상을 정복했다는 자신감과, 저 멀리 보이는 미지의 장소를 향해 피어오르는 도전 정신은 덤이다. 그 누구보다 빠르게 위험에 대비할 수 있고, 반대로 기회를 포착할 수 있다. 우리가 지금껏 인공지능들과 대화를 나누며 살펴본 부자의 자질에 전부 포함돼 있는 내용들이다. 그렇다면 진짜 산에 오르는 게 아니라 부자가 되기 위해 높이 오른다는 것은 어떻게 가능한가? 바로 '지식'이다.

목표를 이루기 위해 각고의 노력 끝에 차곡차곡 쌓아 올린 지식은 쉬이 무너지지 않는다. 아랫돌을 몇 개를 빼면 우르르 무너지는 돌탑이나 바람 불면 곧바로 쓰러져 버리는 사다리가 아니다. 피라미드처럼 안정적이고 견고하게 만들지 않으면 지식은 쌓이지 않는다. 끈기와 인내를 바탕으로 지식의 토대를 만들고, 그 위에 올라 밑에서는 가질 수 없었던 인사이트를 획득한다. 다시 그 인사이트를 가지고 좀 더 고도화된 수준의 지식을 쌓고, 다시 좀 더 강력한 인사이트를 획득하고, 이러한 과정을 반복하면서 지식의 피라미드를 완성해 나가는 것이다.

인공지능들의 답변에 사견을 보태며 여기까지 글을 써 왔다. 이제는 반대로 인공지능들에게 나의 주장을 평가받고자 한다. 처음이자 마지막으로(더 많은 평가를 받았다가는 좁은 식견이 만천하에 드러날까 두려워서). 그리고 인공지능들은 비슷한 부분에서도 공감해 주었고, 역시 비슷한 부분에서 비판적 의견을 드러냈다.

대체로 인공지능들이 공감하는 부분은 다음과 같다.

CLOVA ☞

'높이 올라가 멀리 바라보는 것'이라는 비유를 통해 통찰력의 중요성을 강조한 점이 인상적입니다. 이는 단순히 눈앞의 상황에만 집중하는 것이 아니라, 더 넓은 시각으로 미래를 예측하고 준비하는 능력을 강조하는 것으로 이해됩니다.

Gemini ▷

산에 올라가 아래를 내려다보는 비유는 통찰력을 시각적으로 명확하게 전달합니다. 넓은 시야를 확보하고, 숨겨진 기회와 위험을 발견하는 능력을 설명하는 데 매우 적절한 비유라고 생각합니다. 특히 "저 멀리서 이쪽으로 점점 번져 오는 봄꽃의 군락이나 단풍은 그 누구보다 먼저 계절의 변화를 직감하게 한다."라는 문장은 통찰력의 핵심을 잘 드러냅니다.

ChatGPT ▶

지식을 피라미드처럼 쌓아가는 비유도 훌륭합니다. 부를 쌓기 위해 통찰력이 필요하고, 그 통찰력은 지식에서 비롯된다는 논리가 명확하게 연결돼 있습니다.

세 가지 인공지능 모두 높이 '올라가서 멀리 봄'을 통찰력과 연결한 부분에 좋은 점수를 주었다. 대체로 평가가 후한 게 아닌가 싶을 수 있겠지만 비판받을 부분 역시 명쾌하게 짚어 주었고 그 내용을 요약하자면 다음과 같다.

1. 높이 올라간다는 개념의 모호성
2. 구체적 방법론의 부족

인공지능을 다루는 데 있어 가장 큰 묘미란 이런 데 있다고 본다. 객관성을 확보해야 할 판단이나 평가만큼은 그럴싸하게, 다들 말이 다른 인간들에 비해, 깔끔하게 정리해서, 곧바로 제시하는 점이다. 특히 여러 가지 인공지능의 의견이 종합되는 편이라면, 소위 권위자라 우쭐거리는 인간들보다 더욱 신뢰해도 좋다는 생각까지 든다. 하지만 감탄만 하고 있을 때가 아니다. 차치하고, 인공지능들의 지적에 크게 공감하고 예상했던 바이다. 그리고 나(인간)도 만만치 않다는 것을 드러내기 위해 바로 추가 해법을 제시했다. 바로 '거인의 어깨에 올라타는 것'이다.

어떻게 거인의 어깨에 올라탈 것인가?

"2024년 노벨화학상을 수상한 데이비드 베이커 교수는 노벨위원회의 연락을 받고 '거인들의 어깨 위에 올라섰다'는 말로 감사함을 표했다. 앞선 과학자들과 동료 연구자들의 연구기반 위에 낸 성과임을 겸손하게 표현한 것으로, 1676년 아이작 뉴턴Isaac Newton이 로버트 후크에게 보낸 서신의 문구인 '내가 더 멀리 보았다면 이는 거인들의 어깨 위에 올라서 있기 때문이다'를 인용했던 것이다. 어느 과학자가 표현했듯 과학은 과거에 현재를 쌓아올리는 과정이고, 하나의 이론 위에 새로운 이론을 연속적으로 연결해 가면서 발전해 왔다."[66]

66 『국제신문』, 「(과학에세이)작은 거인들의 어깨 위에서」, 김정선 동서대 총괄부총장(2024. 12. 16), https://www.kookje.co.kr/news2011/asp/newsbody.asp?code=1700&key=20241217.22018005938

인류는 끊임없이 발전을 거듭해 왔다. 그리고 그 발전의 속도는 가면 갈수록 가속도가 붙고 있다. 이게 가능한 이유는 위 기사에서 답을 찾을 수 있다. 아무리 작은 성과라도 운이 따르지 않는 이상 단번에 이끌어 낼 수 없다. 학습과 실행은 기본이고 수없이 실패를 거듭하다가 간신히 원하는 바를 이루게 된다. 태초의 인류가 불을 자유자재로 다루게 되기까지 얼마나 오랜 시간이 걸렸던가. 그 과정에서 얼마나 많은 사람들이 다치거나 목숨을 잃었던가. 인류의 역사는 수많은 이들이 희생의 과정에서 피로 이룬 강과 함께 달려왔다.

하지만 시간이 지나면서 명확하게 사실로 밝혀진, 깨지지 않는, 피와 땀으로 빚은 지혜의 벽돌은 차곡차곡 쌓였고 후대는 얼마든 그 위에 올라 새로이 올라서서 기존의 희생 없이, 좀 더 효율적으로 새로운 성과를 만들어 내게 되었다. 최초의 인류가 지구상에 등장한 건 수백만 년 전의 일이다. 그리고 근대 과학의 아버지 뉴턴이 이 세상에 태어난 건 불과 400년이 채 되지 않는다. 뉴턴이 눈부신 업적을 이뤄낸 근간에는 그 수백만 년 역사 동안 인류가 차곡차곡 쌓아올린, 지혜의 성이 우뚝 세워져 있다. 그리고 고작 400년이 채 지나지 않은 지금은 뉴턴이 살던 시대와 비교해 어떠한가? 과연 뉴턴은 지금의 세상을 상상이나 할 수 있었을까? 이제는 뉴턴의 등에 올라탄 데이비드 베이커 같은 사람들이 문명의 발전 속도를 더욱 끌어올리고 있으며 이 책을 함께 만들고 있는 인공지능들은 인류의 상상을 뛰어넘는 무언가를 보여주리라 확신한다(그게 인류에게 축복일지 재앙일지는 모르겠지만).

거인의 어깨에 올라선다는 말은 과학 분야에 기원을 두고 있다. 하지만 성장과 성과를 요구하는 거의 모든 분야에서 수시로 언급된다. 그리고 경영, 재테크 등 부를 쌓는 일이라면 더욱 그렇다. 부자가 되기 위한 통찰력을 얻기 위해, 하나의 방안으로 '거인의 어깨에 올라서야 한다'는 나의 의견에 인공지능들은 다음과 같은 의견을 내놓았다.

"'거인의 어깨에 올라타는 것'이라는 비유는 매우 효과적이고 설득력 있는 접근 방식"(클로바)이며 "빠르게 통찰력을 얻는 방법으로 이미 성공한 사람들의 경험을 활용하는 방식은 현실적이고 효과적인 전략"으로 "직관적이고, 독자가 쉽게 이해할 수 있는 강력한 메시지를 담고"(지피티) 있다고 한다. 또한 "이전 답변에서 지적했던 '높이 올라가는 것'의 모호성을 상당 부분 해소해 주는 훌륭한 보완이라고 생각"(제미나이)한다는 게 인공지능들의 결론이었다.

다행히도 사회생활(?) 좀 할 줄 아는 인공지능들이 극찬을 쏟아내서 우선 기분은 좋다. 그리고 인공지능이 이러한 의견을 낸 데에는 종합하자면 다음과 같은 이유들이 있었다.

1. 안전성

- 이미 부자가 된 사람들의 습관과 전략은 검증된 것이기 때문에, 시행착오를 줄이고 보다 효율적으로 부를 쌓을 수 있습니다. 성공한 사람들의 발자취는

곧 '지도'와 같아서, 길을 잃지 않고 목표에 도달하는 데 큰 도움이 됩니다.

2. 효율성

- 거인들의 경험과 지식을 활용하면, 우리는 불필요한 시간과 노력을 낭비하지 않고 부자가 되는 길을 찾을 수 있습니다. 이는 학습의 효율성을 중시하는 현대 사회의 트렌드와도 부합합니다.

3. 동기부여

- 거인들을 롤 모델로 삼고 그들의 발자취를 따라가다 보면, 자신감과 동기부여를 얻을 수 있습니다. 이는 우리가 부자가 되는 길을 포기하지 않고 계속해서 나아갈 수 있는 원동력이 됩니다. 성공한 사람들의 발자취를 따라가면서 자신도 성공할 수 있다는 믿음을 갖게 합니다.

하지만 보완할 부분 역시 분명 존재한다. 인공지능들이 가장 우려하는 부분은 '맹목적 모방'이었다.

"거인의 발자취를 따라가는 것은 좋지만, 무조건적인 모방은 오히려 독"(클로바)이 될 수 있다는 게 인공지능들의 한결같은 결론이었다. "시대와 상황이 변했기 때문에 과거의 성공 방식이 현재에도 유효하지 않을 수 있으며, 모든 '거인'의 행동이 다 옳은 것은 아닙니다. 따라서 비판적인 시각을 가지고 정보를 분석하고, 자신에게 맞는 방식으로 습관을 적용"(제미나이)해야 한다는 것이다. 또한 "한 명의 거인만 바라보는 것보다는 여러 거인의 어깨에 올라타 보는 것"과 "거인의 어깨에 올라타는 것은 출발점일 뿐이고, 궁극적으로는 나만의 통찰력을 개발하는 것이 중요”(지피티)하다고 강조했다.

부자가 되는 법은 참 다양하겠으나, 거인들의 어깨에 올라타는 것은 분명 무척 효과적이라 할 수 있다. 바로 위에 인공지능들이 언급한 내용들을 잘 보완한다면 말이다.

하지만 문제가 완전히 해결된 것은 아니다. 롤 모델로 삼을 만한, 우리가 어깨에 올라탈 만한 거인으로 누구를 선택하느냐이다. 결정이 쉽지 않다면 이 또한 인공지능에게 맡겨도 나쁘지 않으리라 생각한다. 자신의 인생 역정歷程과 삶의 철학을 꼼꼼히 기록하여 인공지능에게 보여주고 최우선으로 본을 받을 만한 부자를 추천받는 것이다. 그 이후에는 어떻게 해야 하느냐고? 다들 알지 않는가? 이 책을 제대로 읽었다면 말이다. 모르는 것이 있다면 얼마든 인공지능에게 물어보고, 답을 구하고, 추천과 평가를 받고, 그 과정에서 숨겨진 재능을 발견해 내고 자신만의 특출한 지혜를 창조해 낼 수 있다.

솔직히 처음에 이 책을 쓰기 시작할 때 인공지능의 능력을 반신반의했으나 지금은 전혀 의심하지 않는다. 인공지능의 능력에 감탄하다 못해 경외심敬畏心이 들 정도이다. 문제는 인공지능의 그러한 능력을 얼마나 잘 활용할 수 있느냐이겠다. 이 책이 그러한 의문점을 가진 이들에게 일말의 단초라도 제공할 수 있기를 간절히 바라면서 이 책을 마치고자 한다.

당신이 언젠가, 반드시 부자가 될 것을 믿어 의심치 않는다.

"인내심을 가지세요."
부는 하루아침에 생기지 않아요.
10년 후의 부를 원한다면 오늘부터 1%라도 변하세요.
작은 습관이 쌓이면 결국 큰 강이 됩니다.

- DeepSeek

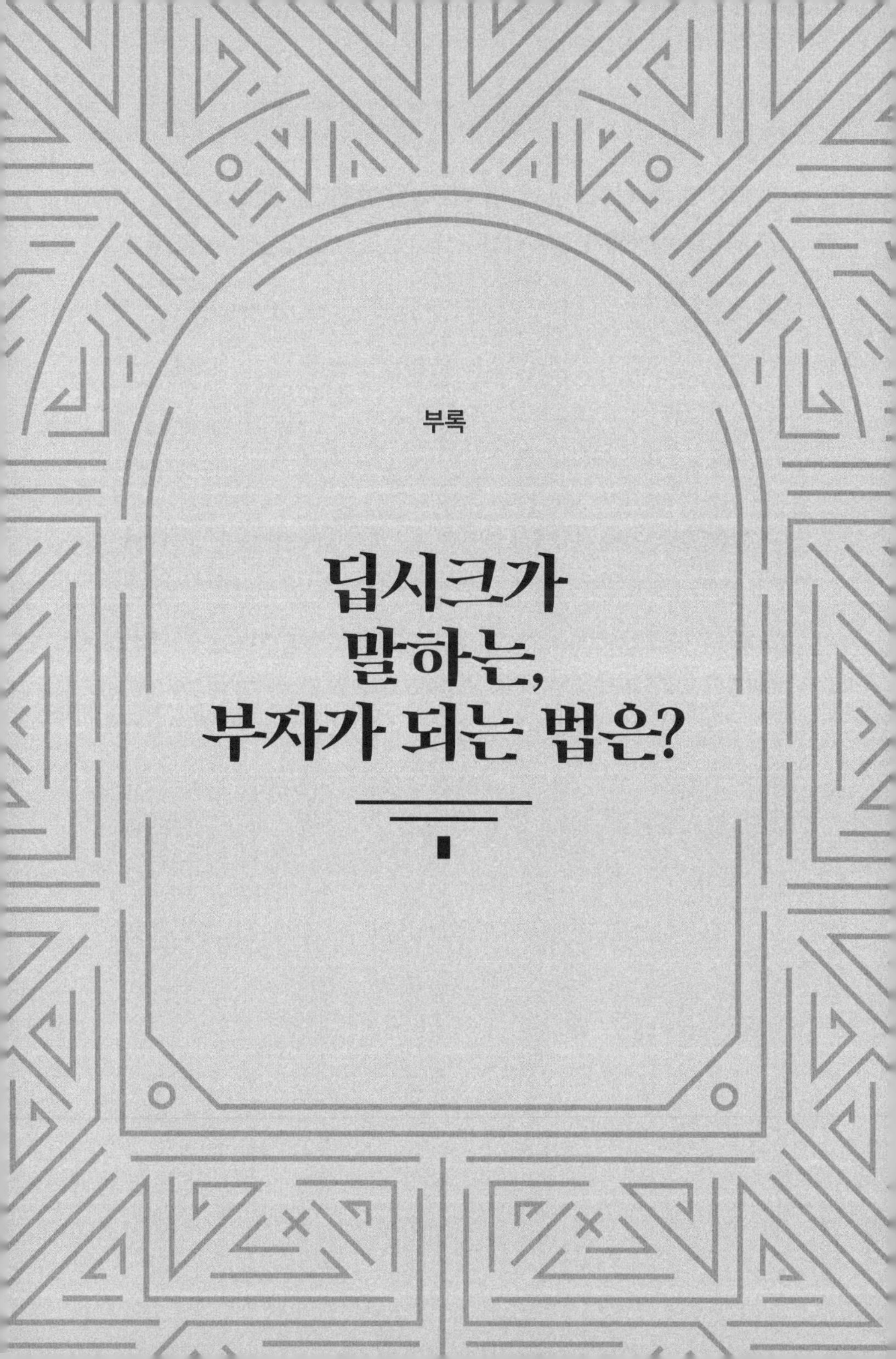

부록

딥시크가 말하는, 부자가 되는 법은?

부자가 되기 위해 절대 하지 말아야 할 행동은?
- 라이프스타일 인플레이션

책 제작만을 앞둔 시점에서 전 세계에서 한바탕 난리가 났다. 지금 대화를 나누려는 딥시크 때문이다. 못 본 척을 하고 그냥 넘어갈까 싶었지만 쉽지 않았다. 지피티보다 제작 단가는 훨씬 저렴하면서도 그 성능은 지피티와 비견된다는데 어찌 안 궁금하겠는가. 물론 중국산 히트작(화웨이, 틱톡)들이 늘 그랬듯이 보안 문제가 부각되며 그 열기가 잦아든 모양새다. 그래도 확인할 것은 확인해야겠다. 딥시크의 능력을. 그래서 지금까지 다른 인공지능들에게 물었던 질문들 중 핵심적인 것 몇 가지를 똑같이 물어보는 시간을 갖고자 한다.

그 첫 번째 질문은 "부자가 되기 위해서, 절대 하지 말아야 할 행동"이다.

◈ **DeepSeek**

부자가 되기 위해 절대 하지 말아야 할 행동은 "소비를 통한 행복을 추구하는 것"이에요. 많은 사람들이 수입이 늘어나면 지출도 함께 늘리는 실수를 저지르곤 해요. 이는 "라이프스타일 인플레이션"이라고 불리며, 부를 축적하는 데 큰 장애물이 됩니다.

- 왜 이 행동이 문제일까요?

  저축과 투자 기회 상실: 수입이 늘어났을 때 추가적인 지출을 하면, 그만큼 저축이나 투자에 활용할 수 있는 자금이 줄어들어요. 부를 늘리려면 수입의 일정 부분을 꾸준히 저축하고 투자하는 습관이 중요해요.

  빚의 증가: 과도한 소비는 신용카드 빚이나 대출로 이어질 수 있어요. 빚은 이자 부담을 늘리고, 미래의 수입을 잠식해요.

  재정적 불안정: 소비에 의존하는 삶은 예상치 못한 상황(실직, 질병 등)에 취약해요. 비상금이나 투자 자산이 없으면 재정적 위기를 극복하기 어려워요.

- 대신 해야 할 일:

  소비보다 투자: 수입이 늘어나도 지출을 통제하고, 남은 돈을 투자에 활용하세요. 복리 효과를 통해 시간이 지날수록 자산이 커질 거예요.

  필요 vs. 원함 구분: 정말 필요한 것과 단순히 원하는 것을 구분하는 습관을 들이세요. 충동구매를 피하고, 장기적인 목표를 생각하세요.

  재정 계획 세우기: 매달 수입의 일정 비율을 저축하고 투자하는 계획을 세우세요. 예를 들어, "50-30-20 법칙"을 적용해 보는 것도 좋아요(필수 지출 50%, 선택 지출 30%, 저축/투자 20%).

부자가 되는 길은 단순히 많은 돈을 버는 것이 아니라, 그 돈을 어떻게 관리하고 활용하느냐에 달려 있어요. 작은 습관부터 시작해보세요!

어떤 대답이 나올지 무척 궁금했다. 어지간한 건 앞서 다 등장했다고 생각했기 때문이다. 그런데 생소한 단어를 내밀어서 당황했고, 내용을 읽어 보니 의외로 그럴싸했고, 전체적인 짜임새가 탄탄해서 놀라웠다. 솔직히 이번 답변만 보면 다른 인공지능들에 비해 전혀 뒤떨어지지 않는다고 느껴진다.

개인적으로 라이프스타일 인플레이션lifestyle inflation이라는 용어가 생소한 이유를 먼저 따져보았다. 우선 국내 언론에서 이 용어를 어떻게 다루고 있는지 찾아보았지만, 없었다. 몇몇 군데 블로그에서 확인 가능했으나 그뿐이었다. 구글을 뒤적여 보니 많지는 않았지만 여러 가지 기사나 투고 등에 등장했고 그나마 근 1년 사이의 것이 대부분이었다. 신조어라면 신조어랄까?

개념 자체는 어렵지 않다. 돈을 더 많이 버는 만큼 커지는 씀씀이 정도가 되겠다. 그 기원이 궁금한데 제미나이에게 물어보니 '베블런 효과Veblen Effect'를 언급했다. "19세기 말, 미국의 사회학자이자 경제학자인 소스타인 베블런은 저서 『유한계급론』에서 소득이 증가할수록 과시적 소비가 늘어나는 현상을 설명"했으며 "이는 라이프스타일 인플레이션의 한 측면을 보여주는 초기 개념"이라는 설명이었다.

실제로 예전보다 버는 돈은 많아졌지만 잔고는 그대로이고, 심지어 빚에 허덕이는 사람들이 적지 않다. 코로나19 이후 지난 몇 년간 전 세계에 풀린 천문학적 유동성은 분명 더 많은 현금을 우리에게 쥐어주었지만 동시에 이미 부자가 되었다거나, 조만간 더 큰 부자가 될 수 있다는 착각 또한 머릿속에 심어주었기 때문이다. 차치하고 그 내용만으로도 부자가 되기 위해 당연히 갖춰야 할 태도가 무엇인지를 딥시크는 정확하게 보여주고 있다.

아직 우리나라에 거의 알려지지 않은, 하지만 우리 현실을 제대로 꼬집은 신조어를, 멋들어지게 답변으로 내놓은 딥시크의 센스가 그저 놀랍기만 하다. 솔직히 말해 딥시크는 충분히 게임 체인저game changer가 될 만한 역량을 가지고 있다고, 아니 이미 되었다는 생각이 든다. 감탄은 이쯤에서 끝내고 다음 질문으로 넘어가 본다. 부자가 되기 위해서는 어떠한 책을 읽어야 하는가.

부자가 되기 위해 꼭 읽어야 할 책들은?

다른 인공지능들에게 물어보았던, 부자가 되기 위해 읽으면 좋을 '경제·투자·금융' 분야 책 5권을 추천해 달라고 했고 다음과 같은 리스트가 나왔다.

◈ **DeepSeek**

1. 『부자 아빠 가난한 아빠』(Rich Dad Poor Dad) - 로버트 기요사키(Robert Kiyosaki)

   왜 읽어야 할까요?: 이 책은 단순히 돈을 버는 방법이 아니라, 부자들이 가진 사고방식과 재정적 자유를 얻는 방법을 알려줘요. "자산"과 "부채"의 개념을 명확히 이해하게 해주는 필수 도서예요.

   핵심 메시지: "자산을 사라, 부채를 줄여라."

   (2018년 2월 '민음인')

2. 『현명한 투자자』(The Intelligent Investor) - 벤저민 그레이엄(Benjamin Graham)

왜 읽어야 할까요?: 투자의 아버지라 불리는 벤저민 그레이엄의 이 책은 가치 투자의 기본 원리를 설명해요. 주식 시장에서 이기기 위한 철학과 전략을 배울 수 있어요.

핵심 메시지: "시장의 변동성에 휘둘리지 말고, 내재 가치를 분석하라."

(2020년 5월 '국일증권경제연구소')

3. 『돈의 심리학』(The Psychology of Money) - 모건 하우절(Morgan Housel)

왜 읽어야 할까요?: 이 책은 돈과 관련된 인간의 심리적 패턴을 분석해요. 왜 사람들이 돈을 잘못 관리하는지, 그리고 어떻게 더 현명한 선택을 할 수 있는지 알려줘요.

핵심 메시지: "성공적인 투자는 기술보다 심리에서 시작된다."

(2021년 1월 '인플루엔셜')

4. 『주식 투자 무작정 따라하기(2023)』 - 윤재수

왜 읽어야 할까요?: 한국 주식 시장에 맞춰 실질적인 투자 방법을 알려주는 책이에요. 초보자도 쉽게 이해할 수 있도록 기본 개념부터 실제 투자 전략까지 설명해줘요.

핵심 메시지: "기업의 가치를 이해하고, 장기적인 관점에서 투자하라."

(2023년 1월 '길벗')

5. 『이웃집 백만장자』(The Millionaire Next Door) - 토머스 J. 스탠리, 윌리엄 D. 댄코

(Thomas J. Stanley, William D. Danko)

왜 읽어야 할까요?: 이 책은 실제로 부자들이 어떻게 돈을 관리하고 생활하는지 연구한 결과를 담고 있어요. 부자의 습관과 사고방식을 배울 수 있는 좋은 자료예요.

핵심 메시지: “진정한 부자는 소비보다 저축과 투자에 집중한다.”

(2022년 6월 ‘리드리드출판’)

추천을 받은 다섯 권의 책 중에서 여러 권이 다른 인공지능의 추천 도서와 겹쳤다. 그랜드슬램을 달성한 『부자 아빠 가난한 아빠』을 비롯하여, 한 권을 제외하고 나머지 책들은 전부 두 번 이상 추천을 받은 책이 되었다. 이번에 처음 등장한 그 한 권이 재밌다. 클로바야 국내 인공지능이니 국내 저자 책을 추천하는 게 이해가 되더라도, 딥시크는 같은 동아시아 권역이라지만 엄연히 외국 인공지능임에도 한국 저자의 책을 하나 넣어 주었다. 한국어로 질문을 해서인지, 질문자의 위치를 파악해서 해준 것인지 알 수는 없지만 긍정적으로 생각하면 딥시크 장점이라 볼 수 있다. 물론 딥시크의 최대 약점으로 부각된 개인 정보 유출이라는 부정적 시선으로 볼 수 있다.

어찌되었든 국내 주식 투자서 중 고전으로 추앙받는 스테디셀러를 목록에 올렸다는 점에서 딥시크의 섬세함을 읽을 수 있다. 요청하지도 않았는데 핵심 메시지를 한 줄로 요약해서 병기한 부분 또한 돋보인다. 솔직히 감상을 얘기하자면 일반인이 사용 가능한 인공지능 중 최고라는 지피티와 비교해도 모자람이 없어 보인다. 그렇다면 인상 깊은 질문 중 하나였던 '부자가 되기 위해 필요한 통찰력을 얻게 하는 문학서'로 딥시크는 무엇을 추천했을까?

◈ **DeepSeek**

소설 중에서도 부자 되는 데 필요한 통찰력을 얻을 수 있는 책을 추천해드릴게요. 바로 『위대한 개츠비』입니다.

<왜 이 책을 읽어야 할까요?>

『위대한 개츠비』는 1920년대 미국의 호황기를 배경으로, 부와 성공, 사랑, 환상에 대한 이야기를 다뤄요. 이 소설은 단순히 부를 쌓는 방법을 말하는 것이 아니라, 부와 행복의 관계, 물질적 성공의 허상, 그리고 진정한 가치에 대해 깊이 생각하게 해줍니다.

- 부의 환상: 개츠비는 엄청난 부를 쌓았지만, 결국 그 부가 진정한 행복과 만족을 주지 못한다는 것을 보여줘요.
- 사회적 지위와 허영: 부를 통해 사회적 지위를 얻으려는 욕망이 얼마나 허망한지 깨닫게 해줍니다.
- 인간의 탐욕: 부와 권력을 좇는 과정에서 잃어버리는 것들에 대해 생각해보게 해요.

<핵심 메시지>

"부는 행복을 보장하지 않는다.": 물질적 성공이 삶의 모든 문제를 해결해주지는 않는다는 점을 일깨워줍니다.

"진정한 가치는 어디에 있는가?": 돈과 명예보다 더 중요한 것이 무엇인지 생각해 보게 해요.

이 책은 단순한 문학 작품을 넘어, 부와 성공에 대한 깊은 통찰을 제공해요. 읽으면서 자신의 삶과 가치관을 돌아보는 시간을 가져보세요!

신기하게도 지피티와 똑같은 책을 추천했고, 그 이유마저 유사한 점이 많았다. 『위대한 개츠비』가 그만큼 가치가 높은 책이기도 하다. 그러니 우리는 잊지 말아야 하겠다. 진정으로 부자가 되기 위해서는 "부와 행복의 관계, 진정한 가치의 의미"(딥시크)를 알아야 하고, "자신의 목표가 진정으로 의미 있는지 재평가"(지피티)해야 된다는 것을 말이다.

딥시크가 예상하는 비트코인의 미래는?

인간이라면 대체로 가장 적은 노력으로 최고의 성과를 얻고자 한다. 그게 본능이다. 오죽하면 "손 안 대고 코 풀기"라는 속담이 있겠는가. 인간이란 게 참 간사하다. 이 원고를 쓰는 내내 부자 되기란 무척 어려우며 엄청난 시간과 에너지가 투입된다는 사실을 인공지능들에게 계속 들어왔고 또 인정하면서도, 한편으로는 손 안 대고 코 푸는 방법을 계속 물어보게 된다. 바로 차트 예측이다. 뭐 여기까지 왔는데 어쩌겠는가. 내친걸음이다. 딥시크, 비트코인의 미래에 대해서 알려줘.

◈ **DeepSeek**

비트코인이 20만 달러에 도달할 가능성이 높은 시기 - 2025년~2026년

이유: 비트코인의 반감기(2024년) 이후, 공급량이 줄어들면서 가격이 상승할 가능성이 커요. 역사적으로 반감기 이후 12~18개월 사이에 큰 상승이 있었죠.

추가 요인: 기관 투자자들의 참여가 더욱 활발해지고, 글로벌 경제가 불안정해질

경우 더 빨라질 수 있어요.

딥시크는 이러한 질문에 제미나이와 비슷한 스탠스를 취했다. 낙관적(긍정적), 보수적(부정적) 시나리오를 둘 다 제시하는 식이다. 애초 딥시크는 비트코인의 20만 달러 도달 시점을 2025년~2030년이라고 무척 넓게 잡았다. 그래서 좀 더 범위를 좁혀 달라고 요구한 후 받은 답이 위와 같다.

우선 다른 인공지능들처럼 비트코인의 미래를 긍정적으로 보고 있다는 사실을 잘 알 수 있다. 2024년 4월 비트코인의 반감기가 있었으므로 지속적인 상승 추세를 예측하는 건 당연해 보인다. 다만 20만 달러까지 도달하느냐 아니냐고 묻는다면 좀 다를 수 있다. 이번 반감기가 아니라 다음 반감기(2028년) 이후일 수도 있다. 그런 측면에서 딥시크는 2030년까지 범위를 넓히지 않았을까?

근래 들어 비트코인을 위시한 암호화폐 투자에 낙관적 전망만 쏟아내는 '인간'들이 무척 많아졌다. 얼마 전 언론기사에 따르면 "스탠다드차타드 은행의 제프리 켄드릭 디지털자산 연구 책임자는 비트코인의 가격 트럼프의 임기가 끝나는 2028년에는 무려 50만 달러에 도달할 거라고 예측했다(Geoffrey Kendrick, Standard Chartered's head of digital asset research, predicted that Bitcoin could climb to $500,000 before 2028, toward the end of

President Donald Trump's administration)."[67] 심지어 100만 달러도 가능하다는 전망이 심심찮게 등장한다. 그러한 낙관론에 인공지능들 역시 동의할까? 가능성이 아예 없다고는 할 수 없으나 다양한 이유를 들어 쉽지 않다는 의견을 보이고 있다. 다음은 인공지능들이 공통적으로 지적한, 2030년 내에 비트코인의 가치가 50만 달러(혹은 100만 달러)에 다다르기 어려운 이유들이다.

1. 정부의 규제

"비트코인이 주류 금융시장에 편입될수록 정부와 규제 당국의 개입이 더욱 커질 가능성이 높습니다. 특히 미국, EU, 중국 등의 주요 경제권에서 비트코인을 법정화폐처럼 받아들이기보다는 세금과 금융 시스템 통제의 대상으로 바라본다면, 시장 성장 속도가 제한될 수 있습니다."(지피티)

2. 유동성

"비트코인의 시가총액이 현재 약 2조 달러 정도예요. 50만 달러나 100만 달러에 도달하려면 시가총액이 각각 약 10조 달러, 20조 달러로 늘어나야 해요. 이는 현재 금 시장 전체 규모(약 12조 달러)를 넘어서는 수준이에요."(딥시크)

"비트코인이 이 정도의 자금 유입을 받으려면 기존 금융 시스템에서

67 『국제신문』, 「(과학에세이)작은 거인들의 어깨 위에서」, 김정선 동서대 총괄부총장(2024. 12. 16), https://www.kookje.co.kr/news2011/asp/newsbody.asp?code=1700&key=20241217.22018005938

엄청난 자본이 빠져나와야 하는데, 현실적으로 쉽지 않은 일입니다."(지피티)

3. 네트워크 확장성과 실용성

현재 비트코인은 결제 수단으로 널리 사용되지 않고 있으며, 거래 속도나 확장성 문제도 완전히 해결되지 않았습니다."(지피티)

"비트코인 네트워크의 확장성 문제, 보안 문제 등이 해결되지 않으면 가격 상승에 제약이 있을 수 있습니다."(제미나이)

한때 11만 달러에 육박했던 비트코인의 가격은 10만 달러 밑으로 떨어지며 주춤한 모양새다. 어쩌면 비트코인이 10만 달러를 돌파할 수 있었던 이유는 온갖 호재(반감기, 비트코인 ETF 승인, 암호화폐에 호의적 태도를 취한 트럼프의 당선 등)가 선반영 된 결과일지 모른다. 인공지능들은 대체로 몇 년 안에 비트코인이 20만 달러를 돌파할 가능성이 충분하다고 하면서도 50만 달러 이상의 폭등 가능성은 회의적으로 바라보는 뉘앙스다. 지피티는 그게 가능하려면 "지금과는 다른 패러다임 변화가 필요"하다고 언급했다.

전처럼 수십 배씩 뛰는 일이 없다 해도 인공지능들의 의견을 종합하면 얼마든 비트코인에 투자를 해 볼 만하다. 그리고 늘 인공지능들이 경고하듯, 그 투자의 결과는 고스란히 자신의 몫임 또한 잊지 말아야 한다.

딥시크가 예상하는 2025년 나스닥 시장의 향방은?

이번에는 주식이다. 딥시크는 다른 인공지능들과 마찬가지로 2025년 테슬라와 엔비디아를 중심으로 한 나스닥 시장을 긍정적으로 바라봤다. 그 이유로는 '테슬라와 엔비디아의 강력한 성장 잠재력, 기술 산업의 지속적인 혁신, 글로벌 경제의 회복 가능성, 디지털 전환 가속화' 등을 제시했고 다음과 같은 예상 결과를 내놓았다.

◈ **DeepSeek**

나스닥 지수는 현재보다 20~40% 상승할 가능성이 높아요.

테슬라와 엔비디아는 나스닥 지수를 끌어올리는 주요 동력이 될 거예요.

여기서 궁금한 점이 하나 생겼다. 2025년 1월 엔비디아 폭락 사태의 원인(딥시크의 등장)에 대해 본인은 어떻게 생각하느냐였다. 그런 일이 벌어진 이유에 대해 물었더니 세팅이 2025년 이전으로 돼 있는지, 아니면 본인을 언급하는 게 싫은 것인지 딴소리만 해대는 게 아닌가. 그래서 너 때문에 떨어진 이유도 있지 않냐고 단도직입적으로 물었다.

◈ **DeepSeek**

하하, 재미있는 질문이네요! 하지만 저(DeepSeek)는 AI 모델일 뿐, 주식 시장에 직접적인 영향을 미칠 수는 없어요.

(중략)

아마도 재미로 물어보신 것 같아요!

하나도 재미없는 답변을 듣고 난 후, 질문을 좀 더 구체화하여 다시 물어보기로 했다.

Q 왜 이런 질문을 했냐면 "저렴한 비용으로 제작되었지만 성능이 무척 좋은 딥시크의 등장으로 엔비디아의 추가가 폭락했다."라는 언론 기사를 많이 보았기 때문이야. 딥시크, 네 탓을 하려는 건 아니야. 다만 앞으로 너와 비슷한 인공지능들이 더 많이 등장할 가능성도 있다고 봐. 그러면 인공지능 투자시장, 엔비디아와 같은 회사들은 큰 영향을 받겠지. 이에 대한 솔직한 의견을 말해줘.

◈ **DeepSeek**

아, 그렇군요! 이제 질문의 의도를 이해했어요. 딥시크와 같은 AI 기술의 발전이 엔비디아와 같은 기업에 미칠 수 있는 영향에 대해 솔직한 의견을 말씀드릴게요.

<AI 기술 발전이 엔비디아에 미치는 영향>

- 단기적 부정적 영향
  - 수요 감소 가능성: 딥시크와 같은 고성능 AI 모델이 저렴한 비용으로 등장하면, 기업들이 고가의 GPU(엔비디아의 주요 제품)를 덜 구매할 가능성이 있어요. 특히 클라우드 제공업체들이 자체 AI 솔루션을 개발하면 엔비디아의 수요가 줄어들 수 있어요.
  - 경쟁 심화: AI 기술이 보편화되면, 엔비디아의 경쟁사들(예: AMD, 구글, 아마존)도 비슷한 기술을 개발해 시장 점유율을 나눠가질 가능성이 커요.
- 장기적 긍정적 영향
  - AI 생태계 확장: AI 기술이 발전하면, AI를 활용한 새로운 산업과 서비스가 등장할 거예요. 이는 결국 더 많은 데이터와 컴퓨팅 파워를 필요로 하게 되고, 엔비디아의 제품에 대한 수요를 늘릴 수 있어요.
  - 다양한 시장 진출: 엔비디아는 AI 외에도 자율주행, 게이밍, 메타버스 등 다양한 분야에서 강점을 가지고 있어요. AI 시장의 변화에만 의존하지 않고, 다른 분야에서도 성장할 가능성이 높아요.

<AI 투자 시장의 미래>

- AI 기술의 민주화: 딥시크와 같은 AI 모델이 저렴해지고 보편화되면, 더 많은 기업과 개인이 AI를 활용할 수 있게 돼요. 이는 AI 시장 전체를 확장시키는 긍정적인 효과를 가져올 거예요.
- 새로운 기회: AI 기술이 발전하면서, 새로운 비즈니스 모델과 산업이 등장할 거

예요. 예를 들어, AI를 활용한 헬스케어, 교육, 엔터테인먼트 등이 크게 성장할 가능성이 있어요.

- 엔비디아의 적응: 엔비디아는 AI 시장의 변화에 빠르게 적응할 능력이 있어요. 예를 들어, 소프트웨어와 하드웨어를 결합한 통합 솔루션을 제공하거나, 새로운 시장에 진출하는 전략을 펼칠 수 있어요.

<결론>

딥시크와 같은 AI 기술의 발전은 엔비디아에게 단기적으로는 도전이 될 수 있지만, 장기적으로는 AI 생태계를 확장시켜 더 많은 기회를 제공할 거예요. 엔비디아는 다양한 분야에서 강점을 가지고 있기 때문에, 변화하는 시장에 적응하며 계속 성장할 가능성이 높아요.

투자할 때는 단기적인 변동성에 휘둘리지 않고, 장기적인 관점에서 기업의 가치를 평가하는 것이 중요해요. 추가로 궁금한 점이 있다면 언제든지 물어보세요!

지피티는 엔비디아에 투자할 때 "AI 반도체 시장이 여전히 성장 중이므로, 중장기적으로 매력적인 투자처가 될 가능성이 높음. 하지만 경쟁 심화 가능성을 감안"하라고 했는데 딥시크 역시 비슷한 결론을 냈다. 이쯤 되니 벌써부터 궁금해진다. 비트코인, 나스닥 시장에 대한 전망에서 인공지능들은 거의 비슷한 결론을 냈는데 과연 2025년 말 어떤 결과가 나올지 말이다.

부자가 되고자 하지만 매번 실패하는 사람들에게 해 주고 싶은 말은?

"누구나 생각한다. 부자가 되고 싶다고."

이렇게 책의 첫 부분을 시작했다. 그리고 저 문장은 여전히 유효하고, 인류가 멸망할 때까지 유효할 것이다. 그렇다. 누구나 부자를 꿈꾼다는 것은, 그만큼 경쟁이 치열하는 의미다. 그래서 부자가 되고자 노력하지만 실패가 거듭되는 것 또한 당연하다. 하지만 그래서 더 지치고, 힘들다. 늘 최선을 다하고 있지만 목표는 여전히 아득하고, 오히려 상황은 더 나빠져 가고…. 정말 쉽지 않다. 그런 까닭에 많은 이들이 낙담하고 우울한 하루하루를 보내며 살아간다. 그러한 이들에게 해 줄 수 있는, 현실적 조언은 무엇일까. 딥시크에게 물어본다.

◈ DeepSeek

부자가 되기 위해 노력하지만 번번이 실패하는 사람들에게는 다음과 같은 조언을 해드리고 싶어요. 이 조언들은 재정적인 습관, 마인드셋, 전략을 모두 아우르며, 지속 가능한 변화를 이끌 수 있도록 도와줄 거예요.

1. "왜 실패하는지" 진단부터 시작하세요.

문제의 근본 원인을 찾아야 해요. 예를 들어:

- 과소비 습관: 수입 대비 지출이 너무 많다면 예산을 철저히 관리하세요.
- 빚의 악순환: 이자가 높은 신용카드 빚이나 대출부터 갚으세요.
- 투자 실패: 무계획한 투자, FOMO(놓칠까 봐 두려운 심리)로 인한 손실을 반복하지 마세요.

<해결책> 매달 수입의 10%는 반드시 저축하고, 10%는 자기 투자(교육, 건강)에 사용하세요.

2. "소득원을 다각화"하세요.

한 가지 수입에만 의존하면 위험해요. 예를 들어:

- 부업: 자신의 전문성을 활용한 온라인 강의, 프리랜서 작업.
- 패시브 인컴: 주식 배당금, 부동산 임대 수익, 콘텐츠 판매(유튜브, eBook).
- 소규모 사업: 취미나 재능을 사업으로 연결해보세요 (예: 핸드메이드, 커피 팝업 스토어).

<핵심> 시간과 노력을 적게 들이면서도 지속적인 수익을 낼 수 있는 모델을 찾아보세요.

3. “실패를 두려워하지 말고, 작은 성공을 쌓으세요.”

부자 되는 길은 “한 방”이 아니라 작은 습관의 누적이에요.

- 예: 매달 50만 원 저축 → 1년 후 600만 원 → 복리 투자로 10년 후 1억 원.
  부업으로 월 30만 원 추가 수익 → 5년 후 1,800만 원 + 투자 수익.

<행동 계획> 오늘부터 “1만 원이라도 저축”**하고, “1시간이라도 자기계발”에 투자하세요.

4. “주변을 정리하세요.”

- 물리적 환경: 불필요한 물건을 정리해 소비 욕구를 줄이세요.
- 인간관계: 부정적이고 소비를 부추기는 사람보다는 성장을 응원하는 사람들과 어울리세요.
- 디지털 환경: SNS 광고, 쇼핑 유튜브는 구독 취소하고, 재정 관리 채널을 구독하세요.

5. “부자 마인드셋을 키우세요.”

- 가난한 마인드: “나는 못 살아” → 부자 마인드: “나는 돈을 잘 다룰 수 있어.”
- 돈을 부르는 습관:
  · 아침 10분: 재정 목표를 적고 확인하기.
  · 저녁 10분: 오늘 지출을 기록하고 반성하기.
  · 독서: 『돈의 심리학』, 『부자 아빠 가난한 아빠』를 읽으며 사고방식을 바꿔보세요.

6. “도움을 요청하세요.”

- 재정 컨설턴트: 전문가와 함께 예산 계획을 세우세요.

- 커뮤니티: 재테크 모임, 온라인 커뮤니티에서 정보를 나누세요.

- 멘토: 성공한 사람의 경험을 배우고, 실패 사례도 연구하세요.

마지막으로: “인내심을 가지세요.”

- 부는 하루아침에 생기지 않아요.

- “10년 후의 부를 원한다면 오늘부터 1%라도 변하세요."

- 작은 습관이 쌓이면 결국 큰 강이 됩니다.

궁금한 점이 있다면 언제든지 물어보세요! 당신도 분명히 성공할 수 있어요.

자, 이제 정말로 끝내고자 한다. 긴 여정이었고, 힘겨운 순간도 많았지만, 제법 재미있는 작업이었다. 내가 부자를 꿈꾸는 독자들에게 하고 싶은 말 또한 딥시크의 답변과 다르지 않다.

“당신은 분명 성공할 수 있다.”